錢穆先生全集

錢穆先生全集

〔新校本〕

古史地理論叢

九州出版社

圖書在版編目（CIP）數據

古史地理論叢 / 錢穆著 . -- 北京 : 九州出版社，2011.7（2024.1 重印）
（錢穆先生全集）
ISBN 978-7-5108-1010-7

Ⅰ.①古… Ⅱ.①錢… Ⅲ.①歷史地理 - 研究 - 中國 - 古代 - 文集
Ⅳ.①K928.62-53

中國版本圖書館 CIP 數據核字（2011）第 100615 號

古史地理論叢

作　　者　錢　穆　著
責任編輯　陳春玲　張　婷
出版發行　九州出版社
裝幀設計　陸智昌　張萬興
地　　址　北京市西城區阜外大街甲 35 號
郵　　編　100037
發行電話　（010）68992190/3/5/6
網　　址　www.jiuzhoupress.com
印　　刷　三河市東方印刷有限公司
開　　本　635 毫米 ×970 毫米　16 開
插頁印張　0.5
印　　張　23.25
字　　數　253 千字
版　　次　2011 年 7 月第 1 版
印　　次　2024 年 1 月第 3 次印刷
書　　號　ISBN 978-7-5108-1010-7
定　　價　92.00 元

錢穆先生

錢穆先生印·賓四

新校本說明

錢穆先生全集，在臺灣經由錢賓四先生全集編輯委員會整理編輯而成，臺灣聯經出版事業公司一九九八年以「錢賓四先生全集」為題出版。作為海峽兩岸出版交流中心籌劃引進的重要項目，這次出版，對原版本進行了重排新校，訂正文中體例、格式、標號、文字等方面存在的疏誤。至於錢穆先生全集的內容以及錢賓四先生全集編輯委員會的注解說明等，新校本保留原貌。

九州出版社

出版說明

本書為錢賓四先生考論古代歷史地理長短論文之彙集。先生之考地，最先考楚辭地名，遠在民國十一年，尚在其始撰先秦諸子繫年前一年。及繫年成書，續為此業，成周初地理考，時為民國十九年。此後續有撰述。最後一種為史記地名考，則完成在二十九年。嗣後以國事日非，先生治學別有關注，於此一領域遂未再有專著。一九八一*年，先生年八十七，乃將史記地名考以外各文彙編為本書；翌年七月由臺北東大圖書公司出版。

書中各篇論題不一，然約而言之，其主要意義有二：一則從古代歷史上之異地同名來探究古代各部族遷徙之迹，從而論究中國各地經濟、政治、人文進化先後之序，為治中國古代史者提出一至關重要應加注意之一節目。二為泛論中國歷史上南北兩地域經濟、政治、人文演進之古今變遷，指示出若干大綱領，亦為治中國人文地理所當注意者。要之為治歷史必通地理提示出許多顯明之事例。內容

*新校本編者注：原文為「民國」紀年。下同。

有極專門處，亦有極普通處，則待學者細讀詳參。

本書原編分甲、乙兩部。甲部收文三篇，乙部十九篇，合二十二篇。甲部三篇，分別發表於燕京學報、清華學報；乙部各篇，則多發表於禹貢半月刊。其中若干篇章內容，有重見於先生其他論著者。如跋康熙丙午刊本方輿紀要一篇，原已收入中國學術思想史論叢第八單元有清之部，後以文末復有添改，因復重編入本書中。又如禹貢山水雜説、蒼梧九疑零陵地望考、説邢、説滇與昆明等篇，亦有與史記地名考相關條目重出者。若此之類，以彼此稍有詳略異同，今悉予保留，以保持全書之完整。又有饒宗頤「魏策吳起論三苗之居辨誤」附跋、神農與黃帝、戰國時洞庭在江北不在江南説、略記古代江淮河汴水道交通等四篇，皆初編時所未及搜得者，今為增入。其第一篇編入為甲部古三苗疆域考之附錄，後三篇則編入乙部。全書合共二十五篇。新增各篇在目錄中加＊號注明，以資識別。

今茲整理，以初版本為底本，校改原書若干誤植文字，並整理標點符號，主要為加入私名號、書名號及增入若干引號，以明引文之起訖，期能較便讀者閱讀。整理排校雖力求慎重，然錯誤疏漏，在所難免，敬希讀者不吝指正。

本書由王仁祥先生負責整理。

錢賓四先生全集編輯委員會　謹識

目次

古史地理論叢部乙

序

憶余在民國十一年之秋，任教於廈門集美學校，始讀船山遺書，於其辨屈原沉湘乃在漢水，不在洞庭，而深有契悟，乃草小文一篇刊載報端。越四五年，撰述先秦諸子繫年，詳申其義。因念古代民族遷徙，以舊居之名名其新邑，此為古史每多異地同名最好一説明。先秦諸子繫年既成書，乃續為周初地理考、古三苗疆域考諸篇，則已在民國二十年之後。而其時則國事日非，羣言厖雜，意所欲陳，紛起疊乘，考治古史地名之業，遂棄置不復理。至民國二十八年秋，余自昆明返蘇州，迎母奉養，杜門不出，寫成史記地名考一書。是為余治古史地理最後一著作。上距討論楚辭地名，則先後亦達十二年之久。此後再不復為。年逾八十，雙目失明，不能見字，但念舊稿雖非時代所需，而要為治古史者一大綱目；余之所論，雖引端於船山，而凡所發現，則實為古今所未及，遽爾散棄，亦誠可惜。遂將舊存諸篇彙集付印。亦有成稿後絡續增加材料多達數十節，囑及門何君澤恆斟酌編入篇中，而余則已無可細為裁奪矣。有關此等材料，搜羅難盡，凡所論列，亦容有誤；但得者最少當占十七八，失者最多不過十二三；則惟待後人續治此業者之再為訂正矣。遙計初治此業，距今已逾六十年。此亦當時心力所注，撫卷豈勝愴然。

一九八二年春三月識於臺北士林外雙溪之素書樓錢穆

古史地理論叢部甲

周初地理考

分目

四　公劉篇

五　太王篇

六　王季篇………………………………………………………………………五六

一　總說

言周初地理者，無弗謂后稷封邰在武功，公劉居豳在邠縣，太王遷岐在岐山，皆在今陝西西部涇、渭上流。至文王、武王乃始邑於畢、程、豐、鎬。周人勢力自西東漸，實始於此。此二千年來公認之說，未有疑其為不然者。然吾嘗讀書之禹貢，詩大雅之緜、公劉諸篇，及於梁、岐、漆、沮，周初地望，衆說紛紜，莫衷一是，何其亂而難理也。又嘗會之於左氏、紀年、孟子、史記，凡古籍之稱及周初行迹者，衆說棼淆，一貫之要難。積疑既久，而後知二千年公認之說，亦未見其固可據也。以今考之，周人蓋起於冀州，在大河之東。后稷之封邰，公劉之居豳，皆今晉地。及太王避狄居岐山，始渡河而西，然亦在秦之東境，渭、洛下流，自朝邑西至於富平。及於王季、文王，廓疆土而南下，則達畢、程、豐、鎬，乃至於轂、洛而止。夫而後禹貢、大雅、左氏、紀年、孟子、史記諸書，乃始可通。而周人行跡所經，及夏、商、周三代盛衰興亡，華戎勢力消長角逐之勢，乃始可得而明也。其說雖創，其證則密。請得而申論之！

二

蓋古人遷徙無常，一族之人，散而之四方，則每以其故居邊而名其新邑，而其一族相傳之故事，亦遂隨其族人足跡所到，而遞播以遞遠焉。此其例不遑枚舉，姑舉其著者，如舜。舜，冀州之人也。耕歷山，漁雷澤，陶河濱，妻堯二女於嬀汭，其事皆在今山西之蒲州。然今山東濟南有歷城，濼水出焉，俗謂之娥姜水，以泉源有舜妃娥英廟故也。城南對山，山上有舜祠，山下有大穴，謂之舜井，舜耕歷山亦云在此，其山在縣南五里，其鑿鑿如此。然而後人不之信者，以蒲州之傳説並存弗替故也。使蒲州之迹早泯，而歷城之説獨著，則舜固可以為魯人。其他類此者多矣。若夫西秦豳、岐、漆、沮種種之説，亦濼源、娥姜水、歷山、舜井之例也。而不幸冀州周初古迹，則年遠荒晦，鮮有存者。即復有存，人亦莫之知。即復知之，亦復不敢信。而周起西裔之説，遂若無可置疑。然苟為之博稽古籍，條貫而通説之，將見二千年長湮之史實，終將復白於後世也。

二　姜氏篇

三

周人之先為后稷，后稷母曰姜嫄，今請先言姜！姜姓諸族，蓋亦居晉。神農，姜氏之著也，而神農之帝亦在晉。何以言之？神農炎帝稱烈山氏。左傳昭公二十九年，晉太史蔡墨之言曰：「有烈山氏之子曰柱，為稷，自夏以上祀之；周棄亦為稷，自商以來祀之。」魯語記展禽之言亦云然。禮祭法則曰：「厲山氏之有天下也，其子曰農，能殖百穀。」賈逵、鄭玄皆云：「烈山，炎帝之號。」左氏、魯語謂其子柱，祭法曰農者，劉炫云：「蓋柱是名，其官曰農，猶呼周棄為稷。」一統志：「厲鄉在德安府隨州北，今名厲山店。」酈道元水經注即以厲鄉為烈山氏生處。今考古帝傳説，皆在冀州，姜氏諸族，其後可考者，亦多在冀，而稼穡故事，亦始冀州，何以烈山氏生於隨州之厲鄉？蓋晉地亦有隨。左傳隱公五年，翼侯奔隨，一統志：「隨城在汾州府介休縣東，後為士會食邑。」此晉地有隨也。山西通志謂春秋初，晉地甚小，翼侯所奔，不能至介休；其説是否可勿論，要以見介休之有隨。後漢書郡國志介休有界山，有緜上聚子推廟。「厲」之與「烈」，「界」之與「厲」，皆以聲轉相通。周官山虞：「物為之厲」，鄭注：「每物有蕃界也」，此以「厲」、「界」聲通互訓。然則介休之界山，即厲山、烈山也。其地本在近晉之隨城，後乃誤而迻之於德安之隨，則猶歷山之自蒲而之歷也。又考日知錄卷三十一「緜上」條，稱其山南跨靈石，東跨沁源，世以為之推所隱，而漢魏以來，傳有焚山之事，太原、上黨、西河、雁門之民，至寒食不敢舉火，而顧氏頗不信子推隱其地。竊疑漢魏以來相傳焚山之事，即自古烈山氏之遺説也。古之稼穡，其先在山坡，以避水潦，烈草木而火種曰菑畬，故神農氏又稱烈山氏。後既以烈山為厲山界山，乃誤及於介之推，因以炎帝之「烈山」，誤傳為介推之「焚山」也。（日知錄卷二十五「介子推」條，於燔山立枯事亦有辨。）此姜姓炎帝烈山氏，其傳説故事始於晉之説也。

四

神農之後有帝榆罔，其居亦在晉。左傳昭公八年：「石言於晉魏榆」，杜注：「晉魏邑之榆地。」地理志榆次、界休同屬太原。吳卓信補注引汲冢周書云：「昔烈山氏帝榆罔之後，其國為榆州。曲沃滅榆州，其社存焉，謂之榆社。地次相接者，為榆次。」其地有梗陽鄉，魏戊邑，汾水所逕。竊疑「梗陽」者，亦「姜」字之音變也。

五

神農氏之後，姜氏之著者有四岳。舊説伯夷稱太岳，為八伯之長，而伯夷即古所傳許由也。此宋氏翔鳳已言之。宋氏之説曰：「春秋左氏隱十一年，夫許太岳之胤也。申、呂、齊、許同祖，故呂侯訓刑稱伯夷、禹、稷為三后，知太岳定是伯夷也。墨子所染篇，呂氏春秋當染篇並云舜染於許由、伯陽，由與夷，夷與陽，並聲之轉。尚書大傳之陽伯，墨、呂之許由、伯陽，與書之伯夷，正是一人。伯夷封許，故曰許由。史記堯讓天下於許由，本莊子，正傳會咨四岳巽朕位之語。百家之言，自有所出。周語太子晉稱共之從孫四岳佐禹。又云胙四岳國，命為侯伯，賜姓曰姜，氏曰有呂。史記齊太公世家云，呂尚其先祖嘗為四岳，佐禹平水土，虞夏之際封於呂，姓姜氏。此云四岳皆指伯夷。蓋伯夷稱太岳，遂號為四岳，其實四岳非止伯一人也。」（過庭錄。）余考大戴少間之篇：「文王伐崇、許、魏。」崇在陝西，而魏則河内晉境。許、魏連稱，其在冀州晉地可知。堯讓天下於許由，許由不受，避之箕山，太史公曰：「余登箕山，其上蓋有許由冢」，蓋箕山亦晉山也。左傳僖公三十三年：「狄伐晉及箕」，成公十三年，呂相絕秦曰：「入我河縣，焚我箕、郜」，則箕乃晉河上之邑。（據日知錄卷三十一「箕」字條。）方輿紀要箕山在解州平陸縣東北九十里，縣志山有許由冢，是矣。其後許封河南，箕山遂亦南遷，及於潁陽，非其本也。

六

水經陰溝水注引世本：「許、州、向、申，姜姓也，炎帝後。」左傳隱公十一年：「王與鄭人蘇忿生之田，溫、原、絺、樊、隰郕、欑茅、向、盟、州、陘、隤、懷。」杜注：「凡十二邑。欑茅、隤屬汲郡，餘皆屬河內。」此向、州為晉邑也。莊子讓王篇：「堯以天下讓許由，許由不受，又讓於子州支父。」州支父蓋亦姜姓之族歟？當時傳説堯讓天下於四岳，故既言許由，復有州支父矣。其逍遥遊篇復言之曰：「堯見四子藐姑射之山，汾水之陽，窅然喪其天下。」彼所謂四子者，殆亦指四岳耳。此皆足證四岳姜姓，炎帝之後，其居在晉也。

七

抑四岳之稱，實昉於周，而後之言史者，乃推而上引，及於唐虞。周人四岳，則本諸太姜。國語周語富辰之言曰：「齊、許、申、呂由太姜」，太姜者，周太王之妃，王季之母也。是四國者，由太姜而封。何以謂之四岳？曰：岳者，古晉人謂霍太山亦曰太嶽山，禹貢「既修太原，至於岳陽」是也。崧高之雅亦言之，曰：「惟嶽降神，生甫及申」，甫即呂也。姜氏之先居近太嶽，故曰「維嶽降神」矣。其後呂尚封於齊，而齊亦有泰山，亦得嶽稱。自是而有四嶽，有五嶽。引而益遠，彌異其初。史記晉世家集解引世本，謂叔虞居鄂，即大夏。今漢北有鄂，晉南亦有鄂，夏人固自漢北遷晉南者。而許由伯夷之於唐堯，遂亦為四岳之長，八伯之首也。今第勿深論，而四岳姜姓，其先居於晉，則斷可言者。晉有呂甥，其後有呂相。續漢書郡國志云：「河東郡永安故彘，博物記曰有呂鄉，呂甥邑也。」地理志：「彘，霍大山在東，冀州山。」程恩澤國策地名考：「左傳呂、郤畏逼，今霍州西三里有呂鄉，西南十里有呂城，或謂呂即陰邑，州東南十五里又有陰地村。」此呂氏之邑近於霍山之證也。夫曰姜，曰許，曰呂，曰州，曰向，凡姜姓諸族，其先之在冀州，可推迹以求，有如此者。而何疑於姜嫄之為冀州之姜耶？

八

且姜嫄之在晉，有可得而確指者，則聞喜有姜嫄墓是也。今聞喜縣志載其邑人翟鳳翥涑水編姜嫄墓記謂：「邑西北三十五里有冰池，世傳后稷棄此，詩云『寘之寒冰』是也。池東為姜嫄之墓，山後荒壟數十畝，為有邰氏墳。稷播穀於此始，故其山曰稷。上有后稷陵，下有姜嫄墓。」則是姜嫄之葬，在晉之聞喜也。今考姜嫄為有邰氏女，邰亦作駘，路史疏仡紀高辛氏上妃有駘氏曰姜嫄是也。聞喜於古為臺駘氏邑。臺駘之稱有駘，猶陶唐之稱有唐也。左傳昭公元年：「晉侯有疾，叔向問於子產曰：

『寡君之疾，卜人曰實沈、臺駘為祟，史莫之知，敢問此何神也？』子産曰：『昔高辛氏有二子，伯曰閼伯，季曰實沈，日尋干戈，后帝不臧，遷實沈於大夏，唐人是因。金天氏有裔子曰昧，為玄冥師，生允格、臺駘，臺駘能業其官，宣汾、洮，障大澤，以處大原，帝用嘉之，封諸汾川，今晉主汾而滅之矣。』」由此觀之，則臺駘，汾、洮之神而處大原者也。水經涑水注，謂涑水兼稱洮水，近人王國維觀堂集林周莽京考申其説，謂：「太原正漢河東郡地，與禹貢之太原在壺口、梁、岐、岳陽間者，地望正合。大澤當即安邑鹽池，或蒲坂張陽池。」由是而論，臺駘氏所處太原，兼帶汾、洮，在河東，障大澤，實相當於今之聞喜，即姜嫄之有邰，而后稷之所生也。

春秋昭元年經，晉荀吳帥師敗狄于大原，公羊、穀梁經並同。公羊傳云：「此大鹵也。曷為謂之大原？地物從中國，邑人名從主人。原者何？上平曰原，下平曰隰。」穀梁傳云：「中國曰大原，夷狄曰大鹵。」左氏經文，大原作大鹵。説文：「鹵，西方鹹地，从𠧪省，象鹽形。安定有鹵縣。」今按：太史公曰：「山東食海鹽，山西食鹽鹵。」河東有鹽池，左傳謂郇、瑕氏之地沃饒而近鹽，則春秋所謂大鹵者，正指河東鹽池近邑而言，與臺駘氏宣汾、洮，障大澤，以處大原者，正為一地。宋翔鳳過庭錄乃據説文「安定有鹵縣」一語，定太原在安定，不悟説文自據東漢時郡邑説之，實不足為訓也。

又按禹貢錐指：「廣平曰陸，是處有之，其大者，則謂之大陸，猶之高平曰原，亦是處有之，其大者，則謂之太原耳。」冀州有三大陸，此亦地名初為公名，故多相同之例。

三　后稷篇

九

后稷生聞喜，其説猶不止上舉。明李汝寬聞喜縣城北門外重修后稷廟記亦言之曰：「先朝儒臣呂柟氏序稷山縣志，謂其邑去后稷所產之地甚邇，而后稷始穡於此，邑因是名。」是亦謂后稷產聞喜，而始穡於稷山也。考之於古，魯展禽亦言之，曰：「稷勤百穀而山死。」太平御覽隋圖經曰：「稷山在絳郡，后稷播百穀於此山。」蓋古者播穀，常擇山地，以避水潦。后稷之於稷山，則猶神農之於介山，舜之於歷山也。且今萬泉亦有介山，與稷山一脈相連。水經注：「稷山在汾水南四十許里，山東西二十里，南北三十里，高十三里，西去介山十五里。」相傳介山為子推所逃隱，史稱文公環而封之，為介推田，號其山曰介山。（舊説謂在西河界休，非也。參讀日知錄卷三十一「緜上」條。）而即實以求，有可疑者。夫其人曰介之推，猶之曰燭之武，人以地名，非地以人名也。介推之稱由於介山，而介山之號，不由介推，其理甚顯。今曰「號其山曰介山」，決不然矣。然則介山何以名？曰萬泉之介山，亦猶界休之介山也。其先蓋由烈山而耕。由烈山而誤為歷山，為厲山，為介山，其實則一。然則后稷始穡，固在此萬泉、聞喜一帶之山，為汾、洮間之原地，故聞喜有稷山，而萬泉亦有介山也。

江永曰：「今山西沁源、介休之間，有緜上。然襄十三年晉侯蒐於緜上以治兵。治兵當近國都，未必遠至介休。定六年宋樂祁如晉，趙簡子逆而飲之酒於緜上。介休之緜上，非適晉所由。今翼城縣西有緜山，俗謂之小緜山，當是簡子逆樂祁之地。或晉有兩緜上，治兵、迎樂祁者在翼城，為介推田者在介休也。」

一〇

水經汾水注又云：「汾水西逕鄈邱北，故漢時之方澤也。賈逵云：漢法三年祭地汾陰方澤，澤中有方邱，故謂之方澤。邱，即鄈邱也。許慎說文稱從邑癸聲，河東臨汾地名矣。在介山北，山即汾山也。其山特立，周七十里，高三十里，山上有神廟，廟側有靈泉，世亦謂之子推祠。揚雄河東賦：靈輿安步，周流容與，以覽於介山。」今考地理志：「汾陰，介山在南。」武紀詔曰：「朕用事介山，祭后土，皆有光應。」此漢汾陰后土祠在介山也。又考史記封禪書，元鼎四年夏六月中，汾陰巫錦為民祠魏脽后土營旁，見地如鉤狀，掊視得鼎。武紀以是歲十一月甲子立后土祠於汾陰脽上。則方漢廷未立后土祠前，汾陰已自有民祠后土營，所從來舊矣。稱脽上者，如淳曰：「脽，河之東岸，特堆掘長四五里，廣一里餘，高十餘丈，汾陰縣治脽之上，后土祠在縣西，汾在脽之北，西流與河合。」師古曰：「此臨汾水之上，地本名郟，音與葵同，彼鄉人呼葵音如誰，故轉而為脽字耳。故漢舊儀云葵上。」而酈氏則分郟邱與脽為二。舊通志：「軒轅氏祀地祇，埽地為壇於脽上。」新志因之云：「軒轅之臺雖無考，而漢武之后土祠，何為忽立此處，意必有所本。」竊疑魏脽后土，蓋承晉人祠稷遺俗。故事流傳，至今弗衰。（參讀顧頡剛古史辨第二冊李子祥遊稷山記事及崔盈科姜嫄傳説及其墓地的假定兩篇。）至其地望，容有異同，正如稷山、介山之例。而后稷始穡，其事傳述乃在汾水之陰，今聞喜、萬泉、稷山、介山一帶，迤東及於汾水入河之口，則漢祠后土之所由來也。

二

又考實沈居大夏，杜注今晉陽縣，服虔則曰：「大夏在汾、澮之間。」顧氏日知錄（卷三十一「唐」字條。）因之，云：「史記屢言禹鑿龍門，通大夏；呂氏春秋言龍門未闢，呂梁未鑿，河出孟門之上；則所謂大夏者，正今晉絳吉隰之間，當以服氏之説為信。又齊桓公伐晉之師，僅及高梁，（原注：在今臨汾縣。）而封禪書述桓公之言以為西伐大夏，大夏之在平陽明矣。」而余按其説，猶有可疑者。夫曰鑿龍門，通大夏，則大夏自近河域，不當在汾、澮之間也。封禪書齊桓之言曰：「西伐大夏，涉流沙，束馬懸車，上卑耳之山。」索隱：「卑耳，山名，在河東大陽，博物志在解縣。」此與汾、澮之間為無涉，二也。呂氏春秋本味篇：「和之美者，大夏之鹽」，山海經北山經：「景山南望鹽販之澤」，太平寰宇記：「景山在聞喜縣東南十八里。」鹽澤，郭注即解縣鹽池，今在河東猗氏縣。會合而觀，大夏之地，當在河東，不涉汾、澮，三也。水經河水注：「河水東過大陽縣南，又東，沙澗水注之。水北出虞山，有虞城，其城北對長坂二十許里，謂之虞坂。戴延之曰：自上及下七山相重。戰國策曰：昔騏驥駕鹽車上于虞坂，遷延負轅而不能進。此蓋其困處也。」沙澗本或作流沙澗。疑齊桓涉流沙，正指是水。則卑耳之山殆即虞山。其不涉汾、澮之間，四也。（山西通志山川考疑流沙二字乃汾沁之譌，然亦定大夏為河東地，見考一考十二。又平陸縣志沙澗在縣東二十五里，箕山在縣東九十里，下有清澗，名洗耳河，云巢父洗耳處。通志疑洗耳與卑耳聲相近，相沿成譌，遂以山名為水名，以巢由事相傅會。然則卑耳與沙澗同在平陸，固無需改流沙為汾沁也。）又史記吳太伯世家：「封周章弟虞仲於周之北故夏虛，是謂虞仲。」集解：「徐廣曰：在河東大陽縣。」索隱：「夏都安邑，虞仲都大陽之虞城，在安邑南，故曰夏虛。」左傳所謂大夏，正指安邑大陽夏虛而言，不涉汾、澮之間，五也。管子小匡篇：「西攘白狄之地，至於西河，方舟設柎，乘桴濟河，至於石沈，縣車束馬，踰大行與卑耳之谿，拘泰夏，西服流沙、西虞，而秦戎始從。」又曰：「西至流沙、西虞。」西虞即虞仲所封。此又大夏在安邑大陽，為周初虞邑，不涉汾、澮之證六也。齊語亦言之，曰：「踰太行與辟耳之谿，拘夏，西服流沙、西吳，南城於周，反胙於絳，嶽濱諸侯莫敢不來服。」西吳即西虞也。史記言封虞仲於周之北故夏虛，此曰拘夏服西吳而南城於周，地望適合。嶽者，禹貢岳陽為霍山，則齊桓伐大夏，明屬安邑夏虛，不涉汾、澮之間，七也。呂氏簡選之篇亦言之，曰：「齊桓公西至酆郭」，高注：「酆郭在長安西南」，此則所謂乘桴濟河，秦戎始從者矣。若以大夏為平陽，亦復不合。故知實沈居大夏，當在安邑大陽，不涉汾、澮，八也。又應劭注漢志臨晉縣，曰：「以臨晉水故名。」臣瓚曰：「晉水在河之東。」又史記魏世家：「秦拔我蒲坂、晉陽」，括地志：「晉陽故城今名晉城，在蒲州虞鄉縣西三十五里」，則河東蒲州本有晉陽。水經注：「涑水所逕，有晉興澤南對鹽道山」，其澤亦在虞鄉縣西境。豈涑水古又謂之晉水乎？班志有晉武公自晉陽遷曲沃之語，司馬彪、皇甫謐有晉陽本唐國之説，後世以今太原晉陽説之，自誤。然班説雖疏，恐有所自。竊疑晉之始封，唐之故居，或當在河東蒲州一帶，故虞鄉有晉陽，而班氏有晉自晉陽遷之説。其居翼居鄂已非其初，顧炎武、王世家辨晉初居翼，其論猶為未盡也。（顧、王二氏文，通志古蹟考二均引。）史記晉世家又稱：「封叔虞於唐，唐在河、汾之東方百里。」夫曰河、汾者，河流既長，若謂河東百里，則不得其地望，曰河、汾之東，則河為兼受汾水之河，其東百里，正當涑水之陽，蒲州迤西及於聞喜一帶之地，即當時之所謂太原也。後世不得「河、汾之東」一語眞解，乃求之汾水之東，則何必曰河、汾？又汾流亦遠，其東且何指乎？又世家：「成王與叔虞戲，削桐葉為珪，與叔虞，曰：『以此封若。』史佚因請擇日立叔虞，曰：『天子無戲言。』」舊説太甲放桐宮即聞喜縣。聞喜當涑水之陽，若以涑水古稱晉水論，則聞喜亦晉陽地也。成王削桐葉與叔虞，故乃封之涑水之陽，縱不必即為曲沃聞喜，而地望當相近。若以魏世家晉陽及今涑水有晉興澤考之，則晉之初封，或尚在聞喜之西，其後乃遷而東，而北。其先在涑、洮，其後乃達於汾、澮也。若我説可信，則又晉唐故居，其先在河東涑水，不涉汾、澮之間，九也。

左昭元年晉荀吳敗羣翟於大鹵，即太原也。初將戰，魏舒曰：「彼徒我車，所遇又阨，以什共車必克，困諸阨又克，請皆卒，自我始。」乃毀車以為行。晁錯曰：「曲道相値，險阨相薄，車騎之用，弗能及也。」此可以見太原之地勢。趙武靈胡服騎射，正與魏舒所論異矣。晉居深山，戎翟之與隣，正可為證。

一二

由上所論，大夏、太原、晉陽諸地，其初本在晉南，大河附近，引而漸遠，達於汾水上流，可為吾文論古史地名遷播遷遠之一證。繼此有附論者，一為大禹之會諸侯於會稽，二為禹娶塗山氏女，三則禹之治水是也。

一三

禹會諸侯於會稽，後世言地理者，率謂會稽在浙江紹興。禹迹之遠，近人疑之者多矣。余考呂氏春秋有始覽言「九山、九塞」，曰：「何謂九山？會稽、太山、王屋、首山、太華、岐山、太行、羊腸、孟門。何謂九塞？大汾、冥阸、荆阮、方城、殽、井陘、令疵、句注、居庸。」太山者，霍太山，在河東霍州，高誘以為東嶽者誤。王屋，高注在河東垣縣東北。首山在蒲坂之南，河曲之中。太華在弘農華陰縣。岐山在右扶風美陽縣西北，此亦誤。余考岐山在河西，論證後詳。太行在河內野王縣北。羊腸在太原晉陽縣北。程恩澤戰國地名考：「羊腸有三，一在懷澤間，即太行坂道。一在潞安府壺關東南百里。一在太原府西北九十里。」三者，壺關與懷澤相連，而太原較遠，高注以太原為説，未必是。孟門即壺口，在河東吉州西，禹貢「既載壺口，治梁及岐」是也。穆天子傳曰：「北登孟門九河之隥」，孟門為龍門之上口。高注淮南地形：「孟門太行之限」，亦未是。然則九山者，其八皆在大河兩岸；萬不能會稽一山，獨在浙江之紹興。則古人所謂會稽，必別有所指，而非後世浙江紹興之會稽，斷斷然矣。其次為九塞。大汾淮南注在晉。冥阸淮南作澠阸，彼注今弘農澠池。荆阮者，即漢書成帝紀所謂五阮，在河西元里，為北條荆山抵河之險。方城無考。鹽道山亦名方山，亦曰檀道山，又名百梯山，水經注所謂「蟠溪萬仞，方嶺雲回」者也。是為解州重險，未知即呂氏所謂方城否？高注荆阮、方城皆在楚則誤。殽在弘農澠池縣西。井陘在常山。句注在雁門。居庸在上谷。令疵高云未聞，淮南注云在遼西。自殽以上皆在大河兩岸，井陘以下稍遠，亦均冀州山。九山九塞，獨會稽僻在南越，決不類。故知古人所謂會稽，必別有所指，非後世浙江紹興之會稽也。

章炳麟文錄説稽山有會稽。稽借為棨字。「會稽」即「會棨」。漢書文帝紀：「除關無用傳」，李奇曰：「傳，棨也。」師古曰：「棨者，刻木為合符也。」古字會合同。會棨者，合符也。黄帝合符釜山，舜朝諸侯於四岳，則輯五瑞，故禹亦以會行棨朝會事，因以事名其山。據此，則會稽本亦通名。

一四

然則會稽果何指？考越絶書：「禹救水到大越，上茅山，大會計，更名茅山曰會稽。」吳越春秋則謂：「禹周行天下，還歸大越，登茅山以朝四方羣臣，遂更名茅山曰會稽之山。」水經注：「會稽之山，古防山也，亦謂之為茅山，又曰棟山。」蓋初言大禹治水功績，極於大河而止，未及江淮。禹之行迹，殆亦在大河兩岸，冀、雍、豫三州之間，當時所謂中國諸夏者耳，本未謂其遠至南越。且吳越春秋言「還歸大越」，其非江南之越可知。蓋越亦河北晉地也。逸周書世俘解：「呂他命伐越」，為商邑近畿國，則古在河北有越也。茅山者，左傳文公三年：「秦伯伐晉，自茅津濟，封殽尸而還。」水經河水注：「河水東過陝縣北，河北對茅城，故茅亭，為茅戎邑，津亦取名焉。」然則茅山者，以茅城、茅津推之，其地望正在河北大陽，所謂大夏之虛也。故曰禹還歸大越，登茅山以朝四方。而呂覽、淮南言九山，亦推會稽為首，良以為大禹邦國之所在也。稱大越者，越夏以聲轉而譌，如吳虞、田陳之類也。以此論之，禹會諸侯於會稽，會稽山本稱茅山，以地望推之，其相當於河東大陽之山乎？水經河水注大陽之山亦通謂之為薄山者是也。

一五

然則又何以謂之防山？曰：防薄聲相近，防山即薄山也。然薄山之為脈緜矣，防山之所在，猶可得而確指否？曰：難矣，稽古者丈而量之則得，寸而度之則失，然亦有可得而試論者。考紀年原注：「帝子丹朱避舜於房陵，舜讓不克，朱遂封於房，為虞賓。」世本：「舜封丹朱於房」，路史：「帝崩，虞氏國之於房，為房侯，以奉其祀，謂之虞賓。」尚書：「舜陟方乃死」，陟方乃死者，陟方而乃死也，方即房矣。孟子：「舜生於諸馮，遷於負夏，卒於鳴條。」今按：老子「萬物負陰而抱陽」，負指北方言。負夏猶云北夏。南夏在伊洛嵩華之間，北夏則在河北晉南矣。路史：「今帝墓在安邑，有鳴條陌。」山海經海內南經云：「蒼梧山帝舜葬於陽，丹朱葬於陰。」又大荒南經：「赤水之東，有蒼梧之野，舜與叔均之所葬也。」列女傳：「舜既嗣位，升為天子，娥皇為后，女英為妃，舜陟方死於蒼梧，號曰重華。二妃死於江湘之間，因葬焉。俗謂之湘君、湘夫人也。」張京俊舜陵辨謂今蒲州東南有蒼陵谷，去嬀汭水不遠，意中條山古必有蒼梧之名，故檀弓諸書，皆云舜葬蒼梧，並舉紀年原注鳴條有蒼梧之山為證。（引詳通志古蹟考七。）今考平陽府志：「臨晉縣有二嶷山，在縣東北三十五里，南北錯峙，隋志桑泉縣有三嶷山，今土人只稱大嶷小嶷焉。」疑史記舜葬江南九嶷，亦自此誤。則舊說舜葬地本近安邑。蓋舜至丹朱封國而死，豈亦如商帝乙獵渭濱而暴卒，其事皆祕，莫可明論。或不僅如史通所疑「陟方之死為文命之志」之説也。惟舜卒鳴條，丹朱葬地與舜相毗，亦在鳴條附近，而丹朱封房，舜陟方乃死，今安邑縣東北實有方山，地望正合。茅山又名防山。故知防也，方山，房也，皆一山之異名，其為近於安邑鳴條之山顯然也。

紀年：「帝命子義鈞封于商，葬后育于渭。」沈氏注：「義鈞封于商，是曰商均。」山海經作叔均。郭注：「叔均，商均也。」帝王世紀：「娥皇無子，女英生商均。」（史記集解。）三統歷：「有虞氏讓天下于禹，使子商均為諸侯。」商，今陝西商州。盛宏之荆州記云：「武關西北百二十里商城是。」（路史國名紀四。）尚書故實，載張文規牧弘農日，商州冶務盜發盧氏南山堯女冢，大獲珠玉。（太平廣記四〇二。）路史亦載之，謂女英生商均，舜崩之後，隨其子均徙于封所，故其卒葬在焉。又沈注：「后育，娥皇是也。」雷云：「育，當是肓字之誤。」（皇肓聲相近，育肓形相似，故轉寫誤也。）漢書地理志：「扶風郡陳倉，有黄帝孫舜妻肓冢祠。」水經渭水注引之。今陝西寶雞縣東北二十里有陳倉城，古渭水所逕也。檀弓，舜葬于蒼梧之野，蓋三妃未之從也。

水經涑水注：「涑水又西逕仲邮鄍北，又西逕桐鄉城北，竹書紀年曰：『翼侯伐曲沃大捷，武公請成于翼，至洞庭乃返者。』涑水又西，與沙渠水合。又西南逕左邑縣故城南，故曲沃也。」朱謀㙔水經注箋云：「洞，一作桐。」今本竹書「請成于翼，至相而還」，沈約注云：「相，一作桐。」據諸説，竹書本作「至桐而還」，因竹簡出冢侵蝕，作相。經衛束考較，或又作桐。水經注又譌作洞庭也。春秋桓二年，左傳：「鄂侯生哀侯，哀侯侵陘庭之田。」陘字音與洞近。洞字形與洞近。善長意左傳之陘庭，即桐，故誤作洞庭。今絳州聞喜縣東北有桐鄉故城遺址。陘庭乃翼之南鄙，賈、杜注説悉同。桐乃曲沃之東北邑，觀涑水之逕流可識，酈氏合之，誤。左桓二年冬：「哀侯侵陘庭之田，陘庭南鄙啟曲沃伐翼。三年春，曲沃武公伐翼，次于陘庭，逐翼侯于汾隰。」史記作汾旁。據是，陘庭即汾旁之邑。賈、杜以為翼之南鄙，未確。汾水在翼西北百里，安有次于南鄙，而戰于百數十里外者。史記韓世家桓惠王九年：「秦拔我陘，城汾旁」，正義：「陘故城在絳州曲沃縣西北二十里汾水之旁。」此即春秋時陘庭矣。即舜二女葬江湘之間，宜亦有辨。

一六

然則又何以稱棟山？曰：越絶言之矣，棟猶鎮也。大荒南經又云：「帝堯、帝舜、帝嚳葬於岳山。」岳山、鎮山則一也。會稽之在當時，蓋亦有岳山、鎮山之稱焉。由是言之，禹會諸侯之所，即丹朱之所封，而舜之所陟而死也。或誠如史通所疑「陟方之死，為文命之志」乎？此第勿深論，而要之丹朱之所封國，帝舜之所陟而死，與夫禹之所會諸侯，皆當在今安邑之四近；而會稽一山之地望，亦自約略可定也。（呂氏春秋安死篇舜葬于紀，墨子節葬篇作南己之市，御覽五百五十五作南紀，路史注：「紀即冀，河東皮氏東北有冀亭。」鳴條在安邑西北，其地相近。今按：今竹書稱禹即位居冀，而五子之歌曰：「惟彼陶唐，有此冀方，今失厥道，亂其紀綱，乃底滅亡。」亦足為上論丹朱封國、舜死地及禹都皆相近一證。）

一七

次請論塗山！尚書：「禹娶於塗山，辛壬癸甲。」天問：「禹之力獻功，降省下土方，焉得彼塗山女而通之於台桑？」左傳哀七年：「禹合諸侯於塗山，執玉帛者萬國。」後世言地理者，皆謂塗山在今安徽壽春。今以會稽之例推之，江淮非禹迹所到，壽春之説疑不然也。水經注：「伊水出陸渾縣之西南王母澗，澗北山上有王母祠，即古三塗山也。」方輿紀要：「三塗山在河南府嵩縣西南十里。」竊疑禹娶塗山氏女，即此王母。呂氏春秋音初篇：「禹行功，見塗山之女，禹未之遇而巡省南土，塗山氏之女乃令其妾待禹於塗山之陽，女乃作歌，歌曰：『候人兮猗』，實始作為南音，周公及召公取風焉，以為周南、召南。」以二南之地望推之，則塗山之近伊嵩可知也。山海經：「南望墠渚，禹父之所化。」水經伊水注：「陸渾縣東禪渚是其地。」元和志：「河南府陸渾縣伏流城，即今縣理城。東魏武定二年所築，以城北焦澗水伏流地下，西有伏流坂，因以為名。」水經注：「劉澄之永初記稱陸渾縣西有伏流坂者也。今山在縣南崖口北三十里許，西則非也。禪渚在原上陂方十里，佳饒魚葦。」然則禹娶塗山與鯀化羽淵，地正相近。國語：「夏之興也，祖融降於崇山」，舊説崇在秦、晉之間，竊疑有崇其即有嵩乎？鯀娶有莘氏女而生禹，有莘國亦在河南嵩縣，與伊水地望相近。昔有莘氏女采桑於伊川，得嬰兒為伊尹，其證也。史記夏本紀：「舜崩三年喪畢，禹辭辟舜之子商均於陽城，天下諸侯皆去商均而朝禹，禹於是遂即天子位。」世本：「禹都陽城」，臣瓚曰：「汲郡古文亦云居之」，趙岐孟子注：「陽城在嵩山下」，括地志：「嵩山在陽城縣西北二十三里」，然則夏之所起斷可識矣。伯鯀稱有崇者，以其國於嵩。殛鯀於羽山實則退歸故土。後漢書賈復傳：「下江、新市兵起，復亦聚眾數百人於羽山。」復，南陽冠軍人。羽山亦當在縣境。沈欽韓曰：一統志，禹山在鄧州西南六十里，禹羽同聲，疑即羽山。

禹娶塗山，辛壬癸甲，啟呱呱而泣，予弗子，亦近其家邦。禹避陽城，返舊居也。天下諸侯皆去商均而朝禹，殆即所謂「禹會諸侯於塗山，執玉帛者萬國」也。夫塗山之與陽城，固非一地，然而傳説之相歧，不害其可以為一事也。

武帝元封元年正月詔：「朕用事華山，至于中嶽，見夏后啟母石，翌日親登嵩高」云云。師古曰：「啟母塗山氏女也。禹治鴻水，通轘轅山，化為熊，謂塗山氏曰：『欲餉，聞鼓聲乃來。』禹跳石，誤中鼓，塗山氏往，見禹方作熊，慙而去，至嵩高山下，化為石，方生啟。禹曰：『歸我子。』石破北方而啟生。事見淮南子。」

又山海經中山經泰室之山，郭注：「啟母化為石而生啟，在此山。見淮南子。」又穆天子傳，郭注亦云：「太室之丘嵩高山，啟母在此山化為石，而子啟亦登仙，故其上有啟母石也。皆見歸藏及淮南子。」今淮南子無此文。然則即漢時淮南賓客亦不以塗山為在壽春也。

後漢堂谿協有嵩高山開母廟石闕銘。廟在潁川郡陽城縣。又堂谿典有開母廟石闕敍云：「熹平四年請雨嵩高廟，大君協遂作闕銘文也。」凡此皆證塗山不在壽春也。

禹伐有扈，戰於甘。世本：「有扈夏之同姓。」水經有甘水出弘農宜陽縣鹿蹏山，注：「山在河南陸渾縣故城西北，甘水所逕，有故甘城是也。」其後禹、啟皆都安邑，而椒舉曰：「夏啟有鈞臺之饗」，左傳杜注：「河南陽翟縣南有鈞臺」，是夏人不忘故土，而時至於河南也。帝太康畋於有洛之表，遂失北土，是夏之在大河之北，其植根固猶未深歟。故會稽、塗山兩會之地望既得，而夏人有天下之大勢自顯。後世言地理者，胥失之，則宜乎古史之湮而弗彰也。

一八

逸周書度邑解有之，曰：「自雒汭延至於伊汭，居易無固，其有夏之居。我南望過於三塗，北望過於嶽鄙，顧瞻過於有河，宛瞻延於伊雒，無遠天室。」此有夏之疆土也。起於伊嵩，止於冀方，此大禹之行迹也。禹之行迹既著，而其治河之績亦可得而知。孟子曰：「禹疏九河，瀹濟、漯，而注之海，決汝、漢，排淮、泗，而注之江。」其説荒誕，固不可信。即尸子所謂「古者龍門未開，呂梁未鑿，河出於孟門之上，大溢逆流，無有丘阜高陵，盡皆滅之，名曰鴻水」者，恐亦非大禹一手之烈所可及。孟子引書曰：「洚水警予。洚水者，洪水也。」晉人都絳，洚水殆即指晉絳附近，則洪水所被之災區可從推矣。（知伯曰：絳水可以灌平陽。）以今推之，古者大禹治水之説，其殆始於蒲、解之間乎？

蓋蒲、解之地，東西北三面俱高，惟南最下。河水環帶，自蒲潼以下迄於陝津砥柱。上有迅湍，下有閼流。回瀾横濤，既足為患，而涑水驟悍，狂憤積鬱，無可容游。山洪怒鼓，河溜肆蕩，蒲、解之民實受其害。唐、虞故都正在其地，所謂鴻水之患者，其殆在斯也。賈讓有言：「大禹治水，鑿龍門，辟伊闕，析底柱，破碣石。」依實論之，禹之治河，上不及龍門，下不至碣石，當在伊闕、底柱之間耳。

一九

夏禹治水之業既定，而后稷教稼之地亦可得而推。吳越春秋：「堯遭洪水，人民泛濫，逐高而居，堯聘棄使教民山居，隨地造區，研營樹之術，三年，拜棄為農師，而封之台。」此雖想像之辭，然洪水泛濫，民無所定，下者為巢，上者為營窟，上丘陵，赴樹木，逐高而居，自是其情。隋圖經實苹曰：「稷播種百穀於稷山，西南去安邑六十里。」（引見通志古蹟考一。）蓋禹、稷同仕虞廷，禹治水，稷教穡，其事相需。而禹都安邑，稷封有邰，在今聞喜，其地亦相近。蒲、解之民，困於河、涑之患，逐高而居，北踰中條之山，溯涑水之上流，耕於介山、稷山一帶之原地，其情亦相似。故閟宮之頌曰：「是生后稷，俾民稼穡，奄有下土，纘禹之緒。」若后稷封邰遠在扶風，何説於所謂「奄有下土，纘禹之緒」耶？周頌思文亦言之，曰：「思文后稷，克配彼天，立我烝民，莫匪爾極。貽我來牟，帝命率育，無此疆爾界，陳常於時夏。」夏者夏土，時夏猶是夏也。后稷教穡，不分此疆爾界，陳其久常之功於是夏土，故曰「奄有下土，纘禹之緒」矣。逸周書商誓亦言之，王曰：「在昔后稷，惟上帝之言，克播百穀，登禹之績，凡在天下之庶民，罔不惟后稷之元穀用烝享。」此猶思文之志也。以大夏、太原、實沈、臺駘之地望考之，參之以詩書百家之言，凡其及於禹、稷者，而知后稷教穡，斷在晉冀，不在秦雍也。

四　公劉篇

二〇

繼此請言公劉之居邑！史記周本紀：「后稷之興在陶唐、虞、夏之際，皆有令德。后稷卒，子不窋立。不窋末年，夏后氏政衰，去稷不務，不窋以失其官，而犇戎狄之間。不窋卒，子鞠立，鞠卒，子公劉立。公劉雖在戎狄之間，復修后稷之業，務耕種，行地宜，百姓懷之，多徙而保歸焉，周道之興自此始。故詩人歌樂思其德。公劉卒，子慶節立，國於豳。」然考大雅公劉之詩曰：「篤公劉，於豳斯館。」匈奴傳亦云：「夏道衰而公劉失其稷官，變於西戎，邑於豳。」則遷豳而居，實始公劉，不自慶節也。公劉以前，其事不可得而詳。夏太康失國，后羿因夏人以代夏政，不窋之失官，而自竄戎狄之間，或在其時。至於公劉，則略當夏桀之世。漢婁敬之對高祖曰：「周之先自后稷，堯封之邰，積德累善十餘世，公劉避桀居豳。」是也。吳越春秋亦言之，云：「公劉避夏桀於戎狄，變易風俗，民化其政。」朱右曾竹書紀年存眞謂湯伐桀至紂十七世，世本公劉至文王十六世，（今史記止十二世，誤。）世數略相當。則婁氏之言蓋信。夫曰避桀居豳，是其本居相近也。今夏都安邑而后稷封邰在武功，則周之與夏，固風馬牛不相及。而不窋自犇戎狄之間，尤當引而逾遠，於夏政之仁暴何與焉。何至於公劉之際而復且避桀為哉？此說之至不可通者也。此即據公劉避桀之言，而知周人在公劉之先，固猶居晉，近於夏室，決不遠在涇、渭之間也。

二

然則何以言「不窋失官，犇戎狄之間」乎？曰：古者晉地自汾水上流，太原、晉陽固皆戎狄也。祝佗言「成王封唐叔於夏虛，疆以戎索」，籍談言「晉居深山，戎狄之與鄰」，景王言「唐叔受分器以處參虛，匡有戎狄」，則西周之初，晉之為國，固在戎狄之間也。日知錄（卷三十一「晉國」條。）謂晉至獻公始大，然不過今平陽一府之境，若霍太山以北，大都皆狄地。今考左傳宣十五年，晉侯治兵於稷，以略狄土，杜云：「河東聞喜縣西有稷山」，此即后稷教稼之地，而其時亦與狄鄰。又春秋昭公元年，晉荀吳率師敗狄於大鹵，三傳皆作太原。穀梁云：「中國曰太原，夷狄曰大鹵」，杜氏曰：「太原近戎而寒，不與中國同。」夫宣公、昭公之時如此，則春秋之初葉可知。春秋初葉如此，則西周之始封建可知。更推而上之，至於夏太康之失國，不窋之犇戎狄又可知。何疑於其不在晉地，而必遠引之於涇、渭之外乎？

二三

後漢書西羌傳亦云：「后桀之亂，畎夷入居邠岐之間。」西羌傳言三代事，多本汲冢紀年。今本紀年亦有之，曰：「畎夷入於岐以叛。」路史則云：「犬戎侵岐居之。」則其說非無據。詩稱公劉居豳，固與戎夷雜處，史所謂「公劉雖在戎狄之間，復修后稷之業也」。夫曰畎夷入居邠岐之間，則邠岐亦近夏邑，猶公劉居豳而曰避桀，不得遠踰涇、渭之外也。今考岐者晉山。禹貢有之，曰：「既載壺口，治梁及岐」，王應麟困學紀聞說之曰：「『治梁及岐』，若從古注，則雍州山，距冀州甚遠，壺口大原不相涉。晁以道用水經注，以為呂梁狐岐。蔡沈依之，謂梁岐皆冀州山。梁山呂梁山也，在今石州離石縣東北，岐山在今介休縣，狐岐之山，勝水所出，東北流注於汾。」此岐為晉山也。

二三

胡氏禹貢錐指、閻氏古文尚書疏證皆申舊説，以梁岐為雍州山。沈彤尚書小疏仍駁胡説，而汾州府志辨之尤晰。其言曰：「禹貢之文，自西而盡於東。故先壺口，次梁岐，次太原岳陽，次覃懷，次衡漳。或舉山，或舉地。梁岐之西水歸於河，梁岐之東水歸於汾，此二山為汾川以西羣山自北而南之脊，舉之以見汾西河東其地就治，岳陽在汾東沁西，覃懷則沁東而南近河，衡漳則水過漳而入河北注。此數語冀州所宜治者全具。」此論甚曉白。山西通志再駁其説，殊未愜。

二四

今考岐山稱狐岐者，通志古蹟考二：「謹案狐戎左氏稱大戎，平陽西山一帶，在晉有狐廚邑，在漢有狐讘縣，在魏晉有狐谷亭，（原注見左僖十六年，杜注是魏晉地名也。）其命名皆取於狐，非取狐戎而何哉？狐讘今永和縣，狐廚即狐谷，今鄉寧縣，則狐戎之國蓋可知。」據此則狐岐得名，亦由狐戎。而曰岐山，則因山勢之盤岐。又狐岐一稱薛頡，又稱縠積，亦書骨脊。説文：「呂，骨脊也」，則骨脊之訓可通呂梁。汾志所謂「山為汾川以西羣山自北而南之脊」者是也。則疑「治梁及岐」，不必確指離石東北之呂梁言之。論者必據後代之地望，切求古書之山川，遂啟紛紜之爭。若通觀以求，則大勢瞭晰，而岐山之在晉，固尤在不爭之列也。

二五

邠則濱汾之邑，猶因岐而邑者為郊，因灃而邑者為酆矣。逸周書度邑解：「維王克殷，九牧之師，見王於殷郊。王乃升汾之阜以望商邑，永歎」云云。汾一作邠，史記周本紀引作豳。豳、邠，古今字，而汾、邠亦相通，如滈鄗、灃酆之例。梁玉繩史記志疑云：「汾近朝歌，即郡國志潁川襄城縣之汾丘。若在栒邑之豳，何從登其阜以望商邑？」今按：度邑下又云：「王至于周」，栒邑尚在周西，不當未歸至周，而先已登豳。梁氏謂所登不在栒邑，是也。然襄城汾丘，與朝歌亦非近，何緣迂道南行而來其地？竊疑周人既克殷，乃歸途至於晉之汾阜，昔者公劉之故土，因登望而興歎云爾。「乃升汾之阜」者，乃後之日，升於汾阜。其時既非九牧之師見王於殷郊之時，其地亦非必近於殷郊之地矣。此周初邠邑不在西土之一證也。

二六

左傳昭公九年，周甘人與晉閻嘉爭田，王使詹桓伯辭於晉，曰：「我自夏以后稷，魏、駘、芮、岐、畢，吾西土也，及武王克商，蒲姑、商、奄，吾東土也。」正義：「周語云：昔我先世后稷，以服事虞、夏，及夏之衰也，棄稷弗務，我先王不窋，用失其官。案本紀，不窋是后稷之子，繼其父業，世為大國，故受此五國，為西土之長也。釋例土地名云魏河東河北縣也。芮馮翊臨晉縣芮鄉是也。畢在京兆長安縣西北。駘在武功。岐在美陽。今案其地，芮在魏之西南百餘里耳，岐在駘之西北無百里也。詩稱后稷封邰，與岐、畢相近，為之長可矣。計魏在邰東六百餘里，而令邰國與魏為長，道路太遙。公劉居豳，又在岐西北四百餘里，此傳極言遠竟，而辭不及豳，並不知其故。」正義之疑如此，此前人之説所不得而通者。今考正義論后稷、不窋世次，姑勿詳辨。至於后稷封邰，地本晉境，正義所謂「魏在邰東六百餘里，而令邰國與魏為長，道路太遙」之疑可釋。太王遷岐，文王居畢，乃後事，桓伯極言遠竟，故連而及之。而公劉居豳，本在汾域，並不遠涉扶風，則即據桓伯之言，可推見也。

雷學淇曰：「詩譜謂周之魏國，南枕河曲，北涉汾水。水經河水注謂商時芮國，周之魏國，皆近河。汾水注謂汾之南岸有稷山，相傳后稷播穀於此，即左傳晉侯治兵於稷者。蓋古時魏國近汾，芮國近河。后稷初封於魏，稷山在其竟中。漢晉時屬聞喜，不在河北。在河北者乃周之魏，商時為芮人之封。周克商後，收芮師虞師，始盡以芮地封同姓為魏國。又別封同姓之芮伯於河外芮鄉。」

二七

然而猶有辨。夫汾之為流長矣，此公劉所居濱汾之皐，所謂豳邑者，固何在乎？曰：是固難考，然亦未嘗不可微求而得也。漢書地理志：「右扶風栒邑有豳鄉，詩豳國，公劉所都。」應劭曰：左氏傳曰畢、原、酆、郇，文之昭也，郇侯、賈伯伐晉是也。」臣瓚曰：「汲郡古文晉武公滅荀以賜大夫原氏黯，是為荀叔。又云文公城荀。然則荀當在晉之境內，不得在扶風界也。今河東有荀城，古荀國。」師古曰：「瓚説是也。此栒讀與荀同，自別邑耳，非伐晉者。」今按：水經汾水注：「古水出臨汾西，又西南逕荀城，在絳州西十五里」，此汾域之荀也。又有郇瑕。水經涑水注：「涑水經猗氏故城北，又西逕郇城，郇伯國也」，此涑域之郇也。兩地自別。然晉有荀息，而潛夫論志氏姓作郇息，則郇、荀固可通。猶絳有故絳、新絳，曲沃亦有新故。荀之與郇，或亦如是。周人既西，秦地乃有豳鄉，地名相遂，亦復一例。今秦之豳鄉在郇邑，返而推之，則公劉居邠，當離汾域之荀為邇也。此邠邑地望之可推者一也。

二八

水經汾水注：「汾水西過長修縣南，又西與古水合。水出臨汾縣故城西黄阜下，東注於汾。」寰宇記：「臨汾故城即漢臨汾縣也，在今絳州東北二十五里。」董祐誠曰：「臨汾故城在今絳州東北，水在西北古山下，亦名鼓堆泉。」（唐書地理志曲沃東北三十五里有新絳渠，永徽元年令崔翳引古堆水溉田百餘頃。）然則臨汾有古山、古水，公亶父本居其地，故稱古公，猶公劉之稱豳公也。由此推之，公劉居邠，及於亶父，蓋在臨汾古水之濱。此邠邑地望之可推者二也。

二九

且榆次有梗陽鄉，余疑梗陽乃姜字音變，已見上論。而古水東有修水，其旁亦有梗陽城。古公之避昆夷而去也，曰「爰及姜女」，則此修水旁之梗陽城者，其殆大姜之邑乎？地望相近，亦可資以推公劉、古公之居邑者三也。

三〇

且大雅公劉之詩有之，曰：「篤公劉，于胥斯原」，又曰：「陟則在巘，復降在原」，又曰：「篤公劉，逝彼百泉，瞻彼溥原，迺陟南岡，乃覯於京。京師之野，于時處處，于時廬旅。篤公劉，于京斯依。」今謂公劉居邠乃在臨汾古山、古水之地，則此所謂原與京者，亦復可得而説之乎？曰可！寰宇記：「九京一名九原，晉大夫趙盾葬所，禮記謂趙文子觀處，有水名古水，出九原西。」此則古水東岸有原之證也。方以智通雅卷十七有京古原字條論及此。又按朱子語錄廬山有淵明古迹，曰上原。淵明集作京。知京原相通，後世猶爾。方輿紀要：「鼓堆泉出九原山，其山有堆如覆釜形，水分二派，東曰清泉，西曰灰泉，以注於汾水，水經注謂之古水，其堆亦曰古堆。」然則古山即名九原山也。山西通志稱其堆在山西北麓。今考公劉之詩曰：「相其陰陽，觀其流泉，度其夕陽，豳居允荒。」則九原西北麓所謂古堆，正公劉「度其夕陽」之「夕陽」也。「相其陰陽，觀其流泉」者，則清泉、灰泉也。司馬光絳州鼓堆泉記：「堆周圍四里，高三丈，穹隆而圓，狀如覆釜，水原數十環之，觱沸雜發，滙於南，溶為深淵。」此所謂水原數十，觱沸雜發者，則詩之所謂「百泉」也。喬宇游古堆泉記（文詳通志古蹟考。）：「自太原西南，其泉溉田最多，利民久者，莫若晉祠之泉。自平陽西南，其泉溉田最多，利民久者，莫若龍祠之泉。自絳州以北，其泉溉田最多，利民久者，莫若彭堆之泉。泉有清濁二穴，清在北，濁在南。北穴為石，口尺五許，自滙而為池，幅員一丈，其深稱是。溢而南，折而東流。南穴為土，口尺許，亦滙池。溢而北，折而東，合於清流。泉之西則隆然高泉，其南北皆平疇低野，亦資泉而溉。」此與所謂「相其陰陽，觀其流泉，度其隰原，徹田為糧」者，又何其酷肖耶？則知公劉之「于胥斯原，于京斯依」之當在於是矣。

三一

曰：詩稱「篤公劉」何謂耶？曰：「篤公劉」，猶古公亶父之例也。公亶父居於古水之濱，故稱古公；公劉稱篤公，則亦邑居之名矣。曰：篤之為邑猶可指乎？曰：此已無可指，而猶可以為之推者。水經涑水注：「涑水西逕董澤陂，南即古池，春秋文公六年蒐於董，即斯澤也。」考是年杜注：「河東汾陰縣有董亭。」沈欽韓左傳地名補注辨之曰：「按續志河東臨汾縣有董亭，聞喜縣有董池陂，古董澤，酈氏與劉昭誤合為一，杜注汾陰當作臨汾。」據此，臨汾有董亭，地望與古水正近。董、篤一聲之轉，疑篤公劉蓋即董公劉也。舊説：「篤，厚也」，此則不得其意而強説之者。

三二

又考涑水所逕有周陽邑，董澤陂即在其地。水經注稱周陽邑城南臨涑水，北倚山原。董祐誠曰：「魏書地形志聞喜有周陽城，史記正義引括地志在聞喜縣東三十九里。案唐初聞喜治甘泉谷，在今縣東二十里，則周陽城當在今縣東六十里。」聞喜縣新志謂：「周陽異名同實者有三：唐書宰相世系表裴氏之先晉平公封顓頊之孫鍼於周川之裴中，蓋周川即𨛫城所在，亦即周陽也，此名異實同者一。竹書紀年晉獻公二十五年正月，翟人伐晉，周有白兔舞於市，亦即周陽，名異實同者二。史記魏世家秦取我曲沃、平周，張守節注曲沃在桐鄉，平周在介休。秦人取邑必連取之，平周既與曲沃連稱，斷不能在桐鄉以北五百里外之介休，蓋平周即周陽，此名異實同者三。」是則周之為邑，其先亦在晉，不在秦也。考諸史記周本紀：「不窋末年，夏后氏政衰，去稷不務，不窋以失其官，而奔戎狄之間。」后稷教穡，既在稷山、介山一帶，則不窋之奔戎狄，無乃始遷而東，卜居於周陽之原者耶？故其地有周稱，又有董澤。舊通志謂其蒔荷滋稻，浸溉十餘里，而公劉稱董公。及公劉之避桀而北，遷於古水，而其地亦有董亭，則正古人遷地遂稱之例。然則古公亶父以本居臨汾之古稱古公，篤公劉亦以本居周陽之董澤稱篤公矣。據古公之稱，可以上推公劉之所避。又據篤公之稱，可以上推不窋之所奔。此則所謂無可確指，而猶可微推者也。

三三

公劉之詩又言之，曰：「篤公劉，於豳斯館，涉渭為亂，取厲取鍛，止基迺理，爰眾爰有，夾其皇澗，溯其過澗，止旅迺密，芮鞫之即。」公劉居豳既在汾域，臨汾古水之濱，何又言其「涉渭為亂」乎？曰：渭者入河之水。公劉居汾濱，遠於渭而近於河。以地望言之，欲涉渭必先涉於河，而涉河者不必果涉於渭。而詩稱涉渭為亂者，實則涉河而達於渭，不必其涉渭而更南也。則曷不謂「涉河為亂」，而故乖其文曰涉渭乎？曰：稱涉河，則河之為流既長，不見其所涉，並不見其涉河之所至。曰涉渭，則二者俱顯矣。此詩人屬辭之法也。作詩者未能逆料於後世之誤以公劉居豳為在陝西扶風之北境，則其言涉渭為亂，在當時為甚巧甚晰之辭，而在後世則為迷其地而不得其解之一難焉。曰：渭水入河在華陰，離汾水入河之口亦遠。今謂其涉河而至於渭，因曰涉渭，固可信乎？曰：古今水地有變，渭水入河之口，漢時在船司空，其城在華陰東北五十里，其後則移而南。胡氏錐指謂今洛水自朝邑趙渡鎮南入河處，即古之渭汭。又曰：「渭汭當為漢褱德縣地，當今朝邑。」今考自汾口南至蒲關，其間津渡實多。周人居邠，沿汾而下，踰大河而西，以達於渭汭，未見其為必遠於情實也。「涉渭為亂」之義既得，而「芮鞫之即」一語亦可説。毛傳：「芮，水厓也。鞫，究也。」鄭云：「芮之言內也，水之內曰隩，水之外曰鞫。」正義云：「此以水內為芮，則是厓名，非水名也。」今按：說文：「汭，水相入也。」漢志則曰：「水北曰汭。」蓋汭之言内也。兩水相入，必有隈曲之地。或曰水曲，或曰水内，或曰水北，皆一義相因。渭水入河，而渭北曰渭汭，洛水入河，其洛北曰洛汭，漢汭、淮汭皆然。然則所謂汭者，汾水入河之隈，謂汾汭也。鞫者，水之外，渡河而西，以至於渭之北濱，自汾言之，皆水外也。故汭曰水内，自汾言之；鞫曰水外，自河言之也。今曰「芮鞫之即」，則其地在汾水之口，大河兩岸，河東則河津皮氏，河西則韓城梁山一帶之地也。何以而知其然？則自「涉渭為亂」之語，推見當時周人行迹而知也。水道提綱：「東岸河津縣西北之龍門山，兩山對峙，河貫其中，南流，其下曰禹門渡，稍折西南流，至東岸壺盧灘西，汾水東北自河津縣城西南流注，曰汾口，西岸即韓城東之周原堡也。」竊疑堡稱周原，其來實古。禹門渡一帶，正公劉之詩所謂汭；周原堡一帶，則公劉之詩之所謂鞫也。「芮鞫之即」一語之義既得，而所謂「夾其皇澗，遡其過澗」者，亦可說。據水經，汾水與古水合，其下有修水、華水，兩川皆在汾北，南流入汾。自古水至河津，皆所必踰，而水皆不甚大。董祐誠曰：「今泉掌泉即脩水，清水亦曰黄華谷澗，即華水，華水所逕有梗陽故城。」竊疑梗陽者姜，古公太姜或即其地，而皇澗、過澗或即兩水當時之名。周人之來，其先則「於豳斯館」，及其「止基迺理，爰眾爰有」，夫而後夾皇澗遡過澗，自汾而下，漸展其迹。及其「止旅迺密」，夫而後「芮鞫之即」也。其情勢不至顯乎？其後太王避狄，惟曰踰梁山，至於岐山之下居焉。梁山在韓城，而不言踰河者，周人之居，固已不自於太王，即已踰河而西也。然自公劉避桀居邠，以至於「爰眾爰有，止旅迺密」，亦需時矣，則其即汾汭、河鞫而居，當不在公劉之及身，而在其子孫。而公劉之詩固已謂「涉渭為亂，取厲取鍛」，足迹遠及於朝邑，終若未足為信也。且厲石鍛質，所在而有，何必遠涉渭南以為取？厲鍛之需無幾耳，何周人之不憚煩，必遠取之於渭之南？則「涉渭為亂」一語，固若不足信。夫詩非史也，然即詩以推史，則史迹往往而顯。公劉之詩所謂「涉渭為亂」者，縱謂其非信史，然即此而推，可以知周人之行迹，而證所謂夾皇澗遡過澗芮鞫之即之何指焉。今要而論之，避桀居邠始公劉。夾皇澗遡過澗即於汾汭、河鞫，則在公劉之後，以至於古公之世。涉渭為亂，則尚在古公踰梁山至岐山，以至於王季、文王之時。而詩人述其先世之祖烈，不免於以後世之事逆而歸之以為美，則亦情理之所有也。

魏源詩古微卷十三，問豳在郃北，更偪戎狄，奈何棄郃而遷豳？且豳州距武功之郃僅百餘里，朝發夕至，乃裹糧陳兵，張皇舉動者何？此問極是，惜乎魏氏不得余說以答之。

三四

漢書郊祀志：「美陽得鼎，張敞推古文字，桉鼎銘勒而上議曰：臣聞周祖始乎后稷，后稷封於斄，公劉發迹於豳，太王建國於𨙸梁，文武興於酆鎬。𨙸梁酆鎬之間，周舊居也，固宜有宗廟壇場祭祀之臧。今鼎出於𨙸東，中有刻書，曰：王命尸臣，官此栒邑。此殆周之所以褒賜大臣，大臣子孫刻銘其先功，臧之於宮廟也。」其事何如？曰：此無害為扶風之栒，亦無害於當西周時而有此鼎器。惟張敞之以后稷封郃、公劉居豳為説則誤。且栒邑之官，豈得由其子孫藏鼎器於周之宮廟？此不足為公劉居豳在扶風之證。

三五

曰：豳風七月之詩何如？曰：七月之詩，其出也晚矣，然亦晉人之詩也。左襄二十九年季札觀周樂，歌豳曰：「美哉蕩乎，樂而不淫，其周公之東乎？」觀其詠稼事，本夏時，皆近於唐風。禹貢雍州不及絲，而豳風七月盛言蠶桑，非雍也。又考周官籥章：「掌土鼓豳籥，凡國祈年於田祖，龡豳雅，擊土鼓，以樂田畯。國祭蜡，則龡豳頌，擊土鼓，以息老物。」明堂位以土鼓蕢桴葦籥為伊耆氏之樂。郊特牲稱伊耆氏始為蜡。曲禮孔疏引熊安生云：「伊耆氏即神農氏也」，郊特牲疏引皇侃，亦謂「神農伊耆一代總號」。蓋神農姜姓，周棄之母為姜嫄。姬姜之在冀州，為始創耕稼之族，故其祖先為神農，為后稷。神農后稷云者，皆首教稼穡之義，猶之田祖先嗇也。伊耆者，鄭氏明堂位注，「今有姓伊耆氏」，然史籍頗少見。魏孝文時，魏懷州民伊耆苟聚眾於重山作亂，洛州刺史討滅之。懷州春秋晉地，謂之南陽。是伊耆氏一姓固居晉。（文王敗耆國，路史謂即伊耆之耆。）至於豳頌豳雅，皆擊土鼓，亦有説。蓋陶土之業，其先亦起於晉，唐堯氏其著也。唐者，隄唐，唐塗，皆土事，捍外而虛中，則亦陶矣。又稱帝堯。説文：「堯从垚在兀上。」垚者累土，兀者高而不安，則大鈞之播物者也。堯與陶蓋為重文，猶後世所謂窯矣。故知唐堯乃始創陶業之君也。其後有唐杜氏，杜亦陶事。郊人之祈年息物，祭於田神，其先皆土鼓蒯桴之是叩。後世因而勿革，遂以為禮。此則豳雅豳頌原於祈年息物，為晉人舊俗，遠沿姬姜后稷神農之傳，徵諸周官之記，溯其土鼓蒯桴之禮，而確然可據者也。後人亦疑土鼓起唐堯，謂伊耆氏謂帝堯，然此無所爭。要之伊耆氏在晉，擊土鼓以祈年息物，為農耕民陶業初興以後之遺俗，而伊耆氏則為其傳說中之君主。神農乎，帝堯乎，可以一例視之也。至於豳詩七月則其出尤晚，蓋非所謂豳雅豳頌之本辭矣。

紀年房伯祈歸于宗周，雷云，祈祁古字通。左傳晉大夫祁奚，呂覽開春篇、風俗通十反篇，並作祈奚。房為帝堯之後，故祈姓也。周語，昔昭王娶于房，曰房后，寔有爽德，協于丹朱，丹朱馮身以儀之，生穆王焉。蓋康王昭王皆娶于房，穆王母乃丹朱裔孫，故似丹朱。丹朱之神馮依后身而生穆王也。舊說以房在鄖陽府房縣，恐誤。

五　太王篇

三六

周人初起皆在晉，其先在涑洮，其後遷而北，越汾，達於河，稍稍渡河而西，則極於韓，既如上論。至於踰梁山，至於岐下，遂闢豐鎬，則在太王以後。穆天子傳所謂「太王亶父始作西土」是也。左傳僖五年，宮之奇曰：「大伯虞仲，大王之昭也，大伯不從，是以不嗣。」是謂太王之西，而大伯虞仲未之從也。詩大雅緜有之，曰：「緜緜瓜瓞，民之初生，自土沮漆，古公亶父，陶復陶穴，未有家室。」沮漆之爭已舊。而最近咸陽劉光蕡古愚論之為最允，其言曰：（見煙霞草堂文集卷二漆沮既從解。）「以石川河當漆沮，先儒多有此説。予不謂然。馮翊之水莫大於洛，禹烏能略，則知漆沮宜為洛，不當為石川河也。經書『漆沮既從』，在『涇屬渭汭』之下。下文記『會於渭汭』，在『至於龍門西河』之下，分明為今華陰、朝邑之間，俗所謂三河口者。左傳虢公敗戎於渭汭，亦即此地。渭汭在此，漆沮之從亦必在此。導水又東過漆沮，即漆沮既從之漆沮，下即從之入于河，見過漆沮時即入于河也。若以為石川河，則過漆沮後，尚幾三百里方入河，以經文言過者證之，洛汭去大伾三百餘里，洚水去大陸三百餘里，過後均言至于。此過後不言至于，明是過即入河，則漆沮當為洛水而不當為石川河水也。以洛為漆沮，孔傳、闞駰、酈道元、孔穎達、顏師古均同。竊謂漆沮從渭，渭過漆沮，皆在朝邑南，華陰北。水經注敍沮水更名石川水，又西南逕郭獲城與白渠枝渠合，又南入於渭水。下云，其一水東出，即沮水也。明提此為沮水，則闞駰謂洛為漆，以沮水入洛，故有沮名。蓋漆沮聲近。自殷周轉為洛，而漆沮見於禹貢，故於沮入後，乃舉本名，則人知洛之為漆矣。胡朏明從程大昌以石川河為漆沮，謂沮東出循鄭渠入洛，非禹時故道。然則石川南入渭，酈注亦謂與白渠枝渠合，是東去鄭國所鑿，南入為白公所鑿。鄭白之前，沮又於何入渭哉！余推水經注石川水不惟不得為漆沮，亦並不得為沮。敍沮水而於東出者特聲明為沮，可知沮不南入；沮不南入，則南入之道必開渠利，時盡收冶谷、清谷、濁谷等水，恐沮不能容，開一枝渠，既洩盛漲，又便灌溉。此道一開，沮北來入渭，較東入洛為直捷，日久刷深，而東出之流遂絶。沮不入洛，不得不移漆沮之名於上流也。」此其言漆沮地望及水道轉移之迹，可謂極析矣。

據此，則禹貢漆沮定在朝邑、華陰之間。夫禹貢晚出，遠在大雅後。則緜之所謂漆沮，亦在朝邑華陰相近可知。吴卓信漢書地理志補注論禹貢漆沮為富平石川河，今不從。（又按：「民之初生，自土沮漆，陶復陶穴，未有家室」者，此言沮漆之地，其民居復穴，自古公之未來，則未有所謂家室也。云「古公亶父，陶復陶穴，未有家室」者，「古公亶父」四字乃衍文。其下始云「古公亶父，來朝走馬」。古公本居豳，不在沮漆間。方古公之未至，沮漆之民，陶復陶穴，於古公無與也。古公在豳，不得謂其未有家室。尚未言古公去豳，亦不得逆言古公在漆沮而陶復陶穴也。然則「古公亶父」四字為衍文審矣。緜詩竟體皆兩句一韻，惟開首「緜緜瓜瓞」四字為單句，後遂誤衍「古公亶父」四字以為之配。）

三七

「古公亶父，來朝走馬」，何謂也？曰：漢志：「左馮翊褱德，禹貢北條荊山在南，下有彊梁原。」方輿紀要云：「俗謂之朝坂，即荊山北麓矣。」陝西通志：「華原山在朝邑縣西門外，繞城西而北以絕於河，一曰朝坂。」然則古公之所來而走馬，即此朝邑之朝坂也。又稱彊梁原，彊梁亦姜之音變。坂稱彊梁，猶邠旁有梗陽城矣。「率西水滸，至於岐下」者，寰宇記引水經注云：洛水東南歷彊梁原。「率西水滸」，即率循洛水之滸而西也。然則「自土沮漆」之與「來朝走馬」，其所詠正為一地。又云「至於岐下」，何也？曰：此又難言矣。惟以先後情勢考之，則岐下亦當近沮漆，決不遠至鳳翔之岐。

三八

岐之為山不可猝而指，則請先言岐陽！詩皇矣：「度其鮮原，居岐之陽，在渭之將」，此文王之所居也。逸周書和寤：「王乃出圖商，至於鮮原」，此武王之所至也。孔晁注：「鮮原近岐周之地。」

路史國名紀云：「鮮原在今咸陽，與畢陌接，所謂畢程。程大昌雍錄云：「孟子言文王卒於畢郢，即畢程，郢即程也。」方輿紀要：「畢原在咸陽縣北五里，亦謂之畢陌，南北數十里，東西二三百里，即九嵕諸山之麓也。」朱右曾詩地理徵：「咸陽西北去岐山三百里，而得謂之岐陽者，蓋岐山迤邐東出，盡於涇水，隨地異名，九嵕谷口，亦岐之支派也。」以今論之，鮮原畢陌皆稱岐陽，岐本在東不在西。朱氏之說，猶未是爾。

三九

左傳昭公四年，楚椒舉之言曰：「周武有孟津之誓，成有岐陽之蒐，康有酆宮之朝。」杜注：「成王歸自奄，大蒐於岐山之陽。岐山在扶風美陽縣西北。」夫周自武王以來都鎬，成王之蒐，何以不憚僻遠，而至美陽？晉語亦言之：「昔成王盟諸侯於岐陽，楚為荊蠻，置茅蕝，設望表，與鮮卑守燎，故不與盟。」盟諸侯與大蒐，一事也。其時周封諸侯皆在東土。成王之大蒐而盟諸侯，何以不即都城近畿，而遠違宗廟社稷之盛，以蒐於美陽之岐山？此無說也。杜氏蓋不知岐陽即鮮原畢陌一帶之地，在周都之近郊，而誤據後世地名以為說。周初銅器獻侯鼎，隹成王大桒在宗周。桒从木凷聲，疑即槐，此叚作蒐。成王大蒐在宗周，而載籍言大蒐於岐之陽，是宗周即在岐陽也。

四〇

其後至於宣王，復有近畿之蒐。詩小雅吉日之詩言其事，曰：「漆沮之從，天子之所。」姚際恆詩經通論說之云：「舊傳岐陽石鼓為宣王獵碣，或即此時也。詩中漆沮正近岐陽。」方玉潤詩經原始駁之云：「姚說非也。禹貢謂導渭自鳥鼠同穴，東會於涇，又東過漆沮，即今洛河。其源自延鄜流入同州，在涇水之東北。岐陽在涇水西南，相離遠甚。此當獵於延鄜之間，與岐陽獵碣別是一事，不必強為附會。」二氏之說，蓋皆失之。姚氏謂漆沮近於岐陽，而並誤漆沮岐陽之所在。方氏謂漆沮遠於岐陽，而誤以為漆沮在延鄜之間。彼不知漆沮在朝邑華陰間，而古之所謂岐陽者，亦並不定在涇水之南也。至於岐陽獵碣，固非宣王時物，即以宣王獵地乃近漆沮一事斷之，足矣。

陝西通志：「掘陵原在富平縣治南，亦名強梁原。又北二十里為曠野，世傳周宣王田獵之所。」按此說正與吳卓信漢書地理志補注所考漆沮地望相符。惟此富平一帶之地，在當時固亦有岐陽之稱否，則猶未可定。或者自涇陽三原及於富平，其間原地皆稱岐陽。或宣王所獵本非岐陽，而後人以成王岐陽之蒐誤及於宣王，則已不可詳論。而要之岐陽不在扶風，則斷斷然也。

四一

岐陽之地望既得，請再言岐周。逸周書大匡解：「維周王宅程三年」，孔晁注：「程地名，在岐周左右，後以為國。初王季之子文王因焉，而遭饑饉，乃徙豐。」雍錄：「豐在鄠縣，程在咸陽東北。」又作雒解：「王既歸，乃歲十二月，崩鎬，肂於岐周。元年夏六月，葬於畢。」孔晁注：「肂攢塗。」惠曰：「殯曰肂。」朱右曾云：「岐周在鎬西北三百餘里，畢在鎬東數十里，不應殯遠而葬近，蓋謂鎬京之周廟耳。」今按：周廟豈得謂之岐周？朱氏不得其解而強説之，非也。當如孔晁注岐周本與程近，故文王居岐周而武王殯焉。其地與畢原豐鎬皆邇，非遠在扶風也。呂氏春秋順民：「文王處岐事紂」，夫文王居畢程，而云處岐者，岐即岐周，非扶風之岐山也。又誠廉篇：「伯夷叔齊西行如周，至於岐陽，則文王已歿矣」，文王亦歿於畢程。夷齊自東方往，何以遠踰豐鎬而至扶風岐山之下？以此論之，岐周岐陽之與鮮原畢程，同屬一地，明矣。

墨子非命上篇亦言之曰：「文王封於岐周，絶長繼短，方地百里。」若文王居畢程，而岐周在扶風，所跨已曠，亦何得謂百里哉！又閻若璩潛邱劄記與石企齊書有云：「岐山既容不得七十里文王囿，而漢唐靈囿靈臺現在今鄠縣東，所以王伯厚詩地理考以文王之囿細注於三輔黃圖，靈囿在長安縣西四十二里之下，嘆為千確萬確者也。」此亦文王岐山不在扶風之一證。

四二

岐陽岐周之地既定，而岐之為山亦可得而指。禹貢：「荊岐既旅」，又曰：「導岍及岐，至於荊山，逾於河。」漢志：「褱德，禹貢北條荊山在南，下有彊梁原。」胡氏錐指論之云：「荊山在今朝邑，有可證者二。寰宇記引水經注洛水東南歷彊梁原，俗謂之朝坂。今富平無洛水，而朝邑有洛水，歷彊梁原入渭，原在荊山下。一證也。同州志：『華原在朝邑縣西，繞縣西而北而東，以絶於河，古河壖也。一名朝坂，亦謂之華原山。』蓋華原即朝坂，朝坂即彊梁原。荊山之麓，直抵河壖。大禹治水，從此渡河，故禹貢曰：『至于荊山，逾於河。』若富平則東距河二百餘里，與經意不合。二證也。朝邑實西漢之褱德，荊山當在其境。」今按：胡氏之辨是也，而猶有疑者。淳化志謂：「禹貢導岍及岐，至於荊山。今岐山東惟峨山為大。禹紀事乃略其大而詳其細，不紀其山而敍其錄，有是理乎？」其所疑亦是也。然因謂荊山當即峨山，則又與胡氏所舉諸證不合。以今論之，蓋峨山即岐山也。方輿紀要：「嵯峨山在涇陽縣北五十里，一名巀嶭山，又名慈娥山。山頂有三峯，其西又有二峯，亞于三峯。或云此為禹貢之荊山，誤也。」今按：峨山五峯相連，故有岐山之稱。岐之與峨，亦以聲轉相通。古公自邠來，其居本有岐山。見此山之岐峯互出，因亦以岐名之。又曰巀嶭者，巀嶭與嶭頡骨脊亦聲近，皆周人以本居山名迻稱之也。上林賦：「九嵕巀嶭」，長楊賦：「椓巀嶭而為弋」，其山西承九嵕，東接荆山，在富平之西，值咸陽之北，故或謂之北山。相其地望及其稱名，其為周之岐山甚顯。自此以南，跨清水，越涇水，以至於渭，固可以有岐陽之稱。而富平迤東原地，或當時亦得岐下岐陽之目也。

四三

史記秦本紀：「西戎犬戎與申侯伐周，殺幽王酈山下。而秦襄公將兵救周，戰甚力，有功。周避犬戎難，東徙雒邑，襄公以兵送周平王。平王封襄公為諸侯，賜之岐以西之地。曰：『戎無道，侵奪我岐豐之地，秦能攻逐戎，即有其地。』與誓封爵之。」今按：此所謂賜之岐以西之地者，即下文「戎無道，侵奪我岐豐，秦能逐戎即有其地」，非謂今美陽以西之地也。若僅指今美陽以西曰岐，則不得云岐豐矣。又云：「秦襄公十二年，伐戎而至岐，卒，其子文公立，四年，卜居汧渭之會，營邑之。」正義引括地志：「郿縣故城在岐州郿縣東北十五里，毛萇云：秦文公卜居營邑，即此城。」若其時美陽之岐尚在戎手，秦人何遽卜居與戎密邇之郿？其後至文公十六年，以兵伐戎，戎敗走，於是文公收周餘民有之，地至岐，岐以東獻之周。此亦指岐豐，非美陽之岐也。若云美陽以東獻之周，則豐鎬渭陽皆岐東也，謂其地仍盡歸周乎？決不然矣。又按竹書紀年，晉文侯十二年，王賜秦晉以郊岐之田。二十八年，秦文公大敗戎師于岐，來歸岐東之田。三十一年，晉殺王子余臣于攜。蓋周以岐東賜晉，岐西賜秦，皆使自取之。故其後晉有西河之外，而秦境東至洽陽。終南、渭陽皆隸秦風。史記則僅著秦而略晉。今合竹書考之，岐之為地益顯。故知當時所謂岐豐者即太王居邠遷岐之岐。在涇渭下流，乃至沮漆之間。決非美陽岐邑之僻在西土也。

四四

孟子曰：「太王去邠，踰梁山，邑於岐山之下。」梁山何山也？曰：詩大雅韓奕有之，曰：「奕奕梁山，維禹甸之，有倬其道，韓侯受命，王親命之，纘戎祖考。」漢志：「夏陽，禹貢梁山在西北，龍門山在北。」元和志：「今同州韓城縣，古韓國及梁國，漢為夏陽縣之地。」水經河水注：「河南出龍門口，汾水從東來注之。昔者大禹導河積石，疏決梁山，謂斯處也，即經所謂龍門矣。」是龍門於古亦得稱梁山也。又曰：「河水又南逕梁山原東，原自山東南出至河，晉之望也，在馮翊夏陽縣之西北，臨於河上。山崩壅河，三日不流，晉侯以問伯宗，即是處。」是夏陽之梁山也。太王之所踰，韓侯之所封，胥是矣。「有倬其道」，即太王當時去邠遷岐之道也。韓侯之所封，即太王往者之所避而去，故勉之以「纘戎祖考」焉。後世言地理者，既失梁山之望，因昧韓國之封，乃遠求之於涿郡范陽，則猶邠岐之僻在扶風鳳翔矣。古語有之，「道在邇而求之遠」，我於言古史地理者亦云然。

四五

然周初地望，何以皆誤移至於鳳翔西偏，則亦有故。蓋其地皆周初周召之采邑也。程恩澤戰國地名考：「案左傳隱六年，周桓公言於王，杜注周采地，扶風雍縣東北有周城，此與太王所都周，原非一地。原注譙周以周公采地，即太王所居，疑誤。蓋周公初封之邑也。地形志雍縣有故周城，括地志周公城在岐山縣北九里。今岐山縣有周公邸、周公廟，知周城亦在其境。雍縣即今鳳翔府治，岐山縣在府東五十里，其東境即漢美陽縣地。」又云：「召公采地本在西京，今陝西鳳翔府境內有召亭，京相璠云：亭在周城南五十里，郡國志郿縣有召亭是也。」然則周召封邑，本皆在鳳翔，宜乎周初地名古迹，多移殖於此矣。

六　王季篇

四六

曰：太王之去邠居岐，避狄人之侵也。今大雅緜之詩則曰：「柞相拔矣，行道兑矣，混夷駾矣，唯其喙矣。」何説也？曰：太王之避狄在邠，混夷之駾而喙在岐。一在河東汾域，一在河西涇流，其事截然，不可混也。太王避狄遷岐，築室定都，而其地之混夷又畏其強而驚走焉。詩人於太王之避狄，則諱而沒其事；於混夷之駾突，則張而誇其説；此當時強弱相形之勢也。曰：然則混夷之事，可得而考否？曰：混夷即鬼戎也。後漢書西羌傳注引紀年武乙三十五年，周王季伐西落鬼戎，俘其二十翟王，即是矣。蓋周人自太王踰河而南，達於沮漆涇洛之交，而與鬼戎地相接，勢相軋。故太王定都岐下而混夷駾突，王季繼立，大戰隨之，乃俘其二十王。周人誠混夷之新敵也。

四七

曰：混夷之居地如何，可得詳論否？曰：在易既濟九三之爻有之，曰：「高宗伐鬼方，三年克之」，今本僞紀年武丁三十二年伐鬼方，次于荆，三十四年王師克鬼方。後人遂以鬼方為荆楚南方之國。僞紀年此條未必可據。今考商時荆楚不在江漢而在河渭之間。魏策：「王季葬於楚山之尾」，皇甫謐曰：「楚山一名滈山，鄠縣之南山也。」世家周公奔楚疑亦其地。荆者，漢書郊祀志：「黄帝采首山之銅，鑄鼎於荆山下，後名其地為鼎湖。」唐志虢州湖城縣有覆釜山，一名荆山，韓退之詩：「荆山已去華山來，日射潼關四扇開。」李義山詩：「楊僕移關三百里，可能全是為荆山。」此黄帝鑄鼎荆山，在陝湖縣之説也。史記五帝本紀黄帝合符釜山，即此荆山一名覆釜者也。又封禪書：「黄帝接萬靈明廷，明廷者，甘泉也，所謂寒門者，谷口也。」秦策范雎説秦王曰：「大王之國，北有甘泉谷口」，即是矣。其地在淳化。後人因以黄帝鑄鼎荆山即嵯峨山，則非也。而朝邑臨河亦有荆山，水經謂是禹鑄九鼎處，此均不足深論。要之高宗伐鬼方而次荆，非湖縣即朝邑。而鬼方居邑，則在涇渭下流，不遠伊邇，即居秦地東偏，則顯然可知也。又世本：「黄帝娶於鬼方氏」，封禪書又云：「黄帝死葬雍，故鴻冢是也」，此黄帝鬼方故事皆相近，在河華之間也。又考大戴帝繫：「陸終氏娶於鬼方氏。鬼方氏之妹謂之女隤氏，産六子。其一曰樊，是為昆吾。其二曰惠連，是為參胡。其三曰籛，是為彭祖。其四曰萊言，是為邰鄶人。其五曰安，是為曹姓。其六曰季連，是為芊姓。昆吾者，衛氏也。參胡者，韓氏也。彭祖者，彭氏也。邰鄶人者，鄭氏。曹姓者，邾氏也。季連者，楚氏也。」今按：楚氏彭氏皆在陝以西。邰鄶鄭氏則踰陝而東。韓氏在陝北大河兩岸。曹亦在陝北。昆吾衛氏為最東矣。推此言之，鬼方為族，決不甚遠，尤可知。又未濟之九四有之，曰：「震用伐鬼方，三年，有賞於大國」，易言殷周之際，其書為周人言。大國指商，此即王季伐西落鬼戎，俘其二十翟王之事也。史記殷本紀武乙獵於河渭之間，暴雷震死。據今本紀年，武乙震死，即在王季大敗鬼戎之歲。疑其時周人既勝鬼戎，勢力方張，武乙耀兵河渭之間，而周人殺之。猶周昭王南征不復，君其問諸水濱，因曰暴雷震死耳。然鬼戎雖敗於王季，其勢未及熸。孟子言太王事獯鬻，文王事昆夷，逸周書序亦謂文王立，西距昆夷，北備玁狁，則周至文王時，固猶與鬼方爭此西土。尚書大傳：「文王受命一年，斷虞芮之訟，二年伐邾，三年伐密須，四年伐犬夷，五年伐耆，六年伐崇，七年而崩。」史記則謂：「西伯以斷虞芮之訟之年受命，明年伐犬夷，明年伐密須，明年敗耆國，明年伐邾，明年伐崇侯虎而作豐邑，明年西伯崩。」兩説互異。要之犬戎在文王末世，尚為周患。犬戎即鬼方昆夷也。

王應麟謂鬼方即伊尹獻令之鬼親。（見王會補注。）殷末鬼侯為紂三公，又謂之九侯。九侯有好女入之紂，女不喜淫，紂怒殺之，而醢九侯。（見殷本紀。）禮明堂位：「紂亂天下，脯鬼侯而饗諸侯。」蕩之六章曰：「內奰於中國，覃及鬼方」，是也。周時有九方甄，善相馬，即鬼方氏之後。莊子徐无鬼，有九方歅，淮南道應作九方堙，列子説符作九方皋，善相馬。馬產冀北，此當與王良趙父同為山西境事。殷本紀正義引括地志，相州洛陽縣西南五十里有九侯城，亦名鬼侯城。宋翔鳳過庭錄云，相州無洛陽縣，故近人輯括地志改相州為洛州。然魯仲連傳注：徐廣曰：鄴縣有九侯城，則仍在相州。魯仲連傳正義又云：九侯城在相州滏陽縣西南五十里。（按：唐貞觀初滏陽縣屬相州，見方輿紀要。）又詩小雅小明：「我征徂西，至於艽野。」宋云艽野即鬼方。

四八

水經渭水注：「渭水又東逕槐里縣故城南，古犬邱邑也。周懿王都之，秦以為廢邱，亦曰舒邱。」雍錄：「槐里縣古名犬邱，則為畜牧之地。秦改廢邱，則以示周世不復興也。」今按：畜牧無取犬義。犬邱者，殆以犬戎舊居得名，則犬邱乃鬼方舊邑也。今本僞紀年：「懿王十五年，自宗周遷於槐里」，吳卓信曰：「按紀年所云，則周時已名槐里。周既自鎬遷此，豈有天子所都，而尚仍犬邱之名乎？據史記周勃世家及樊噲傳，是漢初有廢邱，又有槐里，其後置縣，乃統謂之槐里耳。」則槐里之稱已舊。王國維鬼方昆夷玁狁考謂鬼方之名當作畏方。又謂宗周之末尚有隗國。鄭語史伯告鄭桓公云：當成周者，西有虞虢晉隗霍楊魏芮，原其國姓之名，出於古之畏方。然則槐里者，猶之犬邱，槐之為畏，猶隗之為畏也。由是而言，畏方為國，在豐鎬之西不遠，益有其證矣。秦策有槐谷，史記作鬼谷。正義：「在關內雲陽，郡國志引地道記池陽北有鬼谷是也。」疑亦因鬼戎得名。則鬼戎居地，其近在河西，又可知也。

左傳有隗姓之狄，又有允姓之戎，隗姓祖鬼方，允姓或祖玁狁，玁狁鬼方未必一族也。詩蕩之篇：「內奰於中國，覃及鬼方」，六月、采芑、采薇、出車諸篇，則云「薄伐玁狁，至於太原」，雖此非一人一時之作，然一云鬼方，一云玁狁，辭顯有別，苟非他有的證，何以知其乃一族乎？又按：鬼方玁狁以一族説之，似仍可通。惟其地望須再辨。大率皆是由晉入陝也。

國語鄭語曰：「當成周者，北有衛燕翟鮮虞潞洛泉徐蒲。」韋昭注：「潞洛泉徐蒲，皆赤翟隗姓也。」是當成周之北，尚有洛。左宣十五年傳：「晉侯治兵于稷，以略狄土，立黎侯而還，及洛。」是洛在晉黎之間也。又左閔二年傳：「晉伐東山皋洛氏」，史記集解引賈逵：「東山赤狄別種。」續漢書志上黨郡壺關注引上黨記：「東山在城東南，晉申生所伐。今名平臯。」漢志上黨郡壺關注引應劭：「黎侯國也。今黎亭是。」黎亭當今長治縣西南。春秋經閔元公及齊侯盟于落姑，公穀作洛。左氏作落。或臯落即鄭語及宣十五年之洛，亦即西落鬼戎之落也。謂之西落者，在殷商之西，斯以謂之西矣。不必定謂在周人之西也。若是，則鬼方乃介於商周之間之一族也。

四九

王氏考鬼方居邑，仍沿舊説，以周人本居鳳翔岐周，故推論不免多誤。其言曰：「紀年稱西落鬼戎，可知其地尙在岐周之西。今徵之古器物，則宣城李氏所藏小盂鼎，（今佚。）與濰縣陳氏所藏梁伯戈，皆有鬼方字。案大小兩盂鼎皆出陝西鳳翔府郿縣禮村溝岸間。其地西北接岐山縣境，當為盂之封地。大盂鼎記王遣盂就國之事，在成王二十三祀。（吳氏大澂盂鼎跋。）小盂鼎記盂伐鬼方獻俘受錫之事，在成王二十五祀。則伐鬼方事在盂就國之後，鬼方之地自當與盂之封地相近。而岐山郿縣以東，即是豐鎬，其南又限以終南太一，唯其西汧渭之間，乃西戎出入之道。又西踰隴坻，則為戎地。張衡所謂「隴坻之險，隔閡華戎」者也。由是觀之，鬼方地在汧隴之間，或更在其西，蓋無疑義。雖游牧之族，非有定居，然殷周間之鬼方，其一部落必在此地，無疑也。然其全境猶當環周之西北二垂，而控其東北。梁伯戈雖僅有魃方緐及梁伯作數字可辨，然自為梁伯伐鬼方時所鑄。而梁伯之國，杜預謂在馮翊夏陽縣，史記秦本紀惠文王十年，更名少梁為夏陽，漢志亦云夏陽故少梁，其地在今陝西西安府韓城縣，又在宗周之東。其北亦為鬼方境，故有爭戰之事。據此二器，則鬼方之地，實由宗周之西，而包其東北。此鬼方疆域之略可考者也。」今按：王氏之論詳矣。然當成王時，周室正全盛。盂之封地既在郿，尙在岐周東南，而已與鬼方接壤。則其時岐山鳳翔早在鬼方蹂躪之下。今與其謂周自文武時勢力東漸，而太王岐周故壤，已不免淪為鬼戎異域，故至成王時封盂國，肆撻伐；曷若謂周人本居涇渭下流，自東而西，鬼戎為王季文王所逐，故其部落漸引避涇渭之上游，以至汧隴之間。而成王時封盂立國，又漸次擴張國力於西土，而鬼方犬戎又受周人逼逐之為得其情實耶？且其後秦人東漸，即自隴東南而達汧渭。汧渭以上乃秦之所居，非犬戎本土明矣。故王氏所考謂為成王時鬼方疆域如此則可，若上推以定殷高宗周王季時鬼方居地已然，則大誤也。干寶易注：「鬼方北方國也」，則與王氏據梁伯戈所推符合。蓋亦鬼方為周逼逐，故退避於西北者耳。

山海經海內北經，鬼國在貳負之尸北。又曰西王母在昆侖虛北。有人曰大行伯。其東有犬封國。貳負之尸，在大行伯東。又曰犬封國曰犬戎國。

五〇

曰：太王居岐而昆夷駾突，既得其說矣。然則太王避狄遷邠，所謂狄人者又如何？曰：此亦可以王季之事為推。後漢書西羌傳：「武乙暴虐，犬戎寇邊，周古公踰梁山而避於岐下，及子季歷，遂伐西落鬼戎。太丁之時，季歷復伐燕京之戎，戎人大敗周師。」注引紀年，伐西落鬼戎，在武乙三十五年，伐燕京之戎在太丁二年，其事相隔三年。燕京者，淮南子地形訓：「汾出燕京」，高誘曰：「燕京山在太原汾陽縣。」水經汾水注：「汾水出太原汾陽縣北管涔山。十三州志曰：出武州之燕京山，亦管涔之異名也。」水道提綱注：「山最高大，蜿蜒數百里，為山西諸山之祖。其東北水皆北入桑乾，其東水皆東入滹沱，其西水皆西入黃河，而汾水其南水也。」然則當王季時，汾水上游有燕京之戎，其勢盛於西落鬼戎。王季既勝鬼戎，復伐燕京戎而大敗。此族者，殆必周太王之因而避無疑也。蓋太王畏其偪，王季既稍強，不忘故居，乃踰河而爭先土，重遭敗績。則當時燕京之戎與西落鬼戎兩族之踞地，及其勢力之強弱，不居可見乎？

五一

曰：太王之所避，既為汾水燕京之戎，西羌傳何以又曰「犬戎寇邊，而古公踰梁」乎？曰：犬戎即燕京戎也。曰：然則燕京之戎與西落鬼戎同稱犬戎，其先固一族乎？曰：其先誠一族同源，其後則分土散居，不得以其先之本同，混説其後之既異也。曰：其後之既異，既得其説矣；其先之本同，又可得而聞乎？曰：請追論之！蓋紀年記夏時外族，有九夷，曰畎、於、方、黄、白、赤、元、風、陽，而畎夷列其一。畎夷即犬戎，後世目為西戎者也。其先見於夏后相之世。後漢書西羌傳引紀年：「后相即位元年，乃征畎夷」，太平御覽八十二引元年征淮夷，路史後紀十三征淮畎，注：「淮夷畎夷，紀年云元年。」淮畎聲近，蓋一族而異其名。當后相時，其居地不可詳考，而以後事推之，則當近夏，在東土晉疆，決不如後世所論遠在秦隴之外也。

五二

又後漢東夷傳注及通鑑外紀二引紀年后相二年征黄夷，太平御覽八十二及路史後紀十三則云征風夷及黃夷，又東夷傳注及路史後紀十三注並引紀年后相七年於夷來賓，或謂即嵎夷，東夷傳注又云少康即位，方夷來賓，后芬發即位，三年，九夷來御。御覽七百八十亦引之，而曰畎夷、於夷、方夷、黃夷、白夷、赤夷、玄夷、風夷、陽夷，蓋本舊注。數畎夷而不及淮夷者，淮夷即畎夷也。黃夷、風夷、於夷、方夷皆東夷，則九夷皆為東夷可推，故皆稱曰夷。至孔子時而尚有居九夷之説，而畎夷獨為首，則畎夷其先居東土，非無説矣。又後漢東夷傳注引紀年后泄二十一年命畎夷、白夷、赤夷、玄夷、風夷、陽夷，明列畎夷於東夷，而通鑑外紀二引帝泄二十一年加畎夷等爵命，路史後紀十三注引有「繇是服從」四字，西羌傳亦云至於后泄，始加爵命，由是服從，則仍以入西羌。蓋古者夷戎遷徙，東西無常，自難區限加以剖析。而畎夷其勢最盛，為諸夷長，居東土，不遠在邇，不如後世西羌之在汧隴之外，則決可識也。及后桀之時，而畎夷入居邠岐之間，以今推之，則其族自東北方來。其後遂有踰河而西者，而河西涇渭之間亦有犬戎，則所謂鬼方是也。蓋古者夷戎為患，不起於西而起於東北，不在汧隴而在汾晉，此三代華戎交爭之大局也。

五三

然則畎戎何以又稱燕京之戎？曰：燕犬古音同部相通，蓋古者太原晉陽本稱燕，故其山曰燕京，其戎曰犬夷也。何以謂太原晉陽本稱燕？水經汾水注：「侯甲水逕祁縣故城南，自縣連延西接鄔澤，是為祁藪也，即爾雅所謂昭餘祁矣。」爾雅燕有昭餘祁，邵氏晉涵論之曰：「爾雅之幽州兼職方之并州。如以為太原之地不當稱燕，則汾水出太原，古今無異説，而淮南云汾出燕京，惟太原嘗屬於燕，故山有燕京之名。知太原汾之出燕京，則可知太原之屬於燕。知燕之得有太原，則無疑於燕之有昭餘祁矣。」今考大雅韓奕之詩：「溥彼韓城，燕師所完」，燕者汾水燕京之燕也。後人不知太原屬燕，乃並韓而疑之，以為在涿郡耳。左傳秦晉戰于韓，其地亦在河東，故傳文始曰「涉河」，繼曰「三敗及韓」，又曰「寇深矣」，則秦軍已深入晉地，而韓原之當在河東可知。據姓氏書，平王時，晉滅韓，曲沃并晉，韓萬復采韓原，其地當在今河津萬泉間。其後韓滅鄭，徙都河南，其故采邑乃失其處。詩曰：「溥彼韓城，燕師所完」，即河東之韓矣。水經注聖水逕方城縣故城北，又東南逕韓侯城東。魏書地形志亦云范陽郡方城縣有韓侯城。方城今河北固安。蓋昔人皆認燕在河北，故韓城為燕師所完者，亦必在河北，不知河東古自有燕也。鄭語史伯之言曰：「當成周者，南有荆、蠻、申、呂、應、鄧、陳、蔡、隨、唐，北有衛、燕、狄、鮮虞、潞、洛、泉、徐、蒲，西有虞、虢、晉、隗、霍、楊、魏、芮，東有齊、魯、曹、宋、滕、薛、鄒、莒。」此所謂燕、狄、鮮虞，正指汾水太原一帶之地，非幽薊之燕亦甚顯著。管子小匡篇：「桓公中救晉公，禽狄王，敗胡貉，破屠何，而騎寇始服。北伐山戎，制泠支，斬孤竹，而九夷始聽，海濱諸侯莫不來服。西征攘白狄之地，遂至於西河，方舟設柎，乘桴濟河，至於石沈，縣車束馬，踰大行與卑耳之谿，拘泰夏，西服流沙西虞，而秦戎始從。」今按其實，則齊桓會葵丘之一事也。拘泰夏服流沙已論於前，所謂山戎九夷，正指太原諸戎而言。泠支即後世所謂鮮卑，孤竹疑即太原介休之介山也，皆以聲近而轉。又夷齊故事，亦與子推相混。要之以地望言，齊桓北伐山戎皆晉地，而後世以遼西僻遠為説，亦皆非也。

五四

西羌傳又言：「王季敗於燕京戎之後二年，周人克余無之戎，於是太丁命季歷為牧師。自是之後，更伐始呼、翳徒之戎，皆克之。」注引紀年克余無戎在太丁四年，伐始呼之戎在七年，伐翳徒之戎在十一年。徐文靖竹書統箋云：「左傳閔公二年，晉申生伐東山皋落氏，上黨記東山在壺關縣城東南，今名無皋。成公八年，劉康公敗績於徐吾氏，上黨記屯留縣有余吾城，在縣西北三十里，余無之戎當即是余吾及無皋二戎也。」今按：水經河水注：「清水出清廉山東流逕皋落城北，服虔曰，赤翟之都也。」方輿紀要：「皋落城在絳州垣曲縣西北六十里。」徐氏據上黨記蓋誤。沈欽韓左傳地名補注亦有辨。若余無之戎洵為余吾無皋二戎，則其族盤距太行南山沁涑之間，蓋與燕京之戎一氣相承。山海經北山經：「北鮮之山，是多馬。鮮水出焉，而西北流注於涂吾之水。」漢書武帝紀：「元狩二年夏，馬生余吾水中。」水經濁漳水注：「涑水出發鳩山，東逕余吾縣故城南，又逕屯留縣北入漳。」所謂余吾水，殆即此。又兮甲盤：「隹五年三月既死霸，庚寅王初各伐玁狁於嚣盧。」及門王玉哲謂即余吾，古魚吾同音，嚣古讀為圖，是嚣余古音亦同部也。燕京戎在北，而此則迤山而南，正當所謂大夏之東北也。始呼、翳徒二戎者，周官職方氏：「正北曰并州，其山鎮曰恆山，其澤藪曰昭餘祁，其川虖池嘔夷，其浸淶易。」虖池即滹沱，王季所伐始呼、翳徒二戎，疑即在此。其族踞地，當尚在燕京迤北。然則當王季時所力征經營者，與夫為之大敵巨患者，似仍為河東晉地諸戎。可證周人先祖，正為河東舊族，避地而至涇渭下流，決不似來自涇渭之上游也。周人克余無之戎而周王季命為殷牧師，及其捷翳徒之戎而文丁殺季歷，此殆所以報武乙之震於河渭之間者歟？

五五

則何謂也？曰：太王避狄，乃燕京之戎，在汾水上流，太原山中，既得其說矣。孟子又曰：「太王事獯鬻」，獯燕古音亦近相通，獯鬻亦燕戎也。史記五帝本紀：「黃帝北逐葷粥」，匈奴傳：「唐虞以上有山戎獫狁葷粥，居於北蠻」，索隱：「葷粥，匈奴別名也，唐虞以上曰山戎，亦曰熏粥，夏曰淳維，殷曰鬼方，周曰玁狁，漢曰匈奴。」然則太王之所事曰獯鬻，而齊桓之所伐曰山戎者，同出一族，居於北蠻，即我所謂王季之所伐曰燕京之戎者無疑也。其族名曰燕，聲變而為犬為鬼為混為獯為狁為淳，而最後則曰匈奴，其實則一音之遞變也。以其居山中，故曰山戎，以其在諸夏之北，故曰北蠻，及其遷而至於西，又曰西戎焉。後人以鬼方為西羌既誤，又以太王事獯鬻在鳳翔岐山，皆失之矣。王氏鬼方昆夷玁狁考既知其族之為一，而於其族居地，及其遷徙往來之迹，辨之猶未晰。左僖十六年，「狄侵晉，取狐、厨、受鐸，涉汾，及昆都。」今山西臨汾縣南有昆都聚，其殆即昆夷之所居乎！上論鬼方疆域，既訂其誤，則請再拈玁狁之居地論之！

五六

詩小雅六月之詩曰：「玁狁匪茹，整居焦穫，侵鎬及方，至於涇陽」，又曰：「薄伐玁狁，至於太原，來歸自鎬，我行永久。」王氏考涇陽在涇水下流，是矣。又為周莽京考以莽即小雅之方，為秦漢之蒲坂，則其説似猶未允。謂莽即小雅之方可也，而即以為秦漢之蒲坂則非。而劉向所謂「千里之鎬」者，王氏卒無説以定其地。既曰鎬與太原殆是一地，又曰或太原其總名，而鎬與方皆太原之子邑，於鎬邑所在，終未切指。至於焦穫，仍主舊説，取郭璞爾雅注以為池陽瓠中，則昔人辨者已多。夫以詩言之，整居焦穫，乃玁狁當時根據之地，由是而侵鎬及方，至於涇陽，則焦穫尚在鎬方之外。若以為在池陽，則與王氏所考涇陽乃一地，而周人薄伐之師，何以至於太原，來歸自鎬哉？此於文理為不順。且古人所謂太原，尙應在蒲阪之東。自蒲阪至宗周亦無千里之路。蓋王氏之誤，亦在不知玁狁本居東土，而必牽於鬼方犬戎以為説，遂不得形勢之眞也。今按：方者，即舜「陟方乃死」之方。虞舜封堯子丹朱於房陵，房即方也。夏縣志：「方山在縣北，横洛渠源此」，是安邑有方山之證。水經涑水注：「涑水西南逕監鹽縣故城，城南有鹽池，上承鹽水，水出東南薄山。」董祐誠曰：「此為安邑之薄山，亦中條山，河水注所云通謂之薄山也。」方房皆與薄聲近，若擴而言之，安邑之山皆得稱薄山，以王氏聲近之意求之，方即薄也，猶勝於以為蒲。又山海經：「景山南望鹽販之澤」，晉語：「景霍以為城」，夏縣志：「垣曲西北十五里有古亳城」，寰宇記以為湯克夏歸至亳在此。荀子議兵篇亦云：「古者湯以薄」，然則殷之滅夏，於其故都之附近築亳城焉，若以為即湯之所起則誤也。鎬字又作鄗，（世本、國語周語、荀子王霸、六韜、西都賦、水經渭水注、路史國名紀。）又作滈。（荀子議兵。）以酆、澧只作豊字之例，則鄗、滈本字亦只作高也。秦本紀莊襄王三年，拔魏高都、汲。漢志上黨郡高都有天井關。續漢志劉注：「國策桀居天井，即天門也。」疑高都之名，即自周初鎬高而來，而其地則近太行天門，相當於今澤州晉城縣境。淮南子氾論訓：「武王克殷，欲築室於五行之山，周公曰：不可。」今天門有鎬邑，固猶武王築室之志矣。然則周人於莽稱京，於太行天門有鎬，蓋亦遙師商人築薄以為鎮制之意。及其後，成王之世，而復有成周之營也。又考史記六國年表梁惠王十四年與趙會鄗，魏世家亦同。方輿紀要以為在直隸趙州柏鄉縣北二十二里。然其時魏都大梁，（據紀年。）趙都邯鄲。二國相會，何以超國越都而北至於柏鄉？則此鄗邑者，殆即後之所謂高都，在晉城也。據此言之，「侵鎬及方」，鎬在方東，乃太行天井間巖邑。自此而東則近商畿。周人蓋築此以為臨制。與安邑之方，同為周初東方之鎮地也。靜敦言「王在莽京」，下言「射於大池」。遹敦言「王在莽京」，下言「呼漁於大池」。大池蓋董澤。繼此而尋焦穫，則其地望亦與方鎬相近。墨子：「舜漁於濩澤」，水經沁水注：「濩澤水出濩澤城西，東逕濩澤，得陽泉口水，水歷嶕嶢山東，注濩澤水。」焦穫者，殆即嶕嶢濩澤。

故爾雅列之十藪，而稱「周有焦護」，蓋成周，非岐周也。其地在方鎬稍北，與方鎬如鼎足之三峙焉。淮南地形訓：「丹水出高褚，股出蟭山，鎬出鮮于。」其文多誤字。高褚即高都。股乃濩字形殘。墨子尚賢篇：「舜漁雷澤，堯得之服澤之陽。」服亦濩字之殘譌也。然則「股出蟭山」即濩澤蟭嶢。「鎬出鮮于」者，山海經郭注，引作「薄出鮮于」。王引之云：「北山經薄水注引此文，則薄非誤字可知。鎬與薄形聲皆不相似，薄字亦無緣誤為鎬。蓋鎬字下，有出某山之文，而今脫之。薄出鮮于，又脫薄字，故混為一條耳。」今按：鎬字疑即上文高都旁注，誤移而下，而又脫一薄字。淮南以鎬蟭山薄連舉，正猶詩小雅之「整居焦穫，侵鎬及方」矣。蓋焦穫地近析城王屋諸山，正當春秋皋落赤翟之東。西接絳翼，北連沁源，東掖黨潞，南瞰河洛，其為玁狁整居之所，最為近是。自此南犯，東及鎬而西至方，皆沿大河北岸。由是沿河西侵，其兵鋒踰河而西，乃及於涇陽也。由是言之，此玁狁一族者，論其情勢，蓋亦自太原燕京之戎分支南殖。或王季所伐余無之戎，為其同類。至於春秋即為赤翟。其族為燕戎東支，而西落鬼戎則踰河而西，繁殖於涇渭下流，別為西支。其源雖一，其流則異。王氏乃溯其源而迷其流，得其偏而未見其全也。

紀年衛懿公及赤翟戰于洞澤。閔二年左傳作熒澤。衛都朝歌，熒澤去衛當不甚遠。書序「湯歸自夏，至于大坰」。殷本紀引作「至於泰卷陶」。索隱曰：鄒誕生「卷」作「坰」，又作「洞」。楊慎丹鉛錄，謂大坰即太行。行有形音，蓋名其地為坰，名在坰之水則曰洞也。襄二十三年左傳：「齊侯伐晉，取朝歌，為二隊，入孟門，登太行，張武軍于熒庭。」熒庭當即太行山下熒澤旁之平地。故沈約附注，亦云「洞當作洞」。

七 文王篇

五七

太王王季之事既具前論，茲當繼及文王以畢吾篇。夫「摯仲氏任，自彼殷商，來嫁於周，曰嬪於京。」此王季之婦，文王之母也。「在洽之陽，在渭之涘，於周於京，纘女維莘。」此文王之妻，武王之母也。兩世之娶，皆在東土，未嘗遠及鳳翔岐山之偏也。魏源詩古微卷十三，周在岐山，莘在洽陽，皆國渭北，而言「親迎于渭，造舟為梁」者何？曰：循渭而行，本非渡渭，自莘至周，當逾洛涇，百兩迓送，造舟為梁，其洛涇之濱乎？既云洛涇之濱，何捨洛涇而言渭？若依余說，岐周在渭南。詩辭極晰，無煩強釋矣。孟子曰：「文王生於岐周，卒於畢郢，西夷之人。」然岐周畢郢皆在雍東，均詳前考，亦不遠及鳳翔岐山之僻也。至於文王斷虞芮之訟，以及於伐崇而作豐邑，自來說地理者，皆知其在東土，不及涇渭上流，可無詳辨。其言文王事，及涇渭上游，惟伐密須及得呂尚二事，請再分別言之！

五八

大雅皇矣之詩曰：「密人不恭，敢距大邦，侵阮徂共。王赫斯怒，爰整其旅，以按徂旅，以篤周祜。」舊説密須在安定陰密縣，共阮皆在涇州，有共池。竊考其説，蓋似未然。何者？夫曰「密人不恭，敢距大邦」，又曰「依其在京，侵自阮疆，陟我高岡」，則周密之為爭，蓋至逼至近也。夫豈密人之國，遠在安定，而有其事？又曰：「度其鮮原，居岐之陽，在渭之將」，此密難已平，卜居新土，所謂篤周祜而對天下者，乃在鮮原岐陽。則周密之爭，又決不遠至千里之外安定山谷之間，斷斷然也。其後乃及伐崇。曰：「帝謂文王，詢爾仇方，同爾兄弟，以爾鉤援，與爾臨衝，以伐崇墉。」蓋嘗論之，滅密之與伐崇，為文王建周兩大事，故皇矣之詩人，尤縷悉而道之也。而密周之爭，釁自密啟。自阮來侵，陟我高岡，矢我陵而飲我泉，其勢至蹙。而周人之為勝，亦至僅焉。及其滅密須，居岐陽，國威方新，遂以南伐而及崇土，則周崇之戰，自周開之。攻禦之形既異，強弱之勢亦變。故文王滅密須而國基乃定，及其伐崇而弘規乃展也。左宣元年晉趙穿侵崇。杜注：「崇，秦之與國」，而未詳其地。説者謂在鄠縣。然鄠密邇鎬京，在上林苑南，與杜陵接壤，北隔渭水。周京故地，既為秦據，趙穿豈能帥孤軍穿秦境，南涉渭而侵之？時晉雖渡河得少梁，而去鄠猶遠，則此崇必在渭北河湄，雖鄰秦而地近晉。杜氏闕之，蓋其慎也。當日之形勢既明，而密之為國亦可按圖而索矣。而故記晦絶，指證無從，則請先言阮！阮者，左傳作邧，文公四年秋，晉侯伐秦，圍邧新城以報王官之役，彙纂：「邧，秦邑，當在今澄城縣境。新城，今西安府澄城縣東北二十里有故新城，地名考即梁國之新里也。」又史記魏世家文侯十六年，伐秦，築臨晉元里，沈欽韓曰：「邧即元里也，在同州府東北。」又考漢書成帝紀陽朔元年，詔關東大水，流民欲入函谷天井壺口五阮者勿苛留。夫既云關東大水，流民遂入關西可知。函谷無論矣。壺口近蒲津，尚書所謂壺口雷首者也。天井在華陰，見水經河水注，亦入秦關阨。五阮即邧也，元也，其地當近臨晉，在壺口北，亦古者渡河入秦之道，齊策所謂臨晉之關是也。然則函谷天井在陝南，壺口五阮則陝北，皆屬關東入秦要塞。而應劭注天井在上黨高都，壺口在壺關，五阮在代郡，失實甚遠。今綜上舉邧元五阮諸地，推尋阮疆，自可得之。共者，通雅張氏曰：「共，阮之地名。」今考齊策：「王建入朝於秦，處之共松柏之間，餓而死。先是齊為之歌曰：松邪柏邪，柱建共者客邪。」則關内秦地有共，其勢不甚遠於秦都之咸陽。侵阮徂共，殆即其地。後世以甘肅涇州之共地説之，其失亦遠。皇矣之詩又言之，曰：「帝遷明德，串夷載路，天立厥配，受命既固。帝省其山，柞棫斯拔，松柏斯兑，帝作邦作對，自太伯王季。」而緜之詩亦言之，曰：「柞棫拔矣，行道兑矣，混夷駾矣，維其喙矣。」是太王太伯王季兩世所居，其山多柞棫松柏，而又串夷載路，必也柞棫拔而松柏兑，混夷既駾，而後可以作邦作對也。今考元阮與串犬古音亦同部相通。然則其地稱阮疆，猶夫其稱犬邱槐里鬼方，正以混夷載路得名。而其地山中松柏之盛，蓋至秦猶然。則所謂阮共者，正周人初來雍東之新土耳。史記匈奴傳：「周西伯昌伐畎夷，後十有餘年，武王伐紂居酆鄗，放逐戎夷涇洛之北，以時入貢，名曰荒服。」史記甘茂傳：「自殽塞及至鬼谷」，索隱曰：「鬼谷在關內雲陽」，鬼谷之稱亦自鬼戎。推此言之，起岐下達河岸，東自郃陽澄城，西至三原涇陽，其在當時，載路盈道，莫非混夷。故在澄城有祁里，而池陽有鬼谷。若辜較而言，應可兼得阮疆之稱。而共之為邑，必在其間，不中不遠。至於密者，周語：「恭王遊於涇上，密康公從，有三女奔之，康公不獻，一年，王滅密。」韋注：「密，姬姓」；又云：「密須之亡由伯姞」，韋注引世本：「密須姞姓」；吳卓信以為一國：「周滅密須以封同姓」，是也。其國蓋近涇水。然恭王康公君臣所遊，應是涇之下游，去豐鎬之都不遠，有別苑離宮之勝，而無為遠至於安定山谷之間。則密須為國，其疆土所在，大略可得而指矣。余又考史記正義引周書曰：「惟周王季宅郢」，路史國名紀亦云：「程，王季之居。」今本僞紀年：「武乙二十四年，周師伐程，戰於畢，克之。」而關中記云：「高陵北有畢原畢陌，南北數十里，東西二三百里，無山川陂池，井深五十丈，故周程戰處。」則是王季時宅畢程，其地尚在高陵附近，即涇水入渭之北原也。密人不恭，侵阮及共，蓋乘涇水上流而來，其戰地即在高陵涇陽一帶；而密之為國，大約亦在涇陽境內。文王既克密滅之，乃遂度其鮮原，居岐之陽，在渭之將，乃為文王所遷之程。則路史國名紀所謂在今咸陽故安陵，亦在岐南，與畢陌接，所謂畢程，而括地志所謂「安陵故城在雍州咸陽縣東二十一里，周之程邑」者是也。疑王季與文王二世之所謂程者，亦有不同。今本僞紀年分為兩事，蓋有所承，而後世言地理者，多混為一邑，亦未為是。而密之為國，阮共之為地，決不遠在甘肅之安定涇州，則其事尤至顯，可以一辨而即明也。

五九

何以又謂文王之得呂尚，亦不在渭之上流耶？曰：呂氏春秋首時：「太公望，東夷之士也。」高誘注：「太公望，河内人也，於周豐鎬為東，故曰東夷之士。」史記亦云：「太公望，東海上人也。」余考姜姓本居晉，則呂尚為河内人，信不誣矣。尉繚子：「太公望年七十，屠牛朝歌，賣食盟津。」韓詩外傳：「太公望行年五十，賣食棘津，年七十，居於朝歌。」說苑：「太公望，朝歌之屠佐，棘津迎客之舍人也。」凡言太公事，皆在河東，不在西。呂氏謹聽又云：「太公釣於滋水，遇文王。」水經渭水注：「渭水又東過霸陵縣北，霸水從縣西北流注之，霸者水上地名也，古曰滋水矣。秦穆公霸世，更名滋水為霸水，以顯霸功。」隋書高帝紀：「開皇五年，改霸水為滋水」，括地志：「灞水古滋水也」，然則古者傳說太公釣滋水乃灞水耳。呂氏春秋首時又稱：「太公聞文王賢，釣於渭水觀之。」灞既入渭，故曰釣於渭水。而後世以為滋水在寶鷄，則又引而遠之也。

六〇

繼此有附論者一事。武王伐紂，牧誓紀其事，曰：「及庸、蜀、羌、髳、微、纑、彭、濮人」，舊説此八族皆西南遠方蠻夷，竊亦疑其不然。元和姓纂：「庸蜀，殷時侯國。」詩有孟弋孟庸。逸周書世俘解：「庚子，新方命伐蜀，乙巳，蜀至告禽。」五日而往返，明為商人近畿小國。髳者，左傳成公元年有茅戎，方輿紀要：「大陽津在陝州西北三里，黄河津濟之處，志云津北對茅城，古茅邑也。」商有微子啟，去殷歸周。洛水所經有盧氏，在靈寶函谷之南。穀水廣陽川口之南，又有微山，地在新安。夏有大彭，紀年：「帝啟十五年，武觀以西河叛，彭伯壽帥師征西河。」又：「商河亶甲三年，彭伯克邳。」秦地有彭衙，秦紀稱彭戲氏，黽池亦稱彭池。濮水乃大河分流，在延津滑縣之境。凡此七名，皆在周之東南，未見為西南僻遠之蠻夷也。殷墟甲文有羌方，雖無説以定其地，要亦在河東近殷可知。古史有貌若誕誣，其實則由後人之誤説，如此比者極多。推以求之，庶得乎當時之真相也。

（民國二十年十二月燕京學報第十期）

古三苗疆域考

古籍言三苗疆域者，莫備於魏策吳起對魏武侯之言。曰：

昔者三苗之居，左有彭蠡之波，右有洞庭之水。汶山①在其南，而衡山在其北。恃此險也，為政不善，而禹放逐之。夏桀之國，左天門之陰，而右天谿之陽。盧睪在其北，伊洛出其南。有此險也，然為政不善，而湯伐之。殷紂之國，左孟門，右漳釜。前帶河，後被山。有此險也，然為政不善，而武王伐之。

此言三苗左彭蠡右洞庭，蓋非後世江域之彭蠡洞庭也。何以言之？江域洞庭在西，彭蠡在東。此言左彭蠡右洞庭，以左孟門右漳釜例之，則左是西，右是東，與江域彭蠡洞庭左右適得其反。故水經汚水

① 姚氏本作「文」，鮑彪作「汶」。

注引吳記，謂以太湖之洞庭對彭蠡，則左右可知。而酈氏非之曰：「既據三苗，宜以湘江為正。」然於左右方位終無説。史記吳起傳直易其文為昔三苗氏左洞庭右彭蠡，此史公自據江域彭蠡洞庭方位言之。然吳起又何以謂「汶山在其南，衡山在其北」乎？史公並無以解，而刪去不錄。韓詩外傳則改為衡山在南，岐山在北，然岐山又何山乎？②自今論之，吳起所言三苗故居本不在江域。漢後人強以江域地理為附會，宜其枝梧難通也。

汶山者，禹貢：

> 華陽黑水惟梁州，岷嶓既蓺，沱涔既道。

又：

> 導嶓冢至于荊山，內方至于大別。岷山之陽至于衡山，過九江，至于敷淺原。

又：

---

② 説苑君道篇作「大山在其南，殿山在其北」，益無説。

岷山導江，東别為沱。

史記岷山皆作汶山。言其地望，則漢書地理志蜀郡湔氐道，云：

禹貢嶓山在西徼外，江水所出。

蔣廷錫尚書地理今釋説之云：

岷山跨古雍梁二州，自陜西鞏昌府岷州衛以西，大山重谷，谽谺起伏，西南走蠻箐中，直抵四川成都府之西境。凡茂州之雪嶺，灌縣之青城，皆其支脈。而導江之處，則在今松潘衛北西番界之浪架嶺，漢書地理志所云，岷山在湔氐道西徼外，是也。

此説相承無異辭。然余觀禹貢導山一節而不能無疑。吳澄謂③：

③ 據胡氏禹貢錐指引。

岷山南至衡山，至為荒遠，相距數千里，不知山脈何以相承？若謂治山旁水，更不可通。又衡山在江南，九江在江北，敷淺原又在江南，其文參錯，經意尤難究悉。

闕所不知，其識最卓。而余謂禹貢衡山實不在江南。史記秦始皇本紀，始皇二十八年：

西南渡淮水，之衡山南郡，浮江至湘山祠。

是衡山在江北淮南也。封禪書記武帝：

巡南郡，至江陵而東，登禮灊之天柱山，號曰南岳。浮江自尋陽出樅陽過彭蠡，禮其名山川。北至琅琊。

是武帝祀天柱，即承始皇祀衡山，非二地也。後人謂漢武以衡山遼曠，移其神天柱，決不然。以秦皇漢武時衡山尚在江北，知禹貢衡山亦不在江南。魏默深氏④辨秦漢南岳衡山即指灊霍，在江北淮南，

④ 見魏氏書古微釋道山南條陰列附。

而習熟舊聞，猶謂導山衡陽在江南，指五嶺言，可謂游移無定見。而余考禹貢衡山，似猶不在潛霍。

據漢書地理志：

南陽郡雉縣衡山，澧水所出，東至郾⑤入汝。

水經汝水注：

汝水又東得澧水口，水出南陽雉縣，亦云導源雉衡山，即山海經云衡山⑥也。郭景純以為南岳，非也。馬融廣成頌云「面據衡陰」，指謂是山。在雉縣界，故世謂之雉衡山。

又見淯水潕水篇。説文亦謂：

澧水出南陽雉衡山。

⑤ 郾舊誤作「郾」，依齊召南説校改。

⑥ 按見山海經中次一十一經荆山條下雉山衡山。今雉山字誤作雅山也。

是南陽雉縣有衡山，其山東西横列，正値禹貢荆州之北，故曰：

荆及衡陽惟荆州。

蓋謂荆州在荆山及衡山之陽也。范書西羌傳：「西羌之本出自三苗，姜姓之别也，其國近南岳。」章懷太子注：「衡山也。」今按：漢人多指南陽衡山為南岳，東阿王誄王仲宣，謂「振冠南嶽」是也。張載劍閣銘：「巖巖梁山，積石峩峩，遠屬荆衡，近綴岷嶓。」亦荆衡連稱。禹貢衡陽之衡，正是馬融廣成頌衡陰之衡，並不指潛霍，更無論祝融⑦矣。

禹貢衡山之地望既得，乃可進而論汶山。齊語：

桓公南征伐楚，濟汝，踰方城，望汶山。

韋注：

⑦　舊説謂荆州南盡衡山之陽，見其地不止此山而猶包其南。竊疑禹貢言及江南者極少，不應荆州遠及衡山之南也。

汶山，楚山也。

管子小匡亦云：

南征伐楚，踰方地，⑧望汶山。

霸形篇又云：

遂南伐楚，踰方城，濟於汝水，望汶山。

是汶山必在楚方城之南汝水之上游可知。

水經汝水注：

汝出魯陽縣大盂山蒙柏谷西。

---

⑧ 房玄齡注云：方地謂方城之地。

淮南地形訓：

汝出猛山。

焦循孟子正義謂：

「猛」與「蒙柏」長短讀。蒙谷即孟山，而「孟」與「盂」形近而譌，大盂山即猛山也。

余疑猛山蒙谷，其先或由汶山聲轉而譌。又史記封禪書：

桓公南伐至召陵，登熊耳山以望江漢。⑨

齊世家則謂：

⑨ 史記五帝紀「黄帝南至于江，登熊湘。」熊即齊桓登熊山，湘則秦始皇祠湘山也。別無熊湘山。

南伐至召陵，望熊山。

漢書地理志：

弘農盧氏，熊耳山在東，伊水出。

王先謙曰⑩：

南陽有三熊耳，盧氏之外，宜陽、陝俱有之。盧氏熊耳山在魯陽縣之西。

又曰⑪：

水經伊水篇，伊水出南陽魯陽縣西蔓渠山。注云：山海經曰：蔓渠之山，伊水出焉。地理志

⑩ 見王氏水經注校卷十五伊水篇。

⑪ 見王氏漢書補注地理志弘農郡盧氏下。

曰：出熊耳山。即麓大同，陵巒互別耳。此謂蔓渠亦兼熊耳之名矣。一統志：伊水出盧氏縣東南百六十里之鸞山，一名悶頓嶺，即蔓渠也。

余按：蔓渠、悶頓與汶、嶓聲尤相近。蓋蔓渠悶頓乃熊耳之俗稱，而史記所謂桓公望熊山者，其實即齊語之汶山也。又竹書紀年⑫：

后桀伐岷山。

楚辭天問作：

桀伐蒙山。

此所謂蒙山者，未知即魯陽蒙柏谷否。而要之汶山一名，所被必廣。正如蜀西岷山，南陽熊耳之例。相其地望，大約在魯陽境內，而汝水伊水皆出其陰。禹貢所謂「岷山之陽至於衡山」者，正此自西北

---

⑫ 太平御覽一百三十五引。

斜趨東南之一脈。入漢諸水出其陽，入汝諸水出其陰，而此則江漢河淮一分水嶺也。上不在雍梁，下不至湘皖，當在今河南省境內，正周初周公召公魯燕封地，所謂二南⑬者是。汶山既在魯境，故魯之東遷而有汶水，亦余主古地名隨民族遷徙一旁例也。⑭

云「導嶓冢至於荆山，內方至於大別」者，漢書地理志：

六安國安豐縣，禹貢大別山在西南。

俞正燮説之云⑮：

禹貢大別即左傳大別。左傳小別大別在漢北。其質言江夏界者，晉以後始名之，非古也。尋杜預注云然則在江夏界，是其時江夏尚無大小別山名。杜鎮襄陽，知之最親也。唐六典水部十道山川云：大別在淮南壽州霍山縣。明中都志大別在霍邱縣，猶是古義。

---

⑬ 燕即郾，在郾縣，召陵，魯在魯山，傅孟眞先生大東小東説已言之，見歷史語言研究所集刊第二本。

⑭ 魯有南陽，亦由河南南陽遂名。

⑮ 見癸巳存稿卷一書禹貢地理古注考後。

沈堯則曰⑯：

大別山在光州西南，黄州西北，漢陽東北，霍邱西南。班志屬之安豐，但據山之東北一面言也。若論其西南，則直至漢水入江處。故商城西南麻城黄陂之山，古人皆目為大别。洪氏亮吉有大別山釋一篇甚詳核。⑰

余謂山脈連綿，往往數百里間可被一名，此誠有之。惟後人所以必説大別近漢者，據左傳吳既與楚夾漢，然後楚乃濟漢而陳，⑱乃為推説云爾。然兵不交鋒，無有吳師深入遽已臨漢之理。且大別既敗而陳柏舉，柏舉既敗而及清發。按之水經溳水注：

溳水南過江夏安陸縣西，又南逕石巖山北，即春秋左傳定公四年吳敗楚于柏舉，從之及于清發。蓋溳水兼清水之目矣。

⑯ 據王先謙漢書補注引。
⑰ 文見洪氏卷施閣文甲集卷七。
⑱ 左傳定四年正義語。

則清發在安陸，遠在漢東，而大別猶應在安陸之東也。洪亮吉云⑲：

> 墨子非攻篇云：「吳闔閭次注林，出于冥阨之徑，戰于柏舉。」……今信陽州之……大隧直轅冥阨也。據此而推，則柏舉當在今黃隨左右。……又按水經注，舉水出龜頭山，今山在黃州府麻城縣東，相近有黃檗山。圖經亦云舉水出黃檗山也。「檗」「柏」聲同，則柏舉或即在此。⑳……今麻城縣東北至河南商城縣七十里，商城縣東至安徽霍邱縣一百十五里。而龜頭山又在麻城縣東六十里，大別山又在霍邱縣西南九十里。則自大別西至柏舉，實不出三十餘里。……柏舉至清發又約百三四十里，皆自東北而漸至西南。㉑

則大別猶應在麻城之東也。今謂其在漢陽府東北即翼際山者固誤，㉒即如魏默深說，謂其在襄陽之天門㉓者，亦猶未是。沈氏所論，固多其例，而意存迴護，實不如洪俞之說為的。自此上推內方，洪魏

---

⑲ 釋大別山，引見前。

⑳ 畢沅注墨子亦據元和郡縣志證柏舉在今湖北麻城。

㉑ 按此實自東至西，非自東北至西南，洪文微誤。

㉒ 說始李吉甫元和郡縣志。王鳴盛尚書後案亦有辨。

㉓ 見魏氏書古微卷四釋道山南條陽列。

謂在漢北葉縣之方城㉔者得之。而下及皖之潛霍諸山，亦以至于大別一語為括。是知當禹貢成書時，潛霍尚無南岳衡山之號。故禹貢不舉衡霍，而言大別。則汶山之陽至于衡山者，更知其非江湘之衡岳，而汶山之非蜀西之汶阜者亦益顯。蓋禹貢導山嶓冢以下一節，盡在豫鄂皖三省大江北岸，昔人強分三條為四列者，亦無當也。

由上所論，禹貢汶山正與齊語管子之汶山地望相符，而魏策吳起所言「汶山在其南」者，其所指亦屬一地，蓋可推見。黄丕烈校齊語魏策已見及此，其識良鋭。㉕古三苗疆域，當在今河南魯山嵩縣盧氏一帶山脈之北，亦居可見也。

又云「衡山在其北」者，此與禹貢汶山之陽至于衡山又不同。蓋「衡」者横列之名，凡長山連綿，皆得稱之。今依魯山盧氏諸山，向北推尋，疑魏策所謂衡山，乃指今山西南部河岸諸山，禹貢所謂「壺口雷首至于太嶽」者而言。括地志云：

> 此山西起雷首，東至吳坂，長數百里，隨地異名。

㉔ 見同上引。

㉕ 見黄氏所刊國語國策札記。

通典：

雷首在河東縣，此山凡有八名。歷山、首陽山、薄山、襄山、甘棗山、中條山、渠豬山、獨頭山也。

竊疑此山在古代，宜亦可有衡山之目。且「衡」之與「方」，古以音近相通。孟子：「一人衡行於天下」，注：「衡，横也。」齊語：「以方行於天下」，注：「方，横也。」是衡行即方行，為「衡」「方」相通之證。則山脈之横行而稱衡山者，宜亦得稱方山。楚有外方內方。郡國志曰：

葉縣有長山曰方城。

此足證長山之稱方矣。而余考河東安邑縣東北亦有方山。水經河水注曰：

太史公封禪書稱華山以西名山七，薄山其一焉。薄山即襄山也。徐廣曰：蒲阪縣有襄山。……揚雄河東賦曰：河靈矍踢，掌華蹈襄。注云：襄山在潼關北十餘里。以是推之，知襄山在蒲阪。

是河東諸山，起自蒲阪，即稱薄山也。而河水注又云：

大陽之山……亦通謂之為薄山。

是河東諸山，西起蒲阪，東極大陽，統可以薄山總目也。而薄山方山，實亦一聲之轉。余考是山又稱防山房山，皆即方山之異稱。㉖而方山則以長山連綿得名。以此推之，古代於此山容有衡山之號，非盡無稽矣。

余又考吳越春秋吳太伯傳謂：

太伯仲雍知古公欲以國及昌，古公病，二人託名采藥於衡山，遂之荆蠻。

此雖晚書，其說亦時有所采獲。證之左傳僖五年宮之奇曰：

㉖ 參看余著周初地理考第十五節

太伯虞仲，太王之昭也，太伯不從，是以不嗣。

不從者，謂太王之自邠遷岐，踰河而西，而二人未之從也。合之穆天子傳所謂「太王亶父始作西土」，正為周人自太王始西遷極佳之明證。㉗而河東之虞，即為太伯虞仲之國。疑古籍自有稱太伯虞仲采藥衡山而之荆蠻者，衡山即指河東大陽之虞山虞阪而言。此山既自蒲阪以迄大陽，統得薄山之稱，亦均可有衡山之號也。史記封禪書禹封泰山，禪會稽。正義引括地志：

會稽山一名衡山，在越州會稽縣東南十二里。

余考周初地理，定會稽在河東大陽，正與虞山同地。㉘括地志所謂會稽一名衡山，又足為余衡山乃河東山之切證。惟云在越州者，則自是地名遞播遞遠後之誤説，所當分别而觀也。又云荆蠻者，吳越春秋云：

㉗ 參看余著周初地理考第三十六節。
㉘ 參看余著周初地理考第十三、十四節。

禹巡天下，登茅山以朝羣臣。乃大會計，更名茅山為會稽山，亦曰苗山。

水經河水注：

大陽有茅亭，故茅戎邑。

「茅」「蠻」一聲之轉，其先即稱苗。吳起所謂「三苗之國，衡山在其北」者，自河東蒲阪以至安邑，在古本三苗之土，宜可稱為蠻也。荆即禹貢「荆及衡陽惟荆州」之荆。古三苗疆域，南極荆山，而春秋時荆山之苗尚盛，故常連稱荆蠻。遂以太伯虞仲之居河東衡山者亦稱之荆蠻也。古籍稱太伯虞仲采藥衡山之荆蠻，其初意蓋如此。積久而昧之。作吳越春秋者采及其文而已失其義，遂以説太伯至江南之事焉。而後世考尋衡山者，或以為南嶽，或以為在越州，或則於今江蘇求之。則余説雖創，較之以江蘇為荆蠻，而又以衡山為南嶽或在吳越者，不猶勝乎？余考周初地理，以越絶書會稽山稱茅山，證其在河東。此以吳越春秋言衡山，證太伯虞仲初未遠逃江南。而河東諸山古亦稱衡山，於此亦得一助證。蓋書出雖晚，而其取材往往有可資考古之借徑者，其例尚多，固不僅此而已也。

汶山衡山之地望既定，請繼而言彭蠡。禹貢：

嶓冢導漾，東流為漢。又東為滄浪之水，過三澨，至於大別南，入於江。東匯澤為彭蠡。東為北江，入於海。

自漢以來，均謂彭蠡即鄱陽，在江南，無異說者。及宋朱子始疑之，㉙蔡沈尚書集傳申其説，謂：

番陽……在江之南，去漢水入江處已七百餘里。所蓄之水，則合饒信徽撫……數州之流，非自漢入而為匯者。又其入江之處，西則廬阜，東則湖口，皆石山峙立，水道狹甚。不應漢水入江後七百餘里乃横截而南，入於番陽。又横截而北，流為北江。……又以經文考之，……彭蠡既在大江之南，於經宜曰南匯，不宜曰東匯。……匯既在南，宜曰北為北江，不應曰東為北江。以今地望參校，絶為反戾。

所辨極明白透盡。然朱子、蔡沈並不疑漢以後以彭蠡為鄱陽之非，而轉疑禹貢本文之誤。下逮清儒，猶沿舊説，支離牽強，踵繆莫解。惟崔述、倪文蔚、魏源諸人，始獻異議。然後知禹貢彭蠡之非鄱陽

㉙ 見朱子彭蠡辨，大意與下引蔡語略同。

而實在江北。崔氏之言曰㉚：

漢書地理志豫章郡彭澤縣下注云：「禹貢彭蠡澤在西」，番陽在彭澤南，而云在西，則彭蠡自別一地，非番陽明矣。又云：「水入湖漢者八，入大江者一」，不以彭蠡稱番陽而稱為湖漢，則番陽自名湖漢，非即彭蠡，又明矣。

倪氏之說曰㉛：

史記封禪書，上巡南郡，至江陵而東，登禮灊之天柱山，浮江自尋陽出樅陽過彭蠡云云。太史公記本朝掌故，聞見必眞。漢尋陽在江北，樅陽在今安慶東境……使彭蠡為鄱湖，豈旣出樅陽，復上溯五六百里而過彭蠡耶？……武帝過彭蠡，北至琅琊，並海上，是彭蠡界在揚徐之交。

㉚ 見崔東壁遺書夏考信錄。

㉛ 見倪氏禹貢說，刻續清經解中。

魏氏之説曰㉜：

鄱陽在昔不名彭蠡，止謂之湖漢水。……其時彭蠡澤則在湖口下游，小孤山左右，為今彭澤縣對岸。山海經贛水出聶都東山，東北注江，入彭澤西。廬江水出三天子都，入江彭澤西。此皆彭澤在九江下游北岸之明證。桑欽禹貢山水澤地記，彭蠡澤在豫章彭澤縣北，此尤彭蠡在彭澤縣北岸之明證。山海經贛水又北過彭澤縣西北入於江，考今彭澤縣對岸為宿松、望江二縣，尚有泊湖、章湖、青草湖、武昌湖等水。又太湖縣舊有大湖、小湖、五湖之名。皆魏晉時所謂大雷池也。「彭」者盛大義，「蠡」者旋螺義，（今按：蠡卽螺字，取螺旋之義，徐文靖禹貢會箋已言之。）與「雷」音近。蓋江水至此成大螺旋，語音轉展呼「蠡」為「雷」，遂以彭蠡為大雷。其池下抵今桐城之樅陽，為漢武南巡射蛟之處。

又曰㉝：

㉜ 見魏氏書古微卷五釋道南條九江篇。

㉝ 見書古微卷五釋道南條漢水篇。

南岸小孤山，北岸彭郎磯。彭郎即彭蠡之音譌。

總觀三家之説，彭蠡之在江北，非鄱陽，斷無疑者。而余以為彭蠡始名，則猶不在長江而在大河。蓋彭蠡本一通名，苟水流湍急，回旋如螺者，皆可以得彭蠡之稱。猶山脈之横行連列者，皆可以得衡山之稱。本不限於一地。而江域文化自河移植，其山川土地之名亦往往由河域播遷而來。循此推求，河域宜可有彭蠡之目。而河水湍息，則莫踰孟津之隘。水經河水注：

淮南子曰：龍門未闢，呂梁未鑿，河出孟門之上，大溢逆流。無有邱陵高阜滅之。名曰洪水。大禹疏通，謂之孟門。……孟門即龍門之上口也。實為河之巨阸。……經始禹鑿，河中漱廣，夾岸崇深。傾崖返捍，巨石臨危，若墜復倚。……其中水流交衝，素氣雲浮，往來遙觀者，常若霧露沾人。窺深悸魄。其水尚崩浪萬尋，懸流千丈。渾洪贔怒，鼓若山騰。濬波頽疊，迄於下口。

其水流之湍急如是，目之彭蠡，固為宜矣。且余之為説，非盡理揣，復有實證。呂氏春秋愛類篇有云：

昔上古龍門未開，呂梁未發，河出孟門，大溢逆流，無有丘陵沃衍，平原高阜，盡皆滅之。名曰鴻水。禹於是疏河決江，為彭蠡之障，乾東土，所活者千八百國。

此彭蠡在河域，指龍門以下急流而言之確證也。後人僅知彭蠡在大江以南，於禹貢江北之彭蠡，尚不得其解，更何論於呂氏文所舉河水之彭蠡哉？故黄東發日鈔疑其於地理不合，而盧文弨説之則曰㉞：「此為彭蠡之障，不必承上為文，且亦不必連下乾東土也。」然豈有既不承上，又不連下，横揷此一語之文理。苟明余説，彭蠡即指龍門以下河流之湍急言之，則呂氏此文，皎然明白，無煩曲解。且言河域彭蠡者，其證尚不僅於呂氏，又見之於淮南之人間訓。其文曰：

禹決江疏河，鑿龍門，闢伊闕，脩彭蠡之防。

北堂書鈔四引作：

鑿昆龍，開呂梁，修彭離。

㉞ 據畢氏校本呂氏春秋引。

是則彭蠡指龍門、呂梁以下河流而言，更無疑義。且今呂梁之名，又誤移於江蘇之彭城。反而求之，則古代河域彭蠡當在呂梁附近。正猶余考周初地理，以漢扶風郇邑有豳，推迹公劉居邠，當近河東之荀城。㉟古史地名雖紛歧錯出，乖誤萬端，而猶可以籀為通例以資推説有如此也。

且余謂彭蠡乃古者河自龍門以下水流湍急之稱，其事猶可旁推以為證者。魏默深謂禹貢彭蠡在江北，即後世之大雷。「蠡」「雷」以聲近而譌。今河東有雷首山。水經河水注云：

山臨大河，北去蒲阪三十里，尚書所謂壺口雷首者也。

是雷首起脈，正値黃河彭蠡之流。其與安徽大雷得名所由，南北一揆，又可知矣。雷首又名蒲山，其地稱蒲坂蒲津，與所謂壺口者，「蒲」之與「壺」，蓋亦自「雷」與「螺」聲轉訛而來。又河西有彭衙。秦本紀武公元年伐彭戲氏，正義曰：「戎號也」，蓋同州彭衙故城是也。衙從吾聲，古魚吾同音，彭蠡之轉為彭衙，是支魚之相轉也。「戲」與「蠡」同屬支韻，則彭衙彭戲皆彭蠡也。古者山名、水名、土地名、氏族名，往往相混相迻，此又其一例矣。余考今洞庭湖入江，有彭城磯、白螺磯、蒲磯口、蒲磯山諸名，是「彭」者「蒲」者「螺」者皆與彭蠡有關，所以形容水勢之盛壯而湍急。則以

㉟ 參看余著周初地理考第二十七節。

大河兩岸蒲阪、蒲津、壺口、雷首、彭衙、彭戲諸名，亦足以推證古者河流歷此有彭蠡之稱矣。

吳起言三苗疆域，謂「汶山在南，衡山在北，彭蠡左而洞庭右」。汶山、衡山、彭蠡三者，既得其所在，則洞庭一地，自可推尋而得。請先言江域洞庭。江域稱洞庭者有二，一為湖南洞庭湖，一為江蘇太湖。左思吳都賦「集洞庭而淹留」是也。則其先洞庭亦通稱，其後乃成湖南洞庭湖之專名耳。

山海經海內東經：

湘水……入洞庭下。

郭注：

洞庭地穴也，在長沙巴陵。今吳縣南太湖中有包山，下有「洞庭」穴道，潛行水底，云無所不通，號為地脈。

水經沔水注言太湖有苞山，

春秋謂之夫椒山，有洞室入地潛行，北通琅琊東武縣，俗謂之洞庭。旁有青山，一名夏架山，山有洞穴，潛通洞庭。……是以郭景純之江賦云：「爰有包山『洞庭』，巴陵地道，潛達旁通，幽岫窕窈。」

唐張説洞庭詩亦云：

地穴通東武，江流下西蜀。

蓋洞字本訓中空通達，「洞庭」乃地室洞穴之稱，確然不疑。若以彭蠡之例推之，凡水之潛行暗達，地脈相通者，宜俱可有「洞庭」之目。而其先起則亦在大河之域。（唐書地理志，酒泉有洞庭山，出金。）余以「洞庭」二字之聲義，及魏策吳起言三苗疆域之四至求之，則河域洞庭蓋即禹貢之滎波也。爾雅釋木云：「榮，桐木。」説文：「榮，桐木也。」「桐，榮也。」是古音東冬亦與庚青相通轉。「桐」之轉而為「榮」，猶「滎」之轉而為「洞」也。「滎」「庭」則同屬靑韻。此以聲類求之而見洞庭與滎之相通也。以言夫「滎」之取義，則亦與「洞庭」正類。禹貢：

導沇水，東流為濟，入于河。溢為滎，東出于陶丘北，又東至于菏，又東北會于汶，又北東入于海。

吳澄說之曰㊱：

濟既入河，其伏者潛行地下，絶河而南，溢爲滎澤，再出于陶丘北。溢者言如井泉自中而滿，非有來處，如菏澤被孟豬之被。出者言在平地自下而涌，非有上流，如某水至某處之至。滎澤後既填塞，陶丘亦無竇，濟瀆故道不可復尋矣。

是謂濟水入河後，別有一脈潛行地下，遇空竇即涌出，故一見於滎澤，再見於陶丘也。此與「洞庭」地穴之義亦復相通。故知滎澤之與洞庭，不徒聲近，兼亦義似。語出一源，殆無疑也。惟河之滎澤湮塞甚早。崔述云㊲：

春秋傳云：潘黨逐魏錡及滎澤，㊳見六麋，射一麋以顧獻。鄭氏云：滎今塞為平地，其民猶以滎澤呼之。是滎在春秋時已通車馬，至兩漢遂為田疇矣。

㊱ 引見胡渭禹貢錐指卷十五。
㊲ 引見前。

蓋伏流涌出，勢不壯旺。雖擅澤名，實多草陸。故吳起之言曰：「左彭蠡之波，右洞庭之水。」波水異文，固屬行文之便，亦兼狀物之眞也。

滎之為名，既為伏流涌出、地脈潛通之公名，故河域稱滎澤者亦不盡於一地。春秋閔二年，衛侯及狄人戰于滎澤，今左傳本作熒澤。㊳杜預云：此熒澤當在河北。孔氏正義謂：「禹貢熒在河南，時衛都河北，為狄所敗，乃東徙渡河，故知此熒澤當在河北。但沇水入河乃泆，被河南多，故專得熒名。其北雖少，亦稱熒也。」惟衛都朝歌，河北熒澤當去朝歌不遠。孔氏以濟水在河北者說之似誤。恐是河北別有一滎澤也。杜氏春秋經傳集解後序謂紀年又稱衛懿公及赤翟戰于洞澤，疑「洞」當為「洞」，即左傳所謂熒澤也。蓋「滎」「洞」聲近，故滎澤又作洞澤矣。史記殷本紀：

湯歸至于泰卷陶，中𦉪作誥。

書序亦云：

㊳　見左傳宣公十二年。「滎」字從火作「熒」。段玉裁古文尚書撰異謂熒者光不定之貌，泲水出沒不常，故取名曰「熒」。深以作「滎」者為非。而閻若璩潛邱劄記則仍依「滎」字為說。茲並各從其本字寫之。

湯歸自夏，至于大坰，仲虺作誥。

史記索隱說之云：

鄒誕生「卷」作「坰」，又作「泂」，與尚書同。……其下「陶」字是衍。……解尚書者以大坰今定陶是也。舊本或傍記其地名，後人轉寫，遂衍斯字。

據索隱說，則定陶亦名大坰，即大泂。而金履祥說則大坰即滎澤。㊴今尚未能詳定。惟禹貢濟溢為滎，又東出於陶丘北。而漢志禹貢陶丘在定陶縣西南，則大泂一名，無論其在定陶與滎澤，要之「泂」「滎」相通，皆指濟水之伏流潛涌而言。而泂澤與滎澤聲義皆一，又無疑矣。是則古代大河兩岸，水泉伏涌，隨地成澤，皆稱「泂」「滎」，而最著者惟河南滎陽之滎澤。地去陶數百里，而水脈相通，故陶丘之澤亦得「泂」「滎」之名。語音轉譌，遂為洞庭，而乃以被之江南。後世則惟知河域有滎澤，有洞澤，江域有洞庭，而不知其名之本出於一矣。

且余謂古者河域有洞庭，其說尚有證。淮南本經訓：

㊴ 見金氏通鑑綱目前編卷四。楊慎丹鉛錄謂大坰即太行，恐未是。

至堯之時，十日竝出，焦禾稼，殺草木，而民無所食。猰貐鑿齒，九嬰大風，封豨脩蛇，皆為民害。堯乃使羿誅鑿齒於疇華之野，殺九嬰於凶水之上，繳大風於青丘之澤，上射十日而下殺猰貐，斷脩蛇於洞庭，禽封豨於桑林。萬民皆喜，置堯以為天子。

此文凡及五地。桑林乃湯禱旱之所，其地在河域，無可疑者。高誘注北狄之地有凶水，又云青丘東方之澤名也。古稱東方皆指齊魯一帶，則此兩地亦在河域，又無疑。惟疇華洞庭，高氏皆以為南方澤名。此高氏自知南方有洞庭，遂以推之疇華。而古書傳説堯舜事，余疑其尚多在河域，未及江南也。

洪亮吉云㊵：

疇華當即國語依疇、歷華二地。

按：此出鄭語：

㊵ 引見劉文典淮南鴻烈集解。

若克二邑（虢鄶），鄔弊補舟依䵩㊶歷華，君之土也。

是疇華亦春秋鄭地，在河域，則洞庭之不在大江以南亦從可知。若依余說，洞庭即河域之滎澤，則洞庭、桑林地望正近。淮南所言固屬傳說，然傳說亦有自，亦當於近情理處求之。如余此解，固當較舊釋為勝也。㊷莊子天運篇：「黃帝張咸池之樂於洞庭之野」，成玄英疏：「洞庭之野，天地之間，非太湖之洞庭也。」苟如余說，洞庭即滎澤，固可稱洞庭之野，不必以湖不稱野疑之，而曲說為天地之間矣。禹貢稱「大野既豬」，大野亦澤名而稱野，蓋以水草沮洳而兼陸土，猶如潘黨之獵麋於熒澤，此皆河域有之。非所語於浩汗粘天，日月出沒其中，如江南之洞庭也。然則洞庭稱野，其在河域，正猶大野之例，又可識矣。

據上所論，古者三苗疆域，蓋在今河南魯山、嵩縣、盧氏一帶山脈之北，今山西南部諸山，自蒲阪、安邑以至析城、王屋一帶山脈之南，夾黃河為居，西起蒲潼，東達滎鄭，不出今河南北部山西南部廣運數百里間也。尚書言舜「竄三苗於三危」㊸，又稱「分北三苗」，而吳起則謂禹滅三苗。舜禹

㊶ 詩譜作「疇」。

㊷ 余周初地理考證會稽在河域，與此取徑正同，可參看。

㊸ 見尚書堯典、大戴禮、史記五帝本紀皆言之。

事迹，正在河陝之間。㊹與三苗疆土同域。隋書志黨項即三苗，後分北三苗，別其部落，離其黨類，以銷其勢也。山西通志，永寧州古離石地，離石有步落稽，即黨項也。縣南界永寧，羣山錯雜，黨項散居山谷中，唐張説出合河關擊黨項即此。禹貢西戎即敍，析支渠搜，皆在西河外，唐虞都山西，故詳於西北也。又傳説三危在西土，舜禹之竄三苗，蓋自河東踰河而之河西，與其後周古公之避狄西遷，大略相似。㊺若謂三苗初居江南洞庭彭蠡間，舜禹遠跡南征，又竄之西北數千里外之三危，則其事頗涉荒誕，固不如余考之較近情實矣。㊻

近人章炳麟檢論序種姓謂今之苗古之髳也，與三苗異。然余考春秋河東有茅戎。㊼「茅」「髳」同字，則茅亦在北方。又有陸渾蠻氏，㊽亦稱戎蠻子，㊾杜云：河南新城縣東南有蠻城。方輿紀要，新城縣在河南府南七十五里，古戎蠻子邑。戰國時謂之新城，隋改縣曰伊闕。以山為名。北魏史，伊闕以南，大山長谷，蠻多居之。魏因以伊川土豪李長為防蠻都督。考東漢書祭遵傳有新城蠻，則蠻之

㊹參看余著周初地理考論舜葬蒼梧，禹葬會稽諸節。

㊺説詳余周初地理考

㊻顧棟高春秋大事表春秋時楚地不到湖南論謂嘗徧考詩書及春秋三傳與職方爾雅之文，無有及洞庭兩字者。蓋古人言地域，少及大江之南，亦足為余此文一旁證。

㊼見左傳成公元年。

㊽見左傳成公四年。

㊾見左傳昭公十六年。

居伊闕，由來舊矣。「蠻」「茅」一聲之轉，蠻即茅，亦即苗也。楚人篳路藍縷，以啟荆蠻。此所謂蠻者，亦在河南汝水上流一帶山中。則即以春秋時證之，北之茅戎，南之蠻氏，其地望亦與吴起所言三苗居土相脗合。自屬古者三苗遺裔。而髳與三苗，亦未見其必為二也。尚書吕刑言及苗民制刑，亦以吕國河南南陽，其先本苗土，故引以為誡。余考古籍言及三苗，若以魏策吴起所言地望，以余説推之，其情事皆較舊説為允。因作此考，為治古史考古代民族地理者作商榷焉。

（民國二十一年十二月燕京學報第十二期）

〔附〕 饒宗頤「魏策吴起論三苗之居辨誤」附跋

余考古史地望，鑿險縋幽，頗有標新好怪之嫌，然余立説自有層累，初非偶爾而發也。即如論古三苗疆域，余據魏策吴起語疑漢人轉述有誤，今饒君為駁義，轉據漢人語疑魏策文有錯亂，則如各執其半，無可軒輊矣。然饒君謂余「据踏駁之文立説，自為穿鑿之論，無庸詳證」，饒君之果斷如是者，蓋由饒君認洞庭、彭蠡皆在江南，故似漢人語明白無疑。余則謂洞庭、彭蠡本不在江南，饒君不得不驚其穿鑿。然饒君若謂余文特據魏策孤文而定洞庭、彭蠡不在江南者，是饒君未能細繹余文，未曉余立説之層累也。

「彭蠡」之名，魏策以外，又見於禹貢。然禹貢彭蠡實在江北，不在江南。即史記封禪書「秦始皇浮江自尋陽出樅陽過彭蠡」，此彭蠡亦在江北，不在江南也。即漢書地理志彭澤縣「禹貢彭蠡澤在西」，此彭蠡仍不在江南也。饒君何不一讀清儒崔述、倪文蔚、魏源諸人之説乎？若饒君不能定禹貢、史、漢彭蠡在江南，何遽能定魏策彭蠡之在江南乎？魏策彭蠡之地望不能定，何遽知其左右方位之為錯亂乎？

「洞庭」之名，魏策以外，又見於楚辭、秦策、山海經、莊子，然亦盡在江北，不在江南。余為楚辭地名考及諸子繫年論屈原諸篇辨此頗詳，最近有答方君書，皆辨洞庭地望，此皆不據魏策吳起語而論洞庭在江北。饒君試一讀鄙作諸文，以為何如？若先秦舊籍言洞庭多不在江南，何遽而定魏策洞庭之在江南乎？洞庭之地望未定，何遽知其左右方位之為錯亂乎？

魏策洞庭、彭蠡之外，又言衡山。「衡山」之名，又見於禹貢。然禹貢衡山亦不在江南也。繼魏源諸人而辨者有楊守敬。楊氏據五證以定禹貢衡山之不在江南，雖不盡是，而其論不能搖矣；獨惜其不知禹貢衡陽之亦非江南耳。其他古籍言衡山在江北者，不勝縷指，饒君何遽能定魏策衡山必在江南，而又謂南北方位之為倒置乎？

故魏策言彭蠡在左，饒君則謂在右；魏策言洞庭在右，饒君則謂在左。魏策言衡山在北，饒君則謂在南；魏策言汶山在南，饒君則謂在北。縱謂策文「錯亂相糅莒」，亦不當意説如是。

余所以據魏策而疑史記諸書者，以古史地名多遷徙，彭蠡、洞庭、衡山諸名，不僅江南有之，江北亦有之；且非一地有之。蓋同有此地名者可以二，可以三，故不得專據後代人之地理觀念而反疑古書之誤。饒君且當於此進難，且當熟辨洞庭、彭蠡、衡山諸名之地望，再進而論魏策，再進而論古三苗之疆域，則其為説必有異於今日之説者矣。

拙文三苗疆域考已多越年數，亦有自欲增訂處，而苦少暇，不能如意，兹特粗明舊説之層累，聊報饒君相與商榷之雅意焉。

（此篇原附載民國二十六年六月禹貢半月刊第七卷第六、七合期饒文之後。原但題「附跋」。）

楚辭地名考

分目

一　引言

先秦諸書不言屈原，自太史公史記始為之傳。而宋司馬氏通鑑削棄不錄。近人乃頗疑屈原並無其人。此殊無説以證。而史公論屈原事，則實頗有誤者。余讀楚辭，意屈原被讒放居，乃在漢北，非至湘南也。①其死或當在懷王入秦前，非在頃襄之世。凡楚辭所言沅湘洞庭之屬，皆大江以北之地名耳。因草此篇，為治楚辭考屈子行迹者進一新解焉。②

二　略論楚辭疆域源流

楚人始居丹陽，其地在商州之東，南陽之西，當丹水析水入漢之處，故名丹析。③其在周初，則

① 余論古史地名遷徙，曾草周初地理考、（載燕京學報第十期。）古三苗疆域考（載燕京學報第十二期。）兩文。此篇亦其一例，讀者幸參互讀之。文中論洞庭一名本在江北，尤與古三苗疆域考論古彭蠡在江北不在江南者相足也。

② 本篇所釋地名，專以與屈原行迹有直接關係者為限，其他不能盡及。

二南風詩之所自采也。考二南之所詠，曰江漢，曰汝墳，曰南山，曰河洲。約略言之，則自南陽襄鄧向西以至商雒漢中；向東則及光黃汝潁，蓋皆二南之所逮。④循此以東則為陳，其詩曰：「坎其擊鼓，宛丘之下，無冬無夏，值其鷺羽。」又曰：「東門之枌，宛丘之栩，子仲之子，婆娑其下。」漢書地理志稱其「好祭祀，用史巫，故其俗巫鬼」是也。其循而北，則為鄭。其詩曰：「出其東門，有女如雲。」又曰：「溱與洧，方渙渙兮。士與女，方秉蕑兮。洵訏且樂，惟士與女，伊其相謔。」漢書地理志謂其「土陿而險，山居谷汲，男女亟聚會，故其俗淫」是也。更循鄭而東北，則桑間濮上，衛之所遷。漢書地理志謂其「男女亦亟聚會，聲色生焉，故俗稱鄭衛之音」是也。蓋與淇奧之詩，美哉淵乎，如衛康叔武公之德者異焉。

呂氏春秋音初篇：「禹行功，見塗山⑤之女，禹未之遇而巡省南土。塗山氏之女乃令其妾候禹於塗山之陽。女乃作歌，歌曰：『候人兮猗』實始作為南音。周公及召公取風焉，以為周南召南。」是謂周之二南，乃采自夏人之南音也。孔子論詩，極贊二南，曰：「關雎樂而不淫，哀而不傷。」又曰：「師摯之始，關雎之亂，洋洋乎盈耳哉。」又曰：「人而不為周南召南，猶正牆面而立。」蓋關雎二南，大抵皆合樂之詩。故既曰洋洋盈耳，又曰不為周南召南，猶正牆而立。謂眾人合樂，一人不

③ 此據宋翔鳳過庭錄卷九楚鬻熊居丹陽武王徙郢考。

④ 關於二南境域，略參王夫之詩經稗疏。

⑤ 塗山在今河南嵩縣西南十里，與二南地望正合，論詳周初地理考第十七節。

習，若向隅也。⑥周南關雎、葛覃、卷耳，召南鵲巢、采蘩、采蘋六篇，周人取以為房中之樂，用之鄉人，用之邦國。與雅頌之專施於宗廟朝廷之間者不同。蓋二南之風，取之江漢汝淮之間。巫鬼祭祀，男女相隨，野舞民歌，別有天趣。其清新和暢之致，有非文武成康以來，天子公侯貴族在上位之雅樂之比者。宜乎孔子亦深喜之也。

子在齊，聞韶，三月不知肉味，曰：「不圖為樂之至於斯也。」孔子又言之，曰：「韶盡美盡善矣。」韶相傳為舜樂。陳舜後，春秋時陳公子完奔齊，故齊亦有韶。⑦樂記云：「昔者舜作五弦之琴以歌南風。」然則韶之為樂，實亦南音也。小雅鼓鐘之詩曰：「淮水湯湯，鼓鐘欽欽，鼓瑟鼓琴，以雅以南，以籥不僭。」籥者管籥，季札觀樂，所謂「見舞象箾南籥」，是籥亦南方之樂器也。周之王室，作樂淮上，而鼓琴吹籥，⑧效為南音。陳國潁上，亦淮域也。謂陳之韶樂，與二南同源共祖，諒不誣矣。

孔子之論樂，既極賞二南與韶樂，而深不喜鄭衛。樂記，子夏告魏文侯曰：「鄭音好濫淫志，宋音燕女溺志，衛音趨數煩志，齊音敖辟喬志，此四者，皆淫于色而害于德，是以祭祀弗用。」此四者

---

⑥ 二南為合樂，詳劉臺拱論語駢枝、凌廷堪禮經釋例諸書。

⑦ 此本漢書禮樂志。

⑧ 琴為南音，瑟則北樂，故琴盛於楚，而瑟盛於趙，參讀徐養原頑石廬經説卷七。又新聲相傳由衛靈公舍濮水，夜半聞鼓琴聲所得，此亦鄭衛新聲近南音之證。

皆新聲溺音，與南雅之樂不同。鄭兼河南濮上之衛言之，衛則河北淇水之衛也。大抵鄭宋之音泛濫不振，而實近於南音，衛齊之音迫促倨肆，而實北音也。孔子之深惡於鄭衛者，其實鄭衛之樂，亦染於南俗，而特其變而益甚者也。⑨

然南人以巫鬼祭祀之俗，擅聲樂之天性，男女相逐，歌咏舞蹈於川谷之間，平原之野，造為美人香草之辭，其風亦不自周召宛丘之詩而歇也。鍾儀之見幽，操琴而歌南風。孔子周遊，其至楚，有狂人接輿而歌鳳兮，孺子濯足而歌滄浪。迄於戰國，屈子被讒，放居漢北，而有九歌，則昔者二南關雎之遺響也。楚都東遷，國於郢陳，宋玉、景差之徒，繼屈子而有作，則向者陳國韶樂之餘音也。「簫韶九成」，此舜樂以九為節也。「啟九辨與九歌」，是夏樂亦以九為節也。故楚辭有九歌、九章、九辨。又為大招、招魂，招即韶也。⑩曰：『望夫君兮未來，吹參差兮誰思」，參差即簫也。又曰：「奏九歌而舞韶兮，聊暇日以媮樂。」楚辭之繼踵南韶，夫復何疑？而陽春白雪，下里巴人，屬而和者，有踰千百。楚人之好擅音樂，有如此者。

---

⑨ 二南為前期之新聲，而鄭衛則後期之新聲也。又鄭衛之衛，指濮上，不指淇奧，均待別論，此不備詳。

⑩ 齊有徵招角招，即徵韶角韶。史記夏本紀禹乃興九招之樂，是韶作招也。又太平御覽卷三十引韓詩曰：「溱與洧，方洹洹兮，士與女，方秉蕳兮。鄭國之俗，三月上巳之辰，此兩水之上，招魂續魄，拂除不祥，故詩人願與所悦者俱往觀之。」宋書十五、又初學記三十六、五行大義卷三，所引俱同。秉蕳者即陳風澤陂「有蒲與蕳」之蕳。此招魂之俗，水濱之祠，美人香草之詞，男女相悦之歌，鄭之為俗，漸染於南人之徵也。招魂大招，即九招之招，楚辭有亂曰，即「關雎之亂」之亂。

及秦人一統，楚之故家遺族，流風餘韻，盡促而東。則在淮泗以南迄於會稽，皆得楚稱。項王圍垓下，聽漢軍中四面皆楚歌。漢高命戚夫人楚舞，自為楚歌和之。虞姬之辭，大風之唱，皆楚聲也。其後王濞封吳，招致四方游士，齊人鄒陽與吳嚴忌、淮陰枚乘等皆集。及吳敗，鄒陽、枚乘之徒皆游梁。梁復有齊人羊勝、公孫詭之屬。漢代辭賦，吳梁開其先。齊人濱海，神仙黄老之所權輿。澤之以楚人之辭藻，兩者滙而同流，恢奇夸詐，要之與戰國以來所謂楚辭者，猶是血脈相貫，非特起為異物也。劉安王淮南，繼吳梁而起。好書鼓琴，亦染南風。其羣臣賓客，皆出江淮間。武帝詔使為離騷賦，旦受詔，食時畢，則楚辭離騷，傳於淮南賓客之證也。⑪

吳梁淮南相繼覆滅，而東南辭賦之盛，移於王室。然武帝時朱買臣召見言楚辭，宣帝時徵能為楚詞，九江被公召見誦讀。凡此皆楚辭始末源流疆域之可考者也。

然自賈誼赴長沙，渡湘水，為賦弔屈原，已謂原沉汨羅，地在湘南。史公承之作傳，無異辭。下及後漢王逸又謂屈原九歌作於沅湘之間。余考九歌文字頗有疑者。近人既疑屈原未必有其人，乃謂九歌諸作，乃湘水之民歌。則前無承、後無繼，蠻陬遐壤荒江寂寞之濱，何來此斐亹動宕之辭？以地域風氣開闢被染之先後言之，九歌為湘江民歌之説，實斷乎無可立之據也。

---

⑪ 參讀漢書藝文志、王逸楚辭章句。

三　屈原年歷

論楚辭者，不得不及屈原。兹姑據楚辭、史記所載，先約略推定屈原生卒年歷如次：⑫

楚宣王二十七年　屈原生。

離騷：「攝提貞於孟陬兮，惟庚寅吾以降。」此屈子自道其生辰也。王逸章句謂：「太歲在寅曰攝提格。孟，始也。正月為陬。庚寅，日也。言己以太歲在寅正月始春庚寅之日下母之體而生。」陳瑑屈子生卒年月考、劉師培古歷管窺，推定屈子生年在楚宣王二十七年。按之史記屈原事迹，大概相符，蓋可從。

楚懷王元年　屈原年十六。

楚懷王十一年　屈原年二十六。

屈復楚辭新注定是年屈子為左徒，謂是年楚為從約長，惜往日篇所謂「奉先功以照下，國富強而

---

⑫　關於屈原生卒事時，互詳拙著諸子繫年，此不盡備。

法立」是也。今按屈説亦非確證。⑬大抵屈原為左徒用事，或可始此時，或稍後。

楚懷王十六年　屈原年三十一。

史記楚世家是歲張儀至楚。世家又謂：「屈平既絀，其後秦欲伐齊，齊與楚從親。惠王患之，乃令張儀詳去秦，厚幣委質事楚。」則張儀來，屈原已先絀。所謂「憂愁幽思而作離騷」者，亦應在此年前。

楚懷王十七年　屈原年三十二。

是歲秦大破楚師於丹析，虜楚將屈丐。

楚懷王十八年　屈原年三十三。

是歲張儀重至楚。屈原使齊返，諫懷王何不殺張儀。世家謂是時屈平既疏，不復在位，使於齊。是使齊在失左徒位後。

楚懷王二十四年　屈原年三十九。

是歲秦來迎婦。

楚懷王二十五年　屈原年四十。

是歲，與秦盟黄棘。悲回風：「借光景以往來兮，施黄棘之枉策。」王逸云：「黄棘，棘刺也。

⑬ 惜往日是否屈原作亦可疑，辨詳本篇末節。

枉，曲也。言己願借神光，電景飛注，往來施黄棘之刺以為馬策，言其利用急疾也。」洪興祖曰：「言己所以假延日月往來天地之間，無以自處者，以其君施黄棘之枉策故也。初懷王二十五年入與秦昭王盟，約於黄棘。其後為秦所欺，卒客死於秦。今頃襄信任姦回，將至亡國，是復施行黄棘之枉策也。黄棘地名。」朱子楚辭辨證不取洪説，仍主舊解。今按：黄棘果屬地名，則係懷王時事，洪氏強為牽涉於襄王，殊無理據。王逸之解，更屬牽強。大抵此篇乃指懷王事言。⑭

楚懷王二十六年　屈原年四十一。

是歲齊、韓、魏伐楚，楚使太子質秦。

楚懷王二十八年　屈原年四十三。

秦會齊、韓、魏之師攻楚，殺楚將唐昧。

楚懷王三十年　屈原年四十五。（?）

是歲懷王入秦。今按：屈原或不見懷王入秦事，其卒當在前。又屈原自懷王信讒見疏，曾使齊，其後放居漢北。或據哀郢篇「至今九年而不復」，謂原居漢北，至少當得九年。⑮或謂懷王十六

---

⑭　至悲回風文字，亦未必屈原作。其謂「浮江淮而入海」，「望大河之洲渚」諸語，前人以此致疑者，其實楚辭皆道江北，非此篇獨然也。

⑮　此見王夫之楚辭通釋。

年屈原被放，下歷九年，其卒當為懷王二十四五年間。⑯然哀郢未必屈原之作，⑰則九年不復一語，不足以推屈原之年歷也。

楚頃襄王元年　屈原年四十六。（？）

史記屈原至頃襄王時尚在，則頃襄元年，應為屈子之四十六歲。

楚頃襄王三年　屈原年四十八。（？）

是歲懷王卒于秦。據史記則屈原遷湘自沉，應在此後。

楚頃襄王二十一年　屈原年六十六。（？）

是歲，秦拔楚郢，頃襄王出亡走陳。縱謂史記之說可信，則屈原當死於頃襄三年後不久，其壽當止五十左右，決不至是尚存。後人考楚辭者，以頃襄奔陳後事說之，斷悮。⑰

---

⑯ 此見王懋竑白田草堂存稿。詳本篇末節。

⑰ 後人說楚辭者，均以哀郢為頃襄遷陳後作是也。即以「哀故都之日遠」一語證之，已信。若非遷都，則郢不稱故都。惟必謂九章皆屈原作，殊無據。則本此而推原之卒年者，自不可恃。

四　屈原放居漢北考

屈原放居漢北，雖史記未之言，而楚辭有內證，可以補史記之缺者。

釋漢北涔陽

抽思篇：「有鳥自南兮，來集漢北。望北山而流涕兮，臨流水而太息。惟郢路之遼遠兮，魂一夕而九逝。曾不知路之曲直兮，南指月與列星。」此指屈原居漢北最顯。下云：「狂顧南行，聊以娛心兮」，則姑作快意之談也。⑱又湘君篇：「望涔陽兮極浦，橫大江兮揚靈。」水經：「涔水出漢中南鄭縣東南旱山北，至安陽縣

---

⑱ 以抽思證屈原居漢北者，王船山楚辭通釋、屈復楚辭新注、林雲銘楚辭燈、蔣驥楚辭注、戴震屈原賦注引方晞原說，皆然。若謂抽思非屈原作，而後之辭人作此以道屈原，則為此辭者必尚知屈原曾居漢北，故其辭云云也。若謂其文並非原作，亦不道原事，則作此文而有所道者，必其所道乃指放居漢北之誰某，又可知也。今以抽思之文證之史記，則其所道被讒放居之誰某，自可推想先及於屈原之身也。

南入於沔。」沔即漢水，滄陽即漢之陽也。史記「沱滄既道」，鄭玄云：「水出江為沱，漢為滄。」而王逸云：「滄陽江碕名，近附郢。」説文：「滄陽渚在郢中。」此俱強為之説。而後人遂謂滄陽在公安縣南。皆由誤於史記，不知屈原居漢北，故必造為其地以實之。

招魂「路貫廬江兮左長薄」，又曰「與王趨夢兮課後先。」今考漢志南郡有中盧縣，水經：「沔水東過中盧縣東，維水自房陵縣維山東流注之。」注：「縣即春秋盧戎之國也。縣故城南有水出西山，名曰浴馬港。候水諸蠻北遏是水，南壅維川，以周田溉，下流入沔。」則此廬江者，非浴馬港，即維川也。中盧正在今宜城縣北。王船山楚辭通釋，襄漢之間有中盧水，疑即此水。則招魂無論為屈原作、抑宋玉作，而屈子之居漢北，此又一證矣。⑲

釋滄浪之水

水經沔水注：「武當縣西北四十里漢水中有洲，名滄浪洲，庾仲雍漢水記謂之千齡洲，非也。地

---

⑲ 吳志注，襄陽記曰：柤中在上黃界，去襄陽一百五十里，魏時夷王梅敷兄弟三人部曲萬餘家屯此，分布在中廬宜城西山鄢沔二谷中，土地平敞，宜桑麻，有水陸良山，謂之柤中。清一統志，八疊山在南漳縣西南六十里，一名柤山。竊疑夷人之居，自春秋戰國以來已然，故宜城西山又曰夷陵也。習鑿齒襄陽耆舊記，宋玉者，楚之鄢郢人也。故宜城有宋玉塚。塚在縣南三十里宋玉宅後。

説曰：水出荆山東南流，為滄浪之水，是近楚都。故漁父歌曰云云。余按尚書禹貢言導漾水東流為漢，又東為滄浪之水。不言過而言為者，明非他水決入也。蓋漢沔水自下有滄浪通稱耳。纏絡鄢郢，地連紀⑳鄀，咸楚都矣。漁父歌之，不違水地。考按經傳，宜以尚書為正耳。」今按：武當為今均縣。滄浪洲在武當縣西北，則亦漢北地也。酈氏謂漢沔自下有滄浪通稱，而不知漁夫所歌，屈原所居，自在漢北，故必引而南之，謂其不違水地，亦與王逸、許慎之説涔陽同誤。㉑又史記敍漁父事於頃襄王怒遷屈原後，恐亦失之。

釋三閭大夫

漁父篇稱屈原為三閭大夫。王逸云：「三閭之職，掌王族三姓，曰昭、屈、景。序其譜屬，率其賢良，以厲國士。入則與王圖議政事，決定嫌疑，出則監察群下，應對諸侯。謀行職修，王甚珍之。」今按：王氏以史記為左徒用事時語釋三閭大夫之職，甚誤。余意三閭乃邑名也。古無專掌統治王族之

⑳ 漢有邔侯黄極忠。清一統志，邔縣故城在襄陽府宜城縣東北，疑紀即邔也。

㉑ 今湖南常德亦有滄浪水，正可為余説地名與故事傳説相隨遷徙之一證。若必謂屈原所遇漁父濯纓之滄浪在湖南，與孔子所遇孺子濯足之滄浪在湖北者不同，則本以故事傳説之遷徙而造為地名以實之，今復以新造之地名證故事傳説之無誤，循環相證，自亦足以守其固見也。

大夫。以公邑稱大夫、私邑稱宰之例，如趙衰為原大夫，狐溱為溫大夫，凡稱某某大夫者，率以邑名。楚則有縣尹縣公，然亦有大夫。如上官大夫譖屈原，上官亦邑名也。姓纂：「楚莊王少子蘭為上官大夫，後以為氏。」通志氏族略：「楚王子蘭為上官大夫，因以為氏。秦滅楚，徙隴西之上邽。」是皆以上官為邑名也。應劭風俗通：「三閭大夫屈原之後有三閭氏。」通志亦入以邑為氏類，則亦謂三閭乃邑名矣。惟三閭為邑，不見於他書。余考楚有三戶，蓋即三閭也。左傳僖公二十五年，「秦晉戍鄀，楚申息之師戍商密。秦人過析隈以圍商密。」杜注：「鄀本在商密秦楚界上小國。其後遷於南郡鄀縣。」商密今南陽丹水縣；析，南陽析縣。水經注：「丹水又徑丹水縣故城西南，縣有密陽鄉，古商密之地，楚申息之師所戍也。春秋之三戶矣。」是鄀本在商密，後既南遷，而舊地乃名三戶。左傳哀公四年「以畀楚師於三戶」，杜注：「今丹水縣北三戶亭。」蓋鄀畏秦偪，南遷而為楚之附庸。楚遂踞其故地，易名三戶。三戶者，即指楚昭、屈、景三族。楚南公曰：「楚雖三戶，亡秦必楚」也。㉒南陽府志內鄉縣有屈原岡。括地志內鄉即析縣故地。則原為三閭大夫正在此地，故有岡名遺迹。太平寰宇記卷一百四十三述均州風俗，謂：「漢中風俗與汝南同，有漢江川澤山林，少原隰，多以力耕火

㉒ 漢志勃海郡有三戶縣。水經注：「濊水東北逕參戶亭，分為二瀆。應劭曰：平舒縣西南五十里有參戶亭。故縣也，世謂之平虜城。」清一統志：三戶故城在天津府青縣南。東漢有三戶亭侯，即此北方之三戶。疑古之三戶亭，略如後世有三家村也。

種。人性剛烈躁急，信巫鬼，重淫祀，尤好楚歌。」㉓余謂屈原九歌，蓋產其地，上承二南遺響，確有明據，㉔王逸以長沙沅湘之間說之，誤矣。

五　楚辭洞庭在江北說

謂屈原居漢北，九歌抽思諸篇，作於南陽、丹析之間，則屈原何以遠引及於江南之洞庭？余據先秦諸籍，參稽考訂，知楚辭洞庭亦在江北，不在江南也。

史記蘇秦傳：「秦告楚曰：蜀地之甲，乘船浮於汶，乘夏水而下江，五日而至郢。漢中之甲，乘船出於巴，乘夏水而下漢，四日而至五渚。」據此則五渚在漢水下流。㉕

㉓ 寰宇記此條引漢書地理志而微易其文。
㉔ 以滄浪三閭之地望證之抽思之漢北，則屈原放居之地可推。以九歌涔陽之地望證之，則為此歌者，自為身居漢北之誰氏。而以史記所載，淮南所傳證之，則為此歌者之誰氏，自可最先推論及於屈原之身也。縱疑九歌不必盡屈原作，而謂屈原放居漢北與九歌乃漢北祭神之歌，此二說仍可立。則繼此而謂屈原居漢北作九歌，亦屬頗為自然之聯誼也。
㉕ 此所謂下流者，自據秦楚形勢言之，勿泥看。

又秦策：「張儀説秦王曰：秦與荆人戰，大破荆，襲郢，取洞庭、五都、江南，荆王亡走，東伏於陳。」韓非初見秦篇作「洞庭、五湖、江南」。今按：五都即五渚也。從水而言則曰五湖，據陸言之則曰五渚。五渚既近漢水，則洞庭自亦與漢水非遥。

史記集解裴駰案：「戰國策曰：秦與荆人戰，大破荆，襲郢，取洞庭、五渚、江南，然則五渚在洞庭。」今按：裴説以五渚在洞庭是也。惟不知此洞庭實在江北，臨漢水。

司馬貞索隱云：「五渚，五處洲也。劉伯莊以為五渚宛鄧之間，臨漢水，不得在洞庭。或説五渚即五湖，與劉氏説不同。」今按：劉氏以五渚在宛鄧之間臨漢水，當有據，其説亦是也。惟不知洞庭亦臨漢水，故曰不得在洞庭。

史載蘇秦之語，又見燕策。鮑彪曰：「五渚，史註在洞庭。」今按：鮑氏蓋與裴氏同誤。吴師道云：「今詳本文，下漢而至五渚，則五渚乃漢水下流。洞庭在江之南，非其地也。」今按：吴氏蓋與劉氏同誤。今即就史文内證，定洞庭本在江北，則諸家之疑均釋矣。

且所謂洞庭、五渚、江南者，江南一名，亦非泛指。史記秦本紀：「昭三十年，蜀守若伐楚，取巫郡及江南為黔中郡。三十一年，楚人反我江南。」楚世家：「襄王收東地兵，復西取秦所拔我江旁十五邑以為郡距秦。」六國表：「秦所拔我江旁十五邑反秦。」據此則策、史所謂江南，即指江旁十五邑，而秦人取以為黔中郡者。正義引括地志：「黔中故城在辰州沅陵縣西二十里。」則當時江旁十五邑，所謂江南者，其地在今洞庭之西，正值楚都之南。而洞庭、五渚則在楚都北。故曰襲郢，取洞庭、五渚、江南。先襲郢，為用兵主力所趨。自郢而北則取洞庭、五渚。自郢而南則取江南也。若洞庭即今地，則秦人用兵自西而東，應曰江南洞庭，不得曰洞庭江南。且不得偏趨於郢南，而不及於郢北矣。

今再以九歌、九章言之，曰：「嫋嫋兮秋風，洞庭波兮木葉下。」此不似江南洞庭，湖水廣員五百里，日月若出沒其中之所有也，曰：「令沅湘兮無波。使江水兮安流。駕飛龍以北征，邅吾道兮洞庭。」自大江北征而邅道於洞庭，洞庭固非在江南也。曰：「將運舟而下浮兮，上洞庭而下江。」洞庭在北稱上，大江在南稱下，又自分明言之矣。

洞庭之名，見於江北，其證猶不止此。山海經中山經有洞庭之山。後人多以巴陵洞庭釋之。然長沙巴陵之山不得列中山經。且自洞庭之山以下，又東南一百八十里曰暴山。又東南二百里曰即公之山。又東南一百五十九里曰堯山。又東南一百里曰江浮之山。又東南二百里曰眞陵之山。又東南一百二十里曰陽帝之山。又南九十里曰柴桑之山。此乃今江西九江之柴桑。豈有巴陵洞庭轉在其西北千餘里之勢？故知中條諸山盡屬江北，而洞庭之山距江尚遠。吳任臣山海經廣注引劉會孟曰：「今屬湖廣德安府應山縣，中有一穴，深不可測。或云洞庭山，浮於水上也。」以洞庭之山謂在湖北之應山，較之長沙巴陵之說，遠符形勢。余考秦策或人之説秦曰：「隨陽右壤，皆廣川大水，山林谿谷不食之地。」安陸應山，正值隨陽右壤，自隨而西有山曰偏頭山，則即中次十二經洞庭山之首曰篇遇之山者是也。㉖自此而南，即為雲夢。然則以山海經洞庭之山，定楚辭洞庭之澤，應在楚之隨陽右壤，當今

湖北安陸應山一帶，其水脈與雲夢相連，可無疑也。㉗

六　楚辭湘澧沅諸水均在江北說

楚辭洞庭既在江北，則湘、澧、沅諸水，亦非遠指今湖南之湘、澧、沅而言，抑又可知。請先釋澧。

㉖ 今洞庭湖中有編山，又漢志南郡編縣有雲夢官，地名遷徙，常牽連叢集，自為組合。得其一往往可以跡其餘，亦有大例可尋也。

世說新語注引豫章舊志：「廬俗字君孝，漢八年封鄡陽男，食邑茲部，印曰廬君。俗兄弟七人皆好道術，遂寓於洞庭之山，故世謂廬山。」是匡廬舊亦名洞庭矣。後人讀書不多，一見洞庭二字，即謂必在湖湘間，則豈足與論古。

㉗ 治古地理者，每本漢志說禹貢，以為考證圭臬。然漢志與禹貢明明有相歧處，豈得必依漢志為通。且禹貢亦非出聖人手，寧遽無誤。（即謂有聖人為之，亦不得謂全無誤。）而洞庭則明明不見於禹貢。余此所考，依本國策史記，援地名遷徙之例，推定戰國洞庭應在江北，又旁證之於楚辭山海經而合。竊謂可為治古地理者闢一新途。即脫離禹貢漢志以及此下言地理者，而先就古書原文求之，及其有得，仍可與後世言地理諸書相合，而復有大例可循。則余說雖創，讀者平心觀之，當弗怪其鑿空妄造也。又此段與古三苗疆域攷論古彭蠡在江北一誼相成，參互對讀，作意始盡。下論巫山在南陽，用意亦同。

釋澧

漢書地理志：「南陽雉縣有衡山，澧水所出。東至鄾，入汝。」説文：「澧水出南陽雉衡山，東入汝」，與志合。水經汝水注作醴，云：「醴水出雉縣，亦云導源雉衡山。」潕水注同。山海經中次十一有雅山，澧水出焉，東流注于涀水。雅山蓋即雉山字譌。則澧水乃西起楚之唐葉，東至鄾城而會於汝。鄾即西周初年以封召公，㉘所謂周南召南二南風詩之所起也。其次請釋沅。

釋沅

沅水之名，不見於江淮之間。然考湘桂沅江，一名潕水。而南陽之水，固亦有潕。以地名牽連相徙之例説之，則南陽潕水宜得有沅稱。説文：「潕水由南陽舞陰㉙東入潁。」水經則謂其入汝。山海經曰：「朝歌之山，潕水出焉，東南流注于滎。」蓋滎潕兩水，俱出南陽之東，澧水之南。東流入汝，

㉘ 參讀傅斯年小東大東説。

㉙ 漢志武陵郡有無陽縣，乃沅水上源，正亦猶南陽之有舞陰。

則在定潁之北，近於上蔡。沅澧並稱，相其地望固甚合也。再次請釋湘。

釋湘

湘在江北淮域，其證見之於楚策莊辛之言。莊辛謂楚襄王曰：「蔡聖侯㉚南遊乎高陂，北陵乎巫山。飲茹溪之流，食湘波之魚。左抱幼妾，右擁嬖女，與之馳騁乎高蔡之中，而不以國家為事。不知夫子發方受命乎宣王，繫己以朱絲而見之也。」高注：「高蔡即上蔡。」然則湘之為水，其必近上蔡之境矣。

余考水經注有瀷水出汝南吳房縣東，逕瀷陽縣故城西，東流入灈水，亂流逕其縣南，又東入於汝。灈水出潕陰縣，山海經謂之視水，東過上蔡縣南，東入汝。莊子釋文：「瞿，大視貌。」晉語注：「相，視也。」則瞿、相、視三字，訓詁相通。水經灈水以山海經校之，乃溳字之譌。灈湘溳三字，實一水之名。又有泌水，亦出潕陰縣入溳。說文：「䀝，直視也，讀若詩泌彼泉水」，然則泌水即瀷水之字省。此水稱灈，稱視，稱湘，稱泌，殆以其水清澈可鑒得名。㉛以地望校之，其水在方城之

㉚ 蔡聖侯史記作蔡聲侯，謂蔡滅於聲侯後十年。金正煒國策補釋謂疑聲侯先虜於楚。

㉛ 古人地名山水名，其先皆通名也，後乃漸變而為專名。因其山之橫列而稱衡山橫山方山，亦宜可以因其水之清澄而稱溳水灈水湘水矣。或其水多泊，如張目狀，亦可稱瞿稱相，可參讀爾雅釋地釋山水諸篇。唐書地理志，秦州天

東，醴沅之南，近於上蔡，而為淮域。雖水道紛歧，古今變易，而自大體言之，此則猶其可定者也。陳人之詩又言：「泌之洋洋，可以療饑。豈其食魚，必河之魴？必河之鯉？」則泌湘之間多魚，亦自有之。

湘波之地望既得，請再言茹谿。水經澧水注：「澧水又東，茹水注之。水出龍茹山，水色清澈，漏石分沙。莊辛説楚襄王，所謂飲茹溪之流者也。」如酈氏之説，不聞春秋南陽之蔡，疆境遠及湖南之武陵。且聲侯亡國之君，豈得遠飲茹溪之水？其謬不待煩辨。㉜然則茹溪一水，亦當在南陽上蔡澧沅之間，乃為得之。㉝請再釋巫山高唐，以證吾説。

水郡州前有湘水，四時增減，故名天水。今按：漢亦天河之稱，故曰「維天有漢」。又曰「倬彼雲漢」。然則漢水得名，正因其水驟增倏落，如自天而降也。因其勢盛，襄駕山陵，故亦曰襄水。湘即襄也。秦州天水之稱湘，正猶襄漢之稱湘矣。

㉜ 楊守敬地圖竟以高蔡移之武陵，而湘波高陂，尚在湘陰之南，則是蔡之為國，包環洞庭之外，遠較楚邦為大。何以先秦典籍，絶不言此。可見昔人治古地理，其方法自有不可恃者。彼惟覺湘之必在南，而不悟蔡之必在北。今與其遷蔡於湘南，不如移湘於淮北，以我地名遷徙之例説之，則豁然也。

㉝ 漢志如溪水首受泚，東至壽春為芍陂。如溪即濡溪。方輿紀要固始縣東南四十里有茹陂。地近下蔡，是蔡邑與茹水連帶遷徙之證也。今湖南有茹水，因其近澧水而得名。四川亦有茹水，則因其近巫山而得名。皆可以我地名遷徙自成組合之例説之。

七　宋玉賦巫山高唐在南陽説

釋高唐

宋玉高唐賦謂：「楚襄王與宋玉游於雲夢之臺，望高唐之觀。宋玉告以昔者先王嘗游高唐，夢見一婦人，曰：『妾巫山之女也。為高唐之客。聞君遊高唐，願薦枕席。』王因幸之。去而辭曰：『妾在巫山之陽，高丘之阻。旦為朝雲，暮為行雨。朝朝暮暮，陽臺之下。』故為立廟。」唐人相傳㉞濠州西有高唐館，俯近淮水。御史閻欽授宿此館，題詩曰：「借問襄王安在哉，山川此地勝陽臺。今朝寓宿高唐館，神女何曾入夢來？」有李和風者至此，又作詩曰：「高唐不是這高唐，淮上江南各異方，若向此中求薦枕，參差笑殺楚襄王。」方輿紀要：「霍邱縣西北六十里有高唐店，亦曰高唐市。宋紹興初，金人繇潁壽渡淮，敗宋軍於高唐市，進攻固始。」依此言之，淮上固有高唐。襄王既東遷，都於陳城，豈遽遠遊江南？則求神女之薦枕者，與其在江南，不如在淮上。參差之笑，恐在彼不在此也。

㉞ 封氏聞見記、南部新書、詩話總龜均載此事。此錄詩話總龜。

然地名遷移，何常之有。余疑襄王所遊之高唐，尚不在淮上。春秋有唐國，滅於楚，地在安陸隨縣西北八十五里。漢為上唐鄉，屬春陵。㉟上唐之稱高唐，猶上蔡之稱高蔡也。然則遊雲夢之臺，而望高唐之觀者，必在隨水右壤而不在淮南，又可見矣。㊱請再釋巫山。

釋巫山

楚策：「莊辛去之趙，秦果舉鄢、郢、巫、上蔡、陳之地。襄王流揜於城陽。」考其事在襄王二十一年。明年，秦人復拔楚巫黔中郡。則二十一年所舉之巫，在鄢、郢、上蔡之間，地在郢東北，與

㉟ 見漢志。

㊱ 史記楚世家，楚之先祖出於帝顓頊高陽，高唐即高陽也。春秋昭十二年納北燕伯于陽，左傳作唐，是其證。則高唐之觀，其乃楚之祀其祖先帝高陽之所在者也。山海經海內南經，夏后啟之臣曰孟涂，是司神於巴……居山上，在丹山西，丹山在丹陽南。酈道元水經注，丹山西，即巫山者也。楚人居丹陽，故於此祀其祖先。江水注，丹山西即巫山，帝女居焉。宋玉所謂天帝之季女瑤姬。離騷：「望瑤臺之偃蹇兮，見有娀之佚女。」御覽百三十五引竹書紀年，后桀伐岷山，進女於桀二人，曰琬曰琰，桀受其二女，而棄其元妃於洛。是豈所謂瑤姬者歟？

二十二年所拔之巫在郢西南者不同。楚自有兩巫，後人必以巫夔之巫説巫山者非矣。㊲神女之居，在巫山之陽，高丘之阻，而蔡聖侯之事，則南遊乎高陂，北陵乎巫山。然則神女之居高丘，即蔡侯之遊高陂。而莊辛、宋玉之所謂巫山者，當近上蔡、高唐，不近夔州，又斷斷然也。㊳

劉向新序亦載莊辛語，謂蔡侯南遊乎高陵，北逕乎巫山。逐麋麢麞鹿，彉谿子，㊴隨時鳥。嬉遊乎高蔡之囿，溢滿無涯，不以國家為事。不知子發受令宣王，厄以淮水，塡以巫山。庚子之朝，纓以朱絲，臣而奏之乎宣王也。此又巫山東近淮，不遠在江夔之證也。

且前人述巫山地望，尚有明於此者。魏策：「楚王登強臺而望崩山，左江而右湖，以臨彷徨，其樂忘死。」司馬相如子虛賦：「雲夢方九百里，緣以大江，限以巫山。」枚乘七發：「既登景夷之臺，南望荆山，北望汝海，左江右湖，其樂無有。」説苑云：「楚昭王欲之荆臺，司馬子綦進諫曰：荆臺之遊，左洞庭之波，右彭蠡之水，南望獵山，下臨方淮。其地使人遺老而忘死，王不可遊。」後漢邊

㊲ 程恩澤國策地名考謂上蔡疑是上庸之誤，陳衍文。是時楚方保陳，則陳蔡未舉也。余謂陳蔡指言其境，非必舉其國。郢東自有巫，不煩改字説之。吳志注引會稽典錄，虞翻對王朗（景興）問：越王翳讓位，逃於巫山之穴。

㊳ 離騷：「忽反顧以流涕兮，哀高丘之無女。」王逸云：「楚有高丘之山，女以喻臣。言己雖去，意不能已，猶復顧念楚國無有賢臣。」據是高丘不能與楚甚遠。

㊴ 韓策張儀説韓王，天下之強弓勁弩，皆自韓出。谿子少府，時力距來，皆射六百步之外。淮南俶眞訓，烏號之弓，谿子之弩。此云彉谿子，彈時鳥，谿子即韓地弩名。楚居陳，與韓接壤。

讓遊章華臺賦云：「楚王既遊雲夢之澤，息于荆臺之上，前方淮之水，左洞庭之波，右顧彭蠡之隩，南眺巫山之阿。」此諸文，其所指蓋為一地。魏策彷徨即方皇。方皇之水，疑即湘水。湘可讀為潢或湟。墨子尚賢：「舜灰乎常陽。」公孫尼子及路史作潢陽。海內東經潢水，漢書作湟水，史記作匯水，是其證。方淮則係字譌。崩山即巫山，崩巫聲相通也。崩山，淮南道應訓作料山，疑料乃鈃字之譌。鈃山即荆山也，崩荆聲亦近。強臺荆臺即章華臺，㊵在淮水之上，巫山之北，故曰南眺巫山，前臨方淮也。左西而右東，是洞庭在其西，彭蠡在其東也。又曰「左江而右湖」，不言彭蠡而言大江，湖則猶洞庭也。古彭蠡在江北，前人已多知之。今以劉邊之説與魏策相證，則洞庭亦在江北，而巫山在淮域，其形勢甚顯豁矣。

㊵ 程氏國策地名考章臺條引夢溪筆談亳州城父縣（南九里，見郡國志、元和志。）陳州商水縣（西北三里，見方輿紀要。）荆州江陵（東南十五里沙市，亦見方輿紀要。）長林（無考。）監利縣（見杜注，晉為華容縣。）俱有章華臺。（魏書地形志汝陽郡汝陽縣注亦云有章華臺。）今按：以魏策説苑之文考之，似當在今棗陽東南，上所謂楚之隨陽右壤者近是。其地亦即古洞庭五渚之所在也。考後漢郡國志，南陽郡章陵有上唐鄉，疑章華之臺即在縣境，亦即宋玉高唐賦所謂雲夢之臺，乃楚國遊眺馳獵之地。杜注見左昭七年。日人竹添氏左氏會箋駁之，謂吳語乃築臺於章華之上。蓋章華高邱也，為章華之宮者，臺上營宮也。史記十二諸侯年表、楚世家俱云靈王七年就章華臺。就者非所都治。世家又言十一年次於乾谿，十二年樂乾谿不能去，是章華必在乾谿。文選東京賦薛綜注，左氏傳楚子成章華之臺於乾谿，是古説皆言章華在乾谿。今按：乾谿在城父縣南，是竹添氏亦主第一説也。章華在乾谿，則巫山應是塗山，淮水在其南，不在北。

今再進而求之，則諸書之所謂巫山者，其殆今隨縣西南百二十里之大洪山也。大洪山一名鄖山，崩殞同訓，則崩山即鄖山，其證一也。今湘桂沅江，漢時名無，三國吳時作潕，晉宋時作舞，唐名武，又曰巫，又稱雄溪，亦稱熊溪，亦曰洪江。無武巫同聲相通，雄熊洪則一聲之轉也。今鄖山稱大洪山，㊶以巫溪得名洪江之例，則洪山亦得名巫山矣。其證二也。水經注稱：「其山槃基所跨，廣員百餘里。峯曰懸鉤，處平原眾阜之中，為諸嶺之秀，山下有石門夾障，層峻巖高，皆數百許仞。入石門，又得鍾乳穴，穴上素岸壁立，非人跡所及。中多鍾乳，凝膏下垂。望齊冰雪，微津細液，滴瀝不斷。幽穴潛遠，行者不極窮深。」其瑋麗幽異如此，宜乎為神女所棲止。其證三也。若以地望推之，大江在其南，方淮在其北，洞庭處其左，而彭蠡當其右，正與諸書之所謂者合。其證四也。余疑楚人指目高山，名之曰熊，聲轉而變為洪，為巫，故隨縣竟陵之間有大洪山，夔州有巫山，而湘之衡山亦稱祝融，皆以楚望得名也。

襄陽耆舊傳，赤帝女曰姚姬，未行而卒，葬于巫山之陽，故曰巫山之女，見文選李善注。

㊶ 鄖溳亦與洪熊巫諸字以聲轉相通。自今言之，沅無非一水，熊洪非一江，就求其原，則皆由一聲，所指一水，非有別也。

八　再論湘澧沅諸水

今更有繼此而論者，則楚之淯水，或即沅水之前名，沅淯亦聲近相通也。㊷水經：「淯水出蔡陽縣東，南過隨縣西，又南過江夏安陸縣西，又東南入於夏。」淯水又兼清水之目，左傳定公四年謂之清發是也。楚地又別有澧水。水經白水注：「澧水源出桐柏山，與淮同源別流，西北逕平氏縣故城東

㊷ 巫山不見於淮域，而余以近淮源之大洪山說之。沅水不見於漢域，而余以發源大洪山之淯水說之。驟讀或疑無據。然國策莊辛語，及宋玉賦，劉向新序、說苑諸書，所言巫山皆不得以江夔之巫為說，此則極為顯見。夫山水地名，決非限於一處所專有。即山東孝堂山亦名巫山，而湘桂沅水上流，亦有巫山，則巫山決非夔州十二峯之專名可知。而地名淆變，既多改易，則容有先擅此稱，而後遂湮晦者。故陳氏變而為田，荆國轉而為楚，此幸記載詳備，故可稱說。而猶有異聞，謂田乃陳之改姓，楚則荆之嘉號。凡此之類，難悉備舉。則余本古籍舊文，詳其形勢，求其音義，而加推說，得其會通，雖若無據，固自有據矣。考湘桂沅水，其上流有巫山，其下流稱洪江，則大洪山可得為巫山之變稱，淯水可得為沅水之前名矣。又余疑楚人熊姓，故山水地名，往往以熊稱，曰巫曰淯，實即熊也。楚有雲夢，雲即淯矣。又有熊耳，熊即巫矣。余疑古淯水與漢通流，今漢水上流猶稱鄖陽，是淯又即漢矣。凡此皆楚人之名也。滇中著姓曰孟、曰雍、曰茫、曰蒙、曰猛、曰莽、曰甕，說者謂殆皆由蠻字音轉，隨意而名之。與此雖異，正可互通。

北，又西北注比水。」則沅澧兩水，郢楚之境皆有之。又水經沔水注：「一水東南出，應劭曰：城在襄水之陽，故曰襄陽，是水當即襄水也。城北枕沔水，即襄陽縣之故城。王莽之相陽矣。」襄陽可以為相陽，則襄水亦得為相水。今棗陽縣境有湘陽鎮。然則楚辭之湘，或即襄之異字。樂史曰：「荊楚之地，水駕山而上者，皆呼為襄，其名無定。故陸澄之地記曰：襄陽無襄水。」其説與水經不同，要之荊楚有襄水之名，則可無疑。蕭詧愍時賦：「始解印於稽山，即驅傳於湘水。彼南陽之舊國，實天漢之嘉祉。既川岳之形勝，復龍躍之基趾。此首賞之謬及，謂維城之足恃。」按：詧以東揚州刺史除持節都督雍梁東益南北秦五州、郢州之竟陵、司州之隨郡諸軍事，居襄陽。則此所謂湘水者，決非指洞庭之湘矣。考後人呼漢為湘者頗少，不知蕭氏何忽有此。水經注：「均水發源弘農郡盧氏縣之熊耳山，南逕順陽縣，當涉都邑之北，南入於沔。地理志言熊耳之山淯水出焉。東南至順陽入於沔。」又曰：「順陽縣西有石山，南臨汮水。汮水又南流注於沔水，謂之汮口。」又曰：「沔水自武當縣東南流，逕涉都城東北，均水入焉，謂之均口。」則淯汮均三名，實一水也。按，疑沅即淯。王船山楚辭通釋：「漢水東為滄浪之水，在今均州武當山東南。」均州與均水當有連，則湘沅自近。夏本紀正義引括地志：「均州武當縣有滄浪水。」太平寰宇記一百四十三引在鄖鄉縣。滄浪乃襄之聲緩，故漁夫歌滄浪，而屈子則曰：「寧赴湘流，葬江魚之腹中。」㊸又按隋書地理志：「大抵荊州率敬鬼，尤重祠

㊸ 今鄂人猶呼漢水下流曰襄河。則襄湘滄浪皆漢水矣。史記改漁父篇湘流為常流，蓋疑湘與滄浪非一水。後漢書卷四

祀之事，昔屈原為制九歌，蓋由此也。屈原以五月望日赴汨羅，土人追至洞庭不見。湖大舡小，莫得濟者。乃歌曰：何由得渡湖！因爾鼓櫂爭歸，競會亭上。習以相傳，為競渡之戲。其迅檝齊馳，櫂歌亂響，喧振水陸，觀者如雲，諸郡率然，而南郡、襄陽尤甚。」寰宇記襄州風俗亦引襄陽風俗記，謂：「屈原五月五日投汨羅江，今俗其日食粽，並有競渡之戲。」則屈子投湘，其傳說遺聞，亦盛於襄陽漢域。後漢延篤傳：篤，南陽犨人，其卒，鄉里圖其形於屈原之廟。至今南陽境屈原廟尚多有，又有屈原岡，在內鄉境。屈原固未必遠走長沙沅湘之間，即淮汝東土是否屈原最後放逐之地，亦無可考。惟以地名遷徙之例說之，沅湘澧諸水，荊楚有之，陳楚亦有之，其後則湘楚亦有之。後人惟知沅湘諸水在湘楚，遂若屈原放居，必至長沙。㊹今既推尋始源，知凡此諸水，皆由北人南遷，始肇錫以

十六注引，正作湘流。又按陸深蜀都雜鈔，謂蜀山連綿延亙，凡居左者皆曰岷，右者皆曰嶓。凡水出於岷者皆曰江，出於嶓者皆曰漢。江別流而復合者皆曰沱，漢別流而復合者皆曰潛。恐屬方言耳。故岷謂之汶，今汶川是也。漢謂之漾，或謂之沔，或謂之羌。今沿漢水而東，有寧羌州，有沔縣，又東有洋縣，即古洋州也。洋樣聲相通，豈皆得名於漢水云。今按：陸說亦云岷嶓沱潛皆屬方言，極是。漢稱漾洋羌與襄湘，皆出一聲，豈亦皆其地之方言歟？

㊹ 楚策長沙之難，楚太子橫為質於齊，事在懷王二十九年，其前年殺唐昧。長沙又作垂沙，史記秦本紀攻方城，取唐昧。呂覽唐蔑將兵夾沘而軍，是長沙地近方城沘水。離騷「朝搴阰之木蘭」，王注：「阰，山名。」廣韻：「阰，山名，在楚南。」又「沘，水名，在楚。」不知沘即泚否？漢書地理志，廬江郡灊，沘山沘水所出，北至壽春入芍陂。廬江郡亦有沘，此亦地名遷徙後出也。又史記越世家，犨龐長沙楚之粟，竟澤陵楚之材，則戰國長沙亦北方地

嘉名，而其初本在江漢汝淮之間。則屈原投湘之不必在長沙洞庭，自可無辨而明也。至楚辭二十五篇，未必全出屈原之作，亦未必全述屈原之事。早或成於荆楚江漢之間，遲或起於陳楚淮汝之域。今亦難可確定。要之其辭上接二南陳風，下被吳粱淮南，與長沙洞庭以南無涉，則亦可以決言耳。

九　雜釋

釋九江

洞庭沅湘澧諸水，既在江北，則湘君湘夫人之祭祀，亦在江北，其故事流傳，亦在江北，非江南也。故漢廣遊女，見詠於周南。澤陂美人，興嘆於陳俗。鄭交甫漢皋臺下，遇彼二女，㊺孔子阿谷之隧，調其處子。㊻湘娥宓妃，㊼有虞二姚，亦不過同為江漢汝淮水濱居民想像傳説之神女而已。且漢名，後人以江南長沙釋之均誤。漢書鄒陽傳，越水長沙，還舟青陽。史記始皇本紀，丞相御史曰：荆王獻青陽以西，已而畔約擊我南郡。此青陽以西即南郡之證。

㊺　文選南都賦、七命、江賦注引韓詩説。

㊻　見韓詩外傳卷一，又見列女傳、孔叢子。

水有嬀墟姚方，㊽陳則舜之後裔，江漢汝淮之間，歌咏及於帝舜，事無足疑，不必遠説而逾巴陵之洞庭也。㊾秦始皇本紀，始皇二十八年渡淮水之衡山南郡，浮江至湘山，逢大風，幾不得渡。上問博士曰：湘山何神？對曰：聞之堯女舜之妻而葬此。於是始皇大怒，使刑徒三千人伐湘山，赭其山。上自南郡由武關歸。此湘山即在南郡近武關之歸道也。封禪書，自殽以東，名山五：太室、恒山、泰山、會稽、湘山。（漢書郊祀志同。）疑即五帝本紀所謂熊湘之山，黄帝南至於江，登熊湘是也。集解引封禪書曰：「南伐至於召陵，登熊山。」又封禪書，齊桓公曰：「南伐至召陵，登熊耳，以望江漢。」則自熊湘譌而為熊耳矣。或説湘山在長沙，又曰即靑草山，近湘水，皆誤也。古者江漢常通稱。王莽傳，南郡張覇、江夏羊牧王匡等起雲杜緑林，號曰下江兵。此自南郡以下稱下江，正猶始皇由江轉漢至湘山，而曰浮江矣。

山海經有云：「洞庭之山，帝之二女居之，是常遊於江淵。澧沅之風，交瀟湘之淵，是在九江之

㊼ 宓妃洛神，已見於離騷。馬融廣成頌云：「湘靈下，漢女游。」邊讓賦：「招宓妃，命湘娥。」此與巫山神女地域相近，故見於歌詠想像者亦肖。若移巫山於夔州，遷湘妃於洞庭，則地望睽隔，於風俗傳説，理難通貫。又九歌雲中君，乃指雲夢水神，與湘君湘夫人同。前人多誤説。惟徐文靖管城碩記得之。

㊽ 水經沔水注，漢水又東逕嬀墟灘，世本曰舜居嬀汭，在漢中西城縣。又曰，漢水又東歷姚方，蓋舜後枝居是處，故地留姚稱也。

㊾ 莊子，黄帝張樂於洞庭之野。太平御覽卷八十一引苻子，舜禪禹於洞庭之野。凡此傳説，均在江北，不在江南。

間。」考秦立九江郡，治壽春。楚漢之際為九江國。漢高四年更名為淮南國，以封英布。文帝六年為九江郡。十六年，復為淮南國。武帝元狩元年，淮南王安國除，復故。㊿則秦漢九江本在江北。而洞庭沅澧瀟湘之地望，二女之故事，依山海經説之，亦在江北無疑。㉛劉安所王，正是其地，故其賓客傳楚辭，非無因也。漢書地理志：「廬江郡尋陽，禹貢九江在南，皆東合為大江。」漢廬江郡無江南地，尋陽漢時亦在江北，則禹貢九江在江北，班氏猶明指之。後人自以江南鄱陽諸水説之，九江始移而南。又益後以湖南洞庭諸水説之，則九江更移而西。捨秦漢之實證，而輕為此紛紜之辨者，皆誤於不知洞庭沅澧瀟湘之在江北，故不得不馳騖於大江之南，以求其一當也。

釋鄂渚

沅湘之地望既得，而其他可牽連以為説者，姑舉一例論之。涉江云：「哀南夷之莫吾知兮，旦余濟乎江湘。乘鄂渚而反顧兮，欸秋冬之緒風。步余馬兮山皋，邸余車兮方林。乘舲船余上沅兮，齊吳榜以擊汰。船容與而不進兮，淹回水而凝滯。朝發枉陼兮，夕宿辰陽。苟余心之端直兮，雖僻遠之何

㊿ 參讀全謝山漢書地理志稽疑。

㉛ 參讀上論洞庭諸節。

傷。」鄂渚者，漢志南陽有西鄂，其地有淯水、方林，則方城之野，漢志南陽葉有長城號曰方城是也。[52]今考西鄂地望，西值丹析漢北，迄今猶有鄖陽之稱。南則隨國唐鄉，又適湞水之源。東乃舞陽潕水，則當澧水之南。所謂乘舲船而上沅者，沅之為水，即湞（鄖）、即潕（舞），必近南陽西鄂，又無疑也。枉渚辰陽漵浦，今難確指。江淹建平王散五刑教：「舊楚地曠，前郢氓殷，水帶枉渚，山帀魯陽。」則枉渚亦似不在湘楚也。又杜詩宿青溪驛：「漾舟千山內，日入泊枉渚。」寰宇記：「青溪在峽州遠安縣南六十里，源出青溪山下。」又陸雲答張士然詩：「通波激枉渚」，杜甫兩當縣吳十侍御江上宅詩：「鶡鷄號枉渚」，皆取斜曲為義，豈獨武陵湘潭有枉渚哉？謂楚辭所歌，屈子所放，遠在湖湘之外，固不如謂在淮漢之間者，較近情實矣。[53]悲回風：「吾怨往昔之所冀兮，悼來者之悐悐。浮江淮而入海兮，從子胥而自適。望大河之洲渚兮，悲申徒之抗迹。驟諫君而不聽兮，重任石之何益。」若

---

[52] 爾雅，野外謂之林。王粲詩：「悠悠瞻澧，鬱彼唐林。」李注：「唐林即唐地之林也。」山海經海內南經：「蒼梧之山，帝舜葬於陽，帝丹朱葬於陰。氾林方三百里，在狌狌東。狌狌在舜葬西。」疑氾林即方林。又海內北經，昆侖虛南所，有氾林方三百里。

[53] 今湖湘間有枉渚、辰陽、漵浦諸名，自據楚辭名之。又據以證楚辭，則循環相成，自無罅漏。然即就湖湘間地言，亦復有其不可解者。左傳鄭楚盟辰陵，杜注潁川長平縣東南有辰陵，今河南淮陽縣。據漢書地理志武陵有辰陽，而王逸章句枉渚辰陽皆言地名，未確指為何地。又曰：「枉，曲也，陼，沚也。辰，時也，陽，明也。言己將去枉曲之俗，而趨時明之鄉也。」是王氏亦未確信其必有所指矣。酈氏水經注始云：「沅水又東逕辰陽縣南，東合辰水。舊治在辰水之陽，故即名焉。楚辭所謂夕宿辰陽也。」又曰：「沅水又東歷小灣，謂之枉渚。」然此等地，既遠在沅水上流，又何得曰濟乎江

謂屈原居漢北，則篇中地望皆洽。若謂在洞庭湖南沅湘之間，則淮海河渚子胥申徒皆為不切矣。九歌有河伯亦然。

釋汨羅

屈子沉湘，自投汨羅，此雖不見於楚辭，而後世有其說。所謂汨羅者又何在乎？黃氏日鈔：「汨水在羅，故名汨羅。」考左傳桓公十一年，楚屈瑕將盟貳軫，鄖人軍於蒲騷，將與隨絞州蓼伐楚師。楚敗之於蒲騷。明年，楚伐絞，師分涉於彭，羅人欲伐之。又明年，楚屈瑕伐羅，羅與盧戎兩軍之，

湘乎？王船山楚辭通釋謂：「自江夏往辰陽絕江而南，至洞庭，乃西折沅水而上。洞庭九派，湘水為其正支。涉洞庭則涉湘矣。故前云濟湘，此云上沅，不相悖。」此必以相悖者為不相悖，由習以後世之地名說前代之故事，而不悟後世地名，本以影射前代故事而得。非可以後世影射而起之地名，反證前代故事之必產其地也。九章有橘頌，太史公書江陵千樹橘，則橘盛於楚，而楚本稱南國。然其辭云：「受命不遷，生南國兮。」王逸章句：「南國，謂江南也。」此烏見其必為江南？而後人自好以江南說之，積非成是，乃若不見可疑耳。又按楚辭香草，大率在湖北產也。山海經，洞庭之山，山多柤梨橘櫾，草多葌蘼蕪芍藥芎藭。御覽引范子計然杜若，出南郡漢中。神農本草云，辛夷出漢中。寰宇記椒萎蕤產均州。圖經本草，荊州隨州皆產澤蘭。湖北省志，蘭草嘉魚通城應城雲夢荊州興山諸志皆有之。其他如蕙蘭菊荷諸香草，湖北志物產皆有之。

楚師大敗。此一羅也。[54]又昭公五年，楚子伐吳，薳射以繁陽之師會于夏汭。[55]越大夫常壽過帥師會楚子於瑣。[56]聞吳師出，薳啟彊帥師從之，遽不設備，吳人敗諸鵲岸。[57]楚子以馹至於羅汭。楚師濟

---

[54] 春秋傳説彙纂，貳今隨州應山縣境。軫今德安府應城縣西。鄖，水經鄖水逕安陸故城，古鄖城也。今為安陸縣。蒲騷，今在德安府應城縣北三十里。隨，今湖廣德安府，古城在州南。絞，今鄖陽府西北。州，今荆州監利縣東三十里，有州陵城。蓼，今在河南南陽府唐縣南八十里。彭水，後漢志房陵有筑水，即彭水也。羅，今襄陽府宜城縣西二十里羅川城，乃羅故國。今按：貳、軫、鄖、隨、州、蓼、蒲騷諸地，皆在楚東。彙纂説州恐誤。羅人謀之，屈瑕濟鄢伐羅，羅自與鄢為近。彙纂以宜城羅川説之，揆之地勢，當是。然則屈原自沉汨羅之傳説，仍在湘漢鄢郢附近也。又按：今河南信陽有羅山縣，舊有羅水北入淮，則漢源有羅，淮源亦有羅，屈子所沉，或彼或此，皆較湖湘之羅為合。又按：沈欽韓云：前志六安蓼故國。水經，漳水出臨沮縣東荆山，東南過蓼亭，又東過章鄉南，是今襄宜鄢水附近亦有蓼。一統志在光州固始縣東北，與潁州霍邱縣接界，古蓼國，今有蓼城岡，在縣東北七十里，亦較彙纂説諦。

[55] 繁陽，方輿紀要在汝甯新蔡北。夏汭舊説即漢口。然上年昭公四年，吳伐楚入棘櫟麻，楚沈尹射奔命於夏汭。咸尹宜城鍾離，薳啟彊城巢，然丹城州來。一統志櫟城在新蔡北二十里，棘在永城，麻在碭山。則奔命夏汭，決非今之漢口，以緩不濟急也。所城鍾離、巢、州來皆在安徽盧鳳境，知夏汭定較今漢口為東。薳射以繁陽之師會夏汭，乃引而益前，決非轉退而至今湖北之漢口。則夏汭尚在新蔡東南之前線。漢書地理志，城父縣夏肥水東南至下蔡入淮，今其入淮處在下蔡西南十里。此傳夏汭即此下蔡西南夏肥水之汭也。

[56] 瑣，彙纂今壽州霍邱縣。按：此乃越師來會楚子於此，非楚子已至其地。

[57] 鵲岸，方輿紀要：池州府銅陵縣北十里，山在鵲洲之頭，因名。

羅汭，沈尹赤會楚師次於萊山。薳射帥繁陽之師先入南懷。楚師從之，及汝清。(58)吳不可入，楚子遂觀兵於坻箕之山。(59)則又一羅也。是漢北有羅，淮源有羅，而汝南又有羅，羅之見於大江之北者多矣，又烏見其必在湖湘之間哉？後人既疑屈子沉湘在江南，遂致亦認左昭五年之羅汭，謂即江南屈子自沉之地。此其為説之牽強無理，固可不深辨而知。(60)然治古地理學者，聞言羅汭在江南，或不見疑。聞

(58) 汝清，沈欽韓云：「汝水入淮之口。」據此，亦證羅汭必在汝口上流。

(59) 坻箕之山，太平寰宇記在廬州巢縣南三十七里。

(60) 見酈氏水經注，而沈欽韓左傳地名補注依其説。讀者以此役前後地望推之，即知楚子決無遠涉江南而至長沙湘陰之理。且若楚子至湘陰，踰江渡湘皆水道，何云以馹？酈氏輕妄為説如此，而可信據乎？高士奇春秋地名考略已知其謬，謂信陽州羅山縣舊有羅水北入淮，楚子當至此。當時出師，蓋分南北二道。江永春秋地理考實立説尤較慎。謂楚之東境別有羅川，非故羅國之水也。酈氏説雖在前，雖確有所指，然實不可信。高江二氏説雖在後，雖若空洞無據，而其説實可從。考古之事，有可確知其必然者，亦有雖無從確知其必然而猶可確知其必不然者。今設喻以明之。如有某氏離北平南行，眾説皆謂其至南京。有一人得種種證據，知其實至濟南，則其不至南京，決矣。設或無從知其何至，而猶可有種種證據斷其必不至南京者。此我所謂雖無從確知其必然，而猶可確知其必不然者也。若因其人不能確知某氏之何往，遂並其種種證據斷某氏之必不至南京者而疑之，則妄矣。江氏雖不能知羅汭之何在，然確知其不在長沙之湘陰，此即其人雖不知某氏之何往，而確知其不往南京之例也。既確知其不在南京，則不妨繼此推測，謂某氏或在濟南，或在徐州，以備可能之一説，如高江二氏之定羅川在楚之北或東境是也。余此文論洞庭不在江南，巫山不在夔州，皆所謂確有明證，知其必不然者。至洞庭究何在，巫山究何在，則不幸而史闕有間，雖推測説之，而非有十分之圓證。然不能知洞庭巫山必在何地，與確知洞庭巫山必不在何地者，自為兩事，讀者所當分別而觀也。

言洞庭湘水在江北，則雖有明證，不能遽信。良以傳習之久，信心自堅，固難以一日搖也。

十　屈原卒在懷王入秦以前説

屈原放居漢北，其自沉亦在襄漢之域，否則或在淮汝，而決非湖南之湘水，已辨如前。至其卒年或尚在懷王入秦前，則王白田草堂存稿已論之。㉛其説曰：

離騷之作，未嘗及放逐之云，與九歌九章等篇，自非一時之語。而卜居言既放三年，哀郢言九年之不復，壹反之無時，則初無召用再放之事。原之被放在十六年，以九年計之，其自沈當在二十四五年間，而諫懷王入秦者，據楚世家乃昭睢，非原也。夫原諫王不聽而卒被留以至客死，此忠臣之至痛，而原諸篇無一語及之。至悲回風惜往日臨絶之音，憤懣伉激，略無所諱，而亦只反復於隱蔽障壅之害，孤臣放子之寃。其於國家則但言其委銜勒，棄舟楫，將卒於亂亡，而不云禍殃之已至是也。是誘會被留，乃原所不及見，而頃襄之立，則原之自沉久矣。

㉛ 見卷三書楚辭後。

又曰：

史所載得於傳聞，而楚辭原所自作，固不得據彼以疑此。原所著惟九章敍事最為明晰，其所述先見信後被讒與史所記懷王時相合。至於仲春南遷，甲之朝以省，發郢都，過夏首，上洞庭，下江湘，時日道里之細，無不詳載，而於懷王入秦諸大事乃不一及。原必不若是之顛倒也。懷王客死，君父之讐，襄王不能以復，宗社危亡將在朝夕，此宜呼天號泣以發其冤憤不平之氣，而乃徒歎息於讒諛嫉妬之害，而終之曰「不畢辭以赴淵兮，恐壅君之不識」，則原之反復流連，纏綿瞀亂，僅為一身之故。而忠君愛國之意亦少衰矣。

今按：哀郢未必屈原作，[62]惜往日云：「臨沅湘之玄淵兮，遂自忍而沉流，卒沉身而絕名兮，惜壅君之不昭。」此亦非屈子自道之辭。至悲回風非屈子作，昔人更多疑者。王氏據此數篇為說，皆未愜當。然楚辭二十五篇，絕不及懷王入秦事，則誠如王氏之論。史記屈原傳頃襄王怒遷屈原一節，文詞斷續，本頗可疑。則屈原之卒，其固在頃襄王之世否，誠未可專據史文以為斷。今既謂屈原放居在漢北，楚辭所歌洞庭沅澧諸名皆在江北，則頃襄王遷之江南一節，事絕無根。屈原之卒，或早在懷王入秦之前，固有可能之

---

[62] 哀郢後幅文句有與九辨同者，亦可疑之一端。

理也。㊸

（民國二十三年七月清華學報第九卷第三期）

㊸ 此文倉促所成，結思未密。亦緣立論創闢，未敢輕為十分肯定之辭。今再自校讀，頗疑屈子沉湘，實在漢北，不徒與湘楚無關，亦與陳楚不涉。文中第八節「再論湘澧沅諸水」及第九節「釋鄂渚」二條正文小注論此已明，惟未遑下斷語耳。特再標出，以諗讀者。二十三年二月屬稿，六月校後自記。

古史地理論叢部乙

黄帝故事地望考

史記言黄帝，謂：

黄帝東至於海，登丸山，及岱宗。西至於空桐，登鷄頭。南至於江，登熊湘。北逐葷粥，合符釜山。而邑於涿鹿之阿。遷徙往來無常處。

又曰：

余嘗西至空桐，北過涿鹿，東漸於海，南浮江淮矣。至長老皆各往往稱黄帝、堯、舜之處，風教固殊焉。

黄帝行迹，固若是其寫遠乎？抑史公讕言，俱不足信耶？曰：史公宜亦有受，決非讕言謊世。然黄帝行迹，亦不能若是之逴。蓋古今地望遷移，史公自以西漢疆域説上古傳記。今雖不能詳定，姑舉一二較近情者推説之，或轉得古昔傳説之眞象也。

顧炎武郡國利病書五十三引范守己豫談一則，謂：

崆峒山在汝、禹二州境，上有廣成子廟及崆峒觀，下有廣成墓及城，即黄帝問道處。平凉臨洮各有崆峒山，各云廣成子隱地。第莊子言黄帝問道崆峒，遂言見大隗，迷於襄城之野，其為此山無疑。閿鄉，古鼎湖地，黄帝采首山之銅，鑄鼎荆山之陽，鼎成，有龍下迎，乘之而去，因名其地鼎湖。案禹貢云：道岍及岐，至於荆山，逾於河，壺口、雷首，至於太嶽。則荆山鼎湖之地，固自不相遠也。

嘉慶一統志汝州：

崆峒山，在州西南六十里。莊子黄帝問廣成子在空同之上，往問至道之精。唐汝州刺史盧貞碑，山名崆峒者有三，一在臨洮，一在安定，而莊子述黄帝問道崆峒，遂言遊襄城，登具茨，訪大隗，皆與是接壤，則此為近是。寰宇記，崆峒山在梁縣西十里，即黄帝問道於廣成子之所。

劉攽彭城集崆峒山賦，謂大隗居具茨之山，黄帝至襄城之野而迷。皆與崆峒相近，事未必皆虚。汝州又有廣成澤水，水經注廣成澤水出狼皋山北澤中，東南入汝水。魏書地形志，梁縣有廣成澤。又汝州有廣成苑。後漢書注，廣成聚有廣成苑，永元五年，以上林廣成囿假貧民。延嘉元年，校獵廣成，遂幸函谷關。汝州又有堯山洗耳河，乃堯與許由之故事。

又一統志開封府：

大騩山在禹州北，亦曰具茨山。國語，史伯謂鄭桓公曰：主芣騩而食溱洧，注：芣騩，山名，即大騩也。山海經，大騩之山，其陰多鐵，漢書地理志，密縣有大騩山，水經注，大騩即具茨山也，黄帝登具茨之山。又有大騩鎮，在密縣東南大騩山下。

又許州：

襄城故城戰國時為魏邑。說苑，襄城君始封之日，服翠衣，帶玉佩，徙依於流水之上。（卽汝水。）

則先秦言黃帝登空同，明明在汝許禹密之間，而史公必遠移之關隴之西者，史公自以後世疆域地望說古代史迹，故言黃帝西至空同，必在涼境；若汝州空同，尚在中原，不得為西也。

史公所謂黃帝西至空同者，其行迹既可得而說，則請進而推言黃帝北轍之所至。沈括夢溪筆談卷三：

解州鹽澤方百二十里。久雨，四山之水悉注其中，未嘗溢。大旱，未嘗涸。滷色正赤，在版泉之下，俚俗謂之「蚩尤血」。惟中間有一泉，乃是甘泉，得此水，然後可以聚。

考一統志山西解州，有風后故里，在州東解池西南隅，相傳黃帝得風后於海隅，即此。又有蚩尤城，在安邑縣南十八里，見太平寰宇記。縣志蚩尤村在鹽池東南二里許。又有濁澤，在州西二十五里，一名涿澤。（括地志稱涿水。）則黃帝與蚩尤戰涿鹿之野者，其地望應在此。（史記黃帝與炎帝戰於阪泉之野，阪泉亦即夢溪筆談之版泉也。葷粥即玁狁異稱，其先踞地亦在河東，已詳周初地理考及西周戎禍考。解州並亦有堯許由傳說故迹。）

黄帝西至空峒，北逐葷粥，而邑涿鹿之阿，其説既然，請再進而論南至江，登熊湘。史記集解裴駰曰：

案封禪書曰：南伐至于召陵，登熊山。地理志曰：湘山在長沙益陽縣。

今按：登熊湘乃一山，不得既登熊，又登湘，而兩山相距千里而遥也。成孺史漢駢枝謂：

封禪書之熊耳山，即漢志所稱弘農郡盧氏，熊耳山在東者是。今河南宜陽縣西接永寧縣界有熊耳山，後漢建武三年，赤眉積兵宜陽城西與熊耳山齊是。其地東南距召陵岡僅數百里，故桓公至召陵，得登之以望江漢。楚世家，齊桓公以兵侵楚，至陘山，即左傳所謂次于陘是，正義引括地志云：陘山在鄭州西南一百一十里。此山今在新鄭縣西南，與大騩山並峙，適當郾城召陵西北，宜陽熊耳東南，亦其證矣。

左昭十七年，梓慎曰，鄭祝融之虚也。元和郡縣志，今鄭州新鄭縣，本有熊之墟，又為祝融之墟。于周為鄭武公之國都。方輿紀要，新鄭故有熊地。黄帝都焉。周封黄帝後於此，為檜國。考一統志河南陝州，熊耳山在盧氏縣南，又有軒轅陵，在閿鄉縣南十里鑄鼎原，南北相距，百里之遥。則謂黄帝登熊山，即齊桓之所登，蓋與所謂黃帝上空峒，登具茨，地望皆相近也。至稱熊湘，疑是山本有湘名。後人見「湘」字，必謂在江南長沙，故裴駰謂熊湘乃召陵長沙南北兩山矣。（江北有湘水，詳楚辭地名考。又莊子有黃帝張樂洞庭之野，亦在江北，亦見楚辭地名考。）

余前論古代關於夏禹傳說之地望，乃起自今之河南西部山地，而北極於黃河北岸今山西之南部。此篇略考黃帝傳說故事，其地望乃與夏禹傳說不期而合。然則言黃帝夏禹者，其殆為古代比較相近之兩民族所傳述也。

（禹貢半月刊第三卷第一期）

余著黃帝地望考，論及蚩尤傳說與解州鹽池之關係，茲有元人胡琦著關帝事蹟引宋代軼事一段可資參證者。其原文云：

宋大中祥符七年，解州奏，解鹽出於池，歲收課利，以佐國用。近水減鹽少，虧失常課，此是災異，不可不察。奏入，上遣使往視，還報曰：「臣見一父老，自稱城隍神，令臣奏云：為鹽池之患者，蚩尤也。忽不見。上怪而疑之，顧問左右。皆以災害之生，有神主之為言。上乃詔近臣呂夷簡至解池致祭。事訖之夕，夷簡夢神人戎衣怒言曰：吾蚩尤也。上帝命我主此鹽池，今者天子立軒轅祠，軒轅吾仇也，我為此不平，故絕池水。爾若急毀之則已，不然，禍無窮矣。夷簡還白其事，侍臣王欽若曰：蚩尤，邪神也。臣知信州龍虎山張天師者，能使鬼神，若令治之，蚩尤不足慮也。於是召天師赴闕，上與之論蚩尤事。對曰：此必無可憂。自古忠烈之士，殁而為神。蜀將關某，忠而勇。陛下禱而召之，以討蚩尤，必有陰助。……（下略。）

今按：此事極怪誕，本無可信，然關羽亦解人也，此見蚩尤故事之流傳，其有關於解之鹽池者，歷千年之久而勿衰；則黄帝伐蚩尤，其地望應在今山西南部，豈不轉反可以援此為信據乎？

又按：宋眞宗降旨重修解州關廟有云：「南面條山，北連硝水。」硝水即指鹽水言。

神農與黃帝

一

神農、黃帝，為中國古史傳説中最有名之兩人。神農似為一耕稼部落之酋長，黃帝則為一游牧部落之酋長，故史記謂其「遷徙往來無常處，以師兵為營衛」也。但不久黃帝部落當亦學得耕稼，故史記又言其「修德振兵，治五氣，蓺五種」焉。

史記集解：

徐廣曰：「黃帝號有熊。」皇甫謐曰：「有熊，今河南新鄭是也。」

元和郡縣志：

鄭州新鄭縣，本有熊之墟。

方輿紀要：

新鄭，古有熊地，周封黃帝後於此，為檜國。

又黃帝號軒轅氏，今新鄭縣西北有軒轅丘。此皆黃帝居地在今新鄭之證。又按：清一統志：

新鄭西北有黃水，源出自然山，經縣城北，東南流入於洧。左襄二十八年：「伯有廷勞於黃崖。」水經注：「黃水出太山南黃泉，東南流逕華城西。至鄭城東北，與黃溝合，注於洧水。」

疑黃帝之名與黃水、黃溝有關。太山即自然山，在新鄭縣西，黃水所源。疑「自然」乃「有熊」字譌。然則古代黃帝部落之居地，應在今河南新鄭，斷無疑矣。

凡古代言黃帝事，推求其地望，亦大率在新鄭附近。莊子：

黃帝見大隗於具茨之山。

漢書地理志：

密縣有大隗山。

水經注：

大隗即具茨山也。

明一統志：

大隗山在新鄭縣西南四十里。今禹縣北境。

莊子又言：

黄帝登崆峒，問道於廣成子。

今按：崆峒山在今臨汝縣西南六十里。臨汝西四十里又有廣成澤水，水經注：「廣成澤水出狼皋山北澤中」，是也。黄帝既登崆峒，遂遊襄城。襄城故城在今襄城縣西。然則大騩、崆峒、襄城地望皆相接。莊子言黄帝遊踪，確指今河南境可知。

史記又言：

黄帝采首山銅，鑄鼎於荆山下。

首山在今襄城縣南五里，其山迤邐直接嵩、華。列子言：

黄帝夢遊華胥之國。

今新鄭縣東南有華陽亭，即古華國也。秦昭襄王三十三年，白起攻魏，拔華陽，走芒卯。司馬彪曰：「華陽，亭名，在密縣。」即此矣。周禮職方：

河南曰豫州，其山鎮曰華山。

國語：

前華後河，右洛左濟。

是則華山為豫鎮，尙在洛東，其即今之嵩山矣。則廣而言之，今之登封、禹、密之間，皆相當於古之所謂「華」。黃帝為華夏之祖，殆由此也。

史記又言：

黃帝與炎帝戰於阪泉之野。

又曰：

黃帝與蚩尤戰於涿鹿之野，遂擒殺蚩尤。

又曰：

黃帝邑於涿鹿之阿。

今按：沈括夢溪筆談：

解州鹽澤，方百二十里。久雨，四山之水悉注其中，未嘗溢；大旱，未嘗涸。滷色正赤，在版泉之下，俚俗謂之「蚩尤血」。惟中有一泉，乃是甘泉，得此水，然後可以聚。

今按：太平寰宇記：

安邑縣南十八里有蚩尤城。

縣志：

蚩尤村在鹽池東南二里許。

則蚩尤古迹正近鹽池。今解縣西南二十五里有濁澤，一名涿澤。括地志：「濁水源出解縣東北平地」，是也。然則黃帝與蚩尤戰於涿鹿應在此；涿鹿即涿澤也。而與炎帝戰阪泉，亦即鹽澤之阪泉可知。是當時黃帝武力，乃自今河南新鄭，西北逾大河，而至今山西安邑、解縣境也。

今考黃帝部落之居地，自古實為藪澤所萃。左哀十四年：

> 逢澤有介麋。

此在今開封縣南。穆天子傳：

> 天子飲於洧上，釣於漸澤。

此在今宛陵縣北二十里。詩小雅：

> 東有甫草。

職方：

豫州，藪澤曰圃田。

爾雅：

九藪，鄭有圃田。

左僖三十三年：

鄭之有原圃，猶秦之有具囿。

此在今中牟縣西。禹貢：

滎陂既豬。

左宣十二年：

楚潘黨逐晉魏錡，及滎澤。

此在今滎澤縣南。左成十六：

遷於制田。

此在今新鄭之東北。穆天子傳：

天子飲許男於洧上，浮於大沼。

此在今宛陵之西北。其他如廣成澤在臨汝，濁澤在臨潁，凡今者有名藪澤漁獵之所，皆環於新鄭之四境。則黃帝居新鄭而為一游牧部落，亦正適其所居矣。

二

括地志曰：

厲山在隨州隨縣北百里。神農生於厲鄉，所謂列山氏也。春秋時為厲國。

今按：左僖十五年：

齊師、曹師伐厲。

漢書地理志：

南陽郡隨厲鄉，故厲國也。

注：

厲，讀曰賴。

帝王世紀：

神農氏起烈山，為烈山氏，今隨厲鄉是也。

水經注：

溳水、賜水皆逕厲鄉。亦云賴鄉，故賴國也，有神農社。

是古傳神農生地，在今湖北之隨縣也。今按：西周封申、呂二國，皆在今河南南陽縣；申、呂姜姓，為古神農氏之裔。然則神農姜姓部族，其居地殆自今湖北隨縣綿延而北，直至今河南之南陽境。正當漢水之東。周禮職方：

河南曰豫州，其浸波、溠。

左莊四年：

楚武王伐隨，除道梁溠。

溠為豫州水，而在隨境。南陽水脈綺分，尤以淯水為大。大抵神農部族之耕稼專業，即在此諸水流域間。

又按：今山西稷山縣南五十里有稷山，左宣十五年：「晉侯治兵於稷」，是也。此山一名稷神山，俗呼稷王山，跨聞喜、萬泉、安邑、夏縣界，相傳為后稷始教稼穡地。又聞喜有姜嫄墓，在縣西北四十五里稷王山下；又有一姜嫄墓，則在絳縣南三十里。而絳縣復有教山，一名歷山，山頭平廣，相傳為舜葬處。又翼城縣東南七十里有歷山，其上有舜王坪。由是言之，今山西西南部汾水下游，東起絳、翼，西迄稷山、萬泉，南至安邑、夏縣，此一邱陵地帶，亦為自古相傳之農耕區域也。余舊著周初地理考，以為周人初居在此，然推其農事智識，實由姜氏族習得之。則古代神農部族，或自南而北，由今河南南陽境，越嵩山、熊耳山脈，北渡大河，而移殖於今山西之夏縣、安邑一帶者。故今山西西南部地名，頗有與河南南陽下及湖北隨縣一帶漢東區域地名相似者。史記晉世家集解引世本，謂叔虞居鄂，即大夏。漢地理志，南陽郡有西鄂，故城在今南召縣南；而漢水亦稱夏水，故與山西同有夏鄂之稱也。堯都平陽，於詩為唐國，而湖北隨縣，面北九十里有古唐城，即春秋之唐國，屬於楚。又左隱五年：

翼侯奔隨。

舊説隨城在介休縣東；山西通志疑春秋初，晉地甚小，翼侯所奔不能至介休。是此所謂隨者，今雖不能確指其所在，要之當在今翼城附近。翼城已有歷山，歷山即烈山。古者燔山而耕，故曰烈山，又曰歷山也。而同時又有隨地，此又南北地名之相似者。故知姜姓部族必由漢東北移河曲，故此雙方皆有同一之地名也。又左隱六年：

翼九宗五正頃父之子嘉父，逆晉侯於隨，納諸鄂，晉人謂之鄂侯。

括地志：

故鄂城在慈州昌寧縣東二里。

此當在今鄉寧縣南，疑亦失之太遠。今翼城縣東十里有故翼城，又翼城縣東二十里有故北絳城，翼城縣東南十五里有故晉城，翼城縣南有故唐城，所謂鄂城、隨城，必在此諸故城間。大抵古者姜姓部族之北移，亦極於汾城、平陽、澮城、翼城一帶之地而止爾。

三

由上論之，黃帝、神農實為當時中原東西對峙之兩部落。黃帝部族較在東，居沼澤低窪之地，而以游牧為業；神農部族較在西，居黃土河谷之地，而以耕稼為生。而神農部族之居地，復與虞舜、夏禹同其方域。故史記載伯夷之歌，其辭曰：

神農、虞、夏，忽焉沒兮。

獨以神農與虞、夏連言，非無由也。（關於虞舜、夏禹之地理傳説，余別有考，此不詳。）抑又有進者，尚書呂刑之辭曰：

若古有訓，蚩尤惟始作亂。

史記：

神農世衰，諸侯相侵伐。蚩尤最暴虐，黄帝乃與戰於涿鹿之野。

是蚩尤者，乃神農氏後世一諸侯，殆亦可謂屬於西方系統之下者。楚語又謂：

少昊氏之衰也，九黎亂德，顓頊受之，使復舊常。

而僞孔傳則謂：

九黎之君，號曰蚩尤。

皇甫謐亦云：

黃帝使應龍殺蚩尤於凶黎之谷。

或曰黃帝殺蚩尤於中冀，古以今山西稱冀，則中冀殆指今山西南部汾南河曲一帶而言，而其地即古九黎之所蔓殖也。西伯戡黎，舊説在今山西長治縣界；又説則在今黎城。要之古代九黎所居，應在古山西之南部，或自中條遷避而至太行也。

呂刑又曰：

苗民弗用靈，制以刑。

楚語云：

三苗復九黎之惡。

鄭玄以為苗民即「九黎之後」，僞孔傳亦謂「三苗之君習蚩尤之惡」，而周穆王時呂侯封國則在今河南南陽縣西南三十里之故呂城，然則當時所指苗民，亦當在此一帶。史記謂「三苗在江淮荆州」，江兼漢言，南陽正淮、漢之交，古目之為荆州也。（余於三苗疆域亦別有考，此不詳。）呂刑又有言：

乃命三后，恤功於民：伯夷降典，禹平水土，稷降播種。

伯夷為姜姓神農之後，周亦起於西方，然則此三后者，正皆與苗、黎諸族有甚密之關係者也。故曰「神農、虞、夏」，曰「伯夷、禹、稷」，此皆當時西方部族之歷史系統也。是苗、黎之居地，正與姜姓部族約略相同，惟其壤地錯雜，故交爭尤烈，舜、禹之討伐竄逐，獨於三苗為甚者，亦此之故。

四

今試再由此推繹言之，則黃帝、帝嚳似屬古代較東之一支。黃帝既征炎帝、蚩尤，為一時共主，姬、姜兩族漸趨合流，故周人與黃帝俱為姬姓，而其祖妣曰姜嫄，則顯為東西之相融也。至若虞、夏世系，皆溯源於帝顓頊。帝顓頊亦為黃帝後裔與否，今無可論，而秦、楚先祖亦出顓頊，秦、楚皆發跡於西方，是帝顓頊之苗裔，皆西系也。西系多本諸顓頊，而東系則多本諸帝嚳，此則可微論者。商人之先出自帝嚳，既確可證其為東系矣；而周之先祖亦為帝嚳，與虞、夏不同，是周人殆亦以東支而西移者也。若如史記所載，顓頊亦黄帝後，則顓頊必黄帝以後，以東帝而傳衍為西支之最先又最要之一人也。楚語言：

少昊氏之衰，九黎亂德，顓頊受之，使復舊常。

顓頊之誅九黎，一猶黄帝之殺蚩尤。若以顓頊為黄帝後，起自東方，則其誅九黎，正為繼黄帝而西征矣。虞、夏皆顓頊後，而舜、禹之竄三苗也尤亟，顓頊、虞、夏一系，與黎、苗之相爭，洵中國古史上西方一系歷久相傳一大事也。

左昭元年有云：

昔高辛氏有二子，伯曰閼伯，季曰實沈，居於曠林，不相能也，日尋干戈，以相征討。后帝不臧，遷閼伯於商丘，主辰。商人是因，故辰為商星。遷實沈於大夏，主參。唐人是因，以服事夏、商。

是今山西之唐，乃出高辛之後。以東支而西遷夏墟者，先有唐，而後有周。若以顓頊一系亦為東支，則虞、夏之西遷當尤早。惟顓頊之固為東支與否，今猶未可詳定耳。

五

辜較論之，神農、虞、夏為西系之大宗，秦、楚為西系之旁孽。自黃帝戰蚩尤於涿鹿，東方部族之勢力，乃漸伸展而西；久則與同化焉，如周人是也。故周人亦儼若為西支焉。今所傳古史系統，多出西周以後人之傳述，故西方詳而東方略。而周人遠祖黃帝，遂推黃帝為五帝祖；而神農顧不得預，上推為九皇。若論其原始，則西方部族斷當推姜姓神農氏為遠祖。而神農部族之開化，亦似在東方黃帝部族之前。古史以農事言古帝者，惟神農、虞舜、后稷；此三人者，其所傳耕稼地之位望，以今推之，皆在西方。此外則有夏禹，雖不言農事，然治水最與農事相關，而禹之興地亦在西。故知中國古史上農業文化之開始，應在中原之西部，南自漢，北至汾。再具體言之，就其文獻可徵者，應南起今湖北省之隨縣，北至今山西省之臨汾，中經今河南省南陽、嵩縣，劃一微向西北斜傾之直線，定為神農、虞、夏一系農業文化之發祥與繁榮地。自南陽以下，純為溪谷地帶；自嵩縣以上，全為丘陵地帶。據近代地層發掘，知河南仰韶附近，當新石器時代之末期，已知稻之藝植；此等智識，無疑為自南而北者，而姜姓部族神農氏之一支，尤應為中國古代農業發展之主體。論虞舜一支之發展，則似由北而南，其最先居地應在山西之南部。故以神農、虞、夏一系三支之居地言之，神農姜姓最在南，夏部族居中，虞部族最在北。神農姜姓部族，最應推為西系之主幹，其農業開發最在先；而後虞、夏部族承之。虞、夏或非西系之本著，或乃自黃帝部族勢力西伸而最先西化者；或雖屬西支本著，而與神農姜姓部族非出一原，故皆推溯於帝顓頊。帝顓頊所出之詳不能定，則虞、夏族之原始亦不能定。要之西系文化開展，神農諸姜在先，虞、夏顓頊之裔繼之；而西周尚在其後。周人為帝嚳後，與殷商近而與虞、夏遠，惟其居西方之日久，故其西化之程度亦已甚早而甚深，其與神農、虞、夏一系之間，較之與黃帝、帝嚳者親密尤有過之，故亦自成其為西系也。

今若果以顓頊、帝嚳同為黃帝之後，則必顓頊一系先向西殖，而帝嚳一支多留東方。又自宗姓血統論之，則或者較古之苗、黎，較後之姜、戎，其與神農部族之關係尚較密，而與顓頊、帝嚳兩系尚較疏。惟自文化系統而言，則虞、夏在先，西周繼之，楚、秦又繼之，皆承續神農姜姓部族而成為中國古史上之西系，其關鍵則自黃帝戰涿鹿啟其機。史紀五帝本紀開始獨詳此事，知古人傳述自有所受。近人論史，於黃帝、蚩尤之戰，亦有能言其崖略者，惟昧於地望，遂多誤失，因再為探究而略論之，以待治古史者之詳定。他日考古學日益發達，猶有足證吾言之一日也。

（民國三十三年五月説文月刊第四卷合刊本）

雷學淇紀年義證論夏邑鄩鄻

左傳襄四年、哀元年，記夏太康失國，迄於少康中興，其間歷數十年事，曲折甚詳；而史記夏本紀顧不著一字，則甚矣史公之疎也。故記舊聞，其足與左氏相參證者，頗不多，（馬驌繹史卷十三少康中興，歷引諸書，而獨不錄左傳，則亦馬氏之疎。）而獨汲冢紀年載其事為詳備。今本紀年雖非舊物，然亦異乎全無所受，憑虛臆撰者。清代治其書者，前後無慮十許家。獨通縣雷氏之書用力最深，而流傳轉最狹。陳逢衡集證，不辨眞僞，取材雖博，別擇未精。朱右曾存眞，限斷嚴，別擇精矣，而采納不富，闡發自少。（王國維古本輯校，即朱書而去其闡說，則秋水盡而寒潭竭，益不足以昭攬物象。今本疏證如陳詩集注，然今本雖僞，亦有來歷，一概抹殺，則貌似謹嚴，而情益疎曠也。）惟雷書能辨本書之眞僞，而又能存其僞中之眞。能博采群言以相闡，而又能剔去群言之僞。兼陳、朱兩家之所長而較無其短者，庶其在是。顧雷書刊行者曰紀年考訂，僅十四卷，又非定本。其後為義證四十卷，寫定未刊，余曾見其稿本，洵可謂卓出諸家之上矣。而其釋地尤精善。獨惜以畢精萃力之書，而身後未獲刊布，遂不為學人所知。因姑摘取其論夏太康、少康時事地望者，備嘗鼎之一臠。亦以見紀年所載，不僅以戰國事為可信。（余著諸子繫年，備論紀年載戰國事可信，勝於史記處。）即記三代以上，亦時資多聞。其書不僅以散見唐以前稱引者為可恃，（即如王氏古本輯校所錄。）即今本紀年，亦未嘗全不足取也。若謂古史當斷自殷墟物證，自茲以往，全等臆測，則曲士之拘篤，余與雷氏，甘同譏焉。（以下皆摘錄雷書。）

帝啟放季子武觀於西河（按：此條見今本。）

觀，國名，韋昭楚語注，謂即洛汭之地。沈約附注，取左傳杜注說，謂今頓邱衛縣。愚案：觀，即灌也，亦作鄻。觀乃本字，因為國都，故曰鄻。因其近河，故曰灌。又曰觀津。季子居之，故曰武觀。因其以西河叛，故曰叛觀。且本陸終後斟姓之墟也，故曰斟灌。世本及漢、晉人記傳，皆謂斟灌氏姒姓。（世本見夏本紀索隱。）即季子之國也。……韋、杜說，元凱為是。洛汭止近斟尋，無所謂觀，北海之鄩灌，乃自河洛往遷者，無與于此。戰國策曰：「齊伐魏，取觀津」，高注云：「故觀邑臨河津，故曰觀津。」漢書地理志，東郡有畔觀縣。（按：觀與畔似兩縣，漢書刻本誤以「畔觀」二字連書，中未空格，後人遂誤以為一縣，非也。）應劭注云：「夏國也，東漢為衛國縣。」水經曰：「浮水故瀆，又東逕衛國縣故城南，古斟觀。」世紀曰：「斟觀，衛地。」臣瓚漢書注云：「汲郡古文，相居斟灌，東郡灌是也。」（水經巨洋水注。）晉廢東郡，立頓邱，改曰衛縣，見晉書地理志。後遂因之。隋以後改觀城縣，今山東曹州屬縣之西古觀城是也。西河亦地名，……鄭康成禮記注云：「西河龍門至華陰之地。」蓋自龍門以南至於華陰，近河左右之邑，皆曰西河，不專大河之西矣。（按：雷氏説西河猶誤，參讀拙作子夏居西河考。①）

夏太康卽位居㪷尋

斟尋，古國名。字本作「尋」，以為國邑，故作「鄩」。祝融後斟姓居之，故曰斟尋。斟姓無後，夏人以封同姓，故世本曰斟尋氏姒姓。（見左傳疏及夏本紀、吳世家索隱。）地之所在，有三説焉。漢書地理志曰：「北海郡斟縣，古國，禹後。」又有平壽、壽光二縣，應劭於平壽注云：「古㪷尋，禹後，今㪷城是也。」於壽光注云：「古㪷灌，禹後，今灌亭是。」蓋東漢省斟縣，分其地入平壽、壽光，故應氏云云。杜氏春秋傳注、京相璠春秋土地名、司馬彪漢書郡國志，皆同應説。璠又謂「二斟相去九十里」，（見水經巨洋水注，通志引作「七里」。）此謂斟尋在山東，即今萊州濰縣西南八十里之斟城，西與青州壽光縣東四十里之斟灌城迫近者也。此一説也。傅瓚漢書音義云：「㪷尋在河南，蓋後遷北海也。」

① 編者按：文見先秦諸子繫年考辨第三九。

（此句據夏本紀正義引改，今漢書地理志顏氏集注作「不在此也」，蓋承應説言之，故易其文。）汲冢古文云：「太康居斟尋，羿亦居之，桀又居之。」尚書序云：「太康失邦，昆弟五人，須於洛汭，此即太康所居為近洛也。」（史記夏本紀正義。）此謂斟尋在河南，即左傳所謂「郊鄩潰」，杜注所謂「鞏縣西南有地名鄩中」，括地志所謂「鞏縣西南五十八里故鄩城」，（張儀列傳正義。）是也。此又一説。二説之外，有謂斟尋在衛者，水經河水篇云：「浮水故瀆，又東逕衛國縣故城南，古斟觀。」又巨洋水注引世紀云：「夏相徙商邱，依同姓之諸侯斟灌斟尋氏。」史記正義引世紀云：「相徙于商邱，依同姓諸侯斟尋。」此謂尋近帝邱。（「商邱」皆「帝邱」之訛，王應麟謂誤出帝王世紀也。）在東周時之衛地者也。此又一説也。是三説，水經酈注兼取之，謂：「既依斟尋，明斟尋非一居矣。（節。）蓋寓其居而生其稱，宅其業而表其邑。縱遺文沿褫，亭郭有傳，未可以彼有灌目，謂專此為非，捨此尋名，而專彼為是。以土推傳，應氏之據，亦可按矣。」蓋酈又終祖應説也。今按：周地有尋而無灌，衛地有灌而無尋，世紀與左傳注説皆誤也。觀下紀傳言依斟侯，賈逵左傳注依斟觀而國等説，可知相之徙居，未嘗依于斟尋。杜元凱謂「依于二斟」，（見襄四、哀元左傳注。）蓋誤用應氏之説也。其實傅、應二義，瓚説較長。斟縣之灌尋，乃從河洛往遷，被名海澨者。即酈氏所謂「寓其居而生其稱」，非初國矣。不然，使帝居近海，何乃畋于洛南？尋不遷都，何以戰於濰水？考驗紀文，知傅為得實。班志、應注皆得半遺半耳。且太康之居，漢以前無明文，惟書序之言，紀年與之合。蓋洛汭即洛水入河處，須謂處于其地，待其至焉之謂也。鄩城即在洛汭西南五十餘里，傅云「居為近洛」，此之謂也。帝王世紀云：「夏太康五弟，須于洛汭，在鞏縣東北三十里。」（漢書郡國志注。）此晉以前之鞏縣，水經注所謂鞏縣故城者是，在今縣西南亦三十里。古時洛汭在今縣正北，（諸家地志謂隋大業始置今縣，誤。）所謂洛口者是。諸地志謂之什谷口，非是。什谷口乃尋口也。尋邑故址在今鞏縣西南五十八里，在古縣故城西南二十八里，在東訾故城西南十八里，（左傳：「尹文公焚東訾。」）在郾師縣東北十三里。尋本水名，漢書郡國志：「鞏有尋谷水」，是也。其說亦不一。嘗合京相璠土地名、徐廣史記音、酈道元水經注、魏王泰括地志，及唐、宋以後地書考之，蓋尋水發源于古縣東北之尋谷，（史記謂之斜谷，徐廣曰：「一作尋谷。」水經注謂之北山尋谿，即諸志所言什谷也。即斟谷之誤。）其水西南流至鄩城，共行五十餘里，是謂上鄩。又曰北鄩。（見土地名，酈氏謂其水南流，當是傳脫「西」字。）即元和、輿地等志謂偃師東北十四里有鄩谿者也。亦謂之溫泉水。其邑即斟尋，所謂鄩中也。尋水自鄩城東北，又折而東南流，至訾城西北，是為下鄩，又曰南鄩。于是東入于洛。其入洛處謂之尋口，猶洛水入河處謂之洛口也。徐廣曰：「鞏縣有尋口」，史記謂之斜谷之口，京相璠所云「鞏洛渡北」者也。自唐、宋以來，水經注傳本，多將洛水注「北山尋谿下即什谷也」三十六字，誤置「謂之洛汭」下，于是諸家地志，皆謂洛入河處為什谷之口。此非酈書之誤，傳酈書者誤也。不寧惟是，酈注什谷，乃「圲谷」之誤。玉篇曰：「圲鄩，古國名。」史記張儀傳作「斜谷之口」，戰國策作「轘轅緱氏之口」。蓋轘轅關北與鄩口相值，故史遷易轘轅為斜谷，實又斟谷之誤也。因斟姓嘗國於尋，故尋谷亦曰斟谷。姓既被于國土，故尋口又曰斟谷之口也。韋昭國語注，謂觀在洛汭，亦斟谷之名誤之耳。斟谷非洛水所出，則洛口安得被以斟尋之名乎？世之傳史記者，誤「斟」為「斜」，而刊酈注者，又誤「斜」為「什」。「斟」、「斜」、「抖」、「廾」、「什」轉寫益訛，久乃忘返。覼于斟谷、尋谷，愈知太康所居，河南為是。蓋邑與口因水得名，國與谷以姓得名。而世本謂姒姓有斟尋氏，又因所居之國邑得名也。

太康畋於洛表，羿入居斟尋

水內為汭，外為表。洛表，洛之南也。夏書序曰：「太康失邦，昆弟五人，須於洛汭，作五子之歌。」春秋襄公四年左傳曰：「昔有夏之方衰也，后羿自鉏，遷於窮石，因夏民以代夏政。恃其射也，不修民事，而淫于原獸。」又曰：「在帝夷羿，冒於原獸，忘其國恤，而思其麀牡。」……楚辭離騷篇曰：「啟九辨與九歌兮，夏康娛以自縱。不顧難以圖後兮，五子用失乎家衖。羿淫游以佚田兮，又好射乎封狐。」……愚案：「不顧難以圖後」，謂縱欲往畋。羿襲其後，入居斟尋，代夏政也。覼下云「又好」，知太康即以此失國，而羿復不戒之，故左傳曰「羿猶不悛」也。說與竹書符合。帝王世紀曰：「河南西有郲鄏陌，太康畋於有洛之表，今河之南岸傳有負犢山。」（見漢書郡國志劉昭注。）此皆古人相傳舊說，可以參證者。……羿者，有窮之君。……以善射聞，及夏之衰，自鉏遷於窮石，因夏民以代夏政。（見夏本紀正義。）窮石與鉏，傳注皆不言所在。史記正義引括地志云：「故鉏城在滑州衛城縣東十里。」即今衛輝府滑縣東十五里之鉏城也。又引晉地記云：「河南有窮谷，本有窮氏所遷。」此說與傳記、書序並合。窮谷即左傳「單武公、劉桓公敗尹氏于窮谷」者。定七年杜注云：「周地，不詳其處。」說者謂因其名不美，舉相反者易之。華延洛陽記云：「城南五十里有通谷」，（文選洛神賦注。）即是。然則窮在劉、尹二邑間，與斟尋實偪處矣。（杜注劉在緱氏西北，路史云：「尹在鞏西南，近偃師」，謂亦杜說。水經注謂窮在鬲縣，今德平東十里。薛季宣謂窮在刪丹，今甘肅西竟。路史謂窮在安豐，今英山縣地。三地去斟尋皆遠，與左傳「因夏民」之說不合，與「寒浞殺羿烹之以食其子，死于窮門」之說尤不合。蓋尋（按：此處原文似脱一「窮」字。）接壤，羿乘帝之出獵，襲居帝城，擁有尋土，使其子仍居窮邑以為聲援，故左氏云云也。若窮距帝都千餘里，或數千里，傳說之謂何矣？）

仲康卽位居斟尋（按：此條見今本。）

居斟尋者，夷羿入居後，自立為相，挾天子以令諸侯，故滅伯封，用寒浞，棄武羅、伯因、熊髡、尨圉以自逞。今太康陟而立仲康，己仍相之，故仲康亦居斟尋。

世子相出居帝邱

依斟侯。（按：此處「斟」字，今各本俱作「邳」。）帝邱舊訛作商邱。左傳曰：「衛顓頊之虚也。」（昭十七。）又曰：「衛遷于帝邱，卜曰三百年。衛成公夢康叔曰：『相奪予享。』公命祀相，寧武子不可。」杜注曰：「夏后啟之孫居帝邱，今大名開州西南三十里濮陽故城即是。」（帝邱見僖三十一。）相出居帝邱者，迫于羿也。……依斟侯者傳文，斟即武觀國，所謂斟灌也。……賈逵左傳注亦云：「相依斟觀而國。」（吳世家集解及左傳哀元年疏。）可知周末相傳其説如此。賈君猶有得於師承者。

寒浞殺羿，使其子澆居過（按：此條見今本。）

寒，國名。左傳杜注曰：「北海平壽縣東有寒亭」，今故址在萊州濰縣東北五十里，西南至斟尋城百里也。寒浞，羿臣寒君伯明之族子也。世本曰：「寒，邳姓」，（路史國名紀。）葢羿之同族也。……澆，論語作「奡」。左傳曰：「處澆于過」，即此事。杜注云：「東萊掖縣北有過鄉」，今在萊州府城北，西南至寒亭二百三十許里。又西南至斟尋百餘里。浞之處澆于此，豈以斟尋來逼，恐為寒患，故使澆圖之歟？

相居于斟灌

此寒浞僭立遷相于斟灌也。灌本武觀國，尋乃禹之子姓所封也。自太康居尋，而尋遷平壽。今后相居灌，故灌亦遷壽光也。應氏（劭）、杜氏（預）、京相璠謂二斟在平壽、壽光，蓋非其初國矣。傅氏漢書注曰：「尋本在河南，後遷北海。斟灌當亦然也。」

穆按：雷氏謂相居帝邱，即依斟觀而國，又謂后相居灌，而灌亦遷壽光，是俱然矣。然紀年云：「后相居帝邱」，（見御覽八十二，「帝」譌「商」。）又云：「相居斟灌」，（見水經巨洋水注、漢書地理志注、路史後紀十三引臣瓚。）今本紀年舊注：「斟灌之墟，是為帝邱，后緡方娠，逃出自竇，歸於有仍。」則相居帝邱與居斟灌，即是一地。相之見弒，后緡之出逃，亦即在斟灌之墟之帝邱也。似今本僞紀年，拾掇舊文，未能董理，而妄加比次，遂謂帝相元年居商邱，（即「帝邱」字譌。）九年居斟灌。則顯分帝邱與斟灌為兩地。然則，豈相居帝邱之斟灌，而斟灌遷邑於壽光；其後相又見逐，乃自帝邱斟灌又遷依壽光之斟灌乎？苟依此說，則舊注「斟灌之墟是為帝邱」一節，又難通矣。又此注今本在二十八年寒浞使澆弑帝，后緡歸于有仍之後；而陳氏集證移「斟灌之墟是謂帝邱」八字於九年「相居于斟灌」之下；則於元年「相居帝邱」一條仍難説。蓋今本紀年雖未必全無據，而其以意安排，決非本眞，本不能一一就文證説也。雷氏此條，下語含混，蓋亦悟其難通，而未能抉出今本之僞。故此引紀年，皆去其標年之語，而特獻所疑，為雷氏進一解焉。

寒浞滅戈（按：此條見今本。）

左傳曰：「浞因羿室，生澆及豷。處澆于過，處豷于戈。」杜注云：「戈在宋、鄭之間。」（襄四。）今歸德、開封二府，即宋、鄭界。開封之杞縣東北，有地名玉帳，或謂即宋、鄭隙地之玉暢也。戈當去此不遠。

寒浞使澆帥師滅斟灌，澆伐斟尋，大戰于濰，覆其舟滅之（按：此條見今本。）

此斟灌、斟尋，即從河洛來遷者。濰，水名，漢地志云：「維出箕縣。」淮南子曰：「維出覆舟。」

説文曰：「濰出箕山。」水經注曰：「出濰山。」名異實同也。左傳：「浞使澆用師，滅斟灌及斟尋氏」，即此。戰于濰，覆其舟者，用舟師也。論語曰：「奡盪舟。」楚辭天問曰：「覆舟斟尋，何道取之？」即此事。後名濰山為覆舟，亦以此也。

后緡歸於有仍（按：此條見今本。）

左傳曰：「昔有過澆殺斟灌以伐斟尋，滅夏后相。后緡方娠，逃出自竇，歸于有仍，生少康焉。」（哀元。）……今按：古文「任」、「仍」通，故仍叔，穀梁作「任叔」。仍國即太昊風姓後，今山東濟寧州是。傳曰：「任、宿、須句、顓臾，風姓也」，（僖二十一。）又曰：「夏桀為仍之會」，（昭四。）皆指此。仍叔之邑，則傳謂「次于任人」者矣。（昭二十二。）

穆按：自帝邱之斟灌逃至濟寧之仍，亦較謂自壽光之斟灌者為近情。

少康自仍奔虞（按：此條見今本。）

左傳謂：「少康為仍牧正，惎澆能，戒之。澆使椒求之，逃奔有虞，為之庖正，以除其害。虞思于是妻之以二姚，而邑諸綸，有田一成，有眾一旅。能布其德，而兆其謀，以收夏眾，撫其官職。」賈注云：「有虞，帝舜之後。綸，虞邑。」杜注云：「梁國有虞縣。思，有虞君也。姚，虞姓。」漢書續志曰：「梁國虞有綸城，少康邑。今虞縣故城在歸德府虞城縣南三里，綸城在縣西三十五里。」博物志謂「綸在汾陰」，世紀謂「虞城在河東大陽縣西山上」，俱非是。

伯靡殺寒浞，少康自綸歸于夏邑（按：此條見今本。）

左傳曰：「靡自有鬲氏，（國名，在今山東德平縣東十里。）收二國之燼，以滅浞，而立少康。」（襄四。）夏邑，即禹為夏伯時所封國。水經注謂：「潁水東出陽關，歷康城南，又東南逕上棘城西，又屈逕其城南。城西有故堰，潁水自堰東逕陽翟縣故城北，夏禹始封于此，為夏國。」十道志云：「陽翟有少康城。」（路史注。）洛陽記云：「夏少康故邑也。」（寰宇記許州。）寰宇記謂即康叔之故城，在今禹州西北三十里。

（民國二十四年四月一日禹貢半月刊第三卷第三期）

西周戎禍考上

附辨春秋前秦都邑

余前著周初地理考，謂周室避狄患，乃由東西遷，非由西東遷，讀者或疑之。然古書所謂蠻夷戎狄，並不全在邊荒；此意不明，則治古史地理，每多窒礙。茲姑再舉一例論之。

史記周本紀：「幽王廢申后，去太子，申侯怒，與繒，西夷犬戎，攻幽王，殺幽王驪山下。」今按：申國在兩漢為南陽宛縣，今南陽縣北有故申城；周宣王時申遷於周南謝地，則在南陽之南。春秋時楚文王伐申，後遂為楚邑。驪山則在陝西新豐縣南，故驪戎國。西周都鎬，驪山則在周都與申邑之間，據竹書載此事謂：

八年，幽王立伯服為太子，

九年，申侯聘西戎及繒；

十年春，王及諸侯盟于太室，王師伐申。

十一年，申人繒人及犬戎入宗周，弑王于戲，及鄭桓公。

戲，水名，在驪山下。則申周之役，乃周王伐申而申侯迎戰，故殺周王於驪山之下。鄭語亦謂：「申繒西戎方強，王室方騷。王欲殺太子，必求之申，申人弗畀，必伐之。若伐申而繒與西戎會以伐周，周不守矣。」此亦驪山一役由周王伐申而起之助證。繒為申之與國，申侯結以同叛。據左傳哀公四年，「楚人謀北方，致方城之外于繒關」，此必繒之故國，在方城之內，與申接壤。史記正義說繒，謂國語云：繒，姒姓，夏禹後。括地志云：繒縣在沂州承縣，故侯國。此繒乃後徙。若西周幽王時，申侯方將資其力以同抗王室，豈得遠在山東之沂？繒申之地望既得，則當時犬戎踞地亦可推迹以求。舊說每以犬戎遠在周疆之西北，故崔述考信錄疑其事，謂：

> 申在周之東南，千數百里。而戎在周西北，相距遼遠，申侯何緣越周而附於戎？（豐鎬考信錄卷七。）

竊謂崔疑誠是。犬戎若遠在周之西北，則事前申固無緣越周而附於戎，而臨事戎亦不得越周而與申聯師於驪山。魏源詩古微則疑幽王先已去豐鎬，故見殺於驪山。不知驪山之役，由周王興師伐申而起，王師未敗，何由先去豐鎬？此皆誤認犬戎在周西北而云也。今以當日形勢推之，犬戎居地，定在周之東南或西南，近於申繒，而決不在周之西北。左傳昭公四年：「周幽為大室之盟，戎狄叛之。」此所謂戎狄，自兼指犬戎。犬戎叛周，即指聯申繒同抗王命而言。大室杜注謂中嶽。此在禹貢謂之外方，國語謂之崈山，爾雅謂之嵩高，戴延之云：嵩山三十六峯，東曰太室，西曰少室。今山在河南登封縣。夫謂周幽盟太室而戎狄叛之，則此等戎狄亦必離太室不遠，而犬戎亦在其內，則犬戎宜距太室非遠矣。史記又謂幽王既見殺，「諸侯乃即申侯而共立故幽王太子宜臼，是為平王。平王立，東遷于雒邑，辟戎寇。」此亦可疑。夫殺幽王者申侯，立平王者亦申侯。犬戎之於幽王固為寇，而於申侯平王則非寇實友也。然則平王東遷，特以豐鎬殘破，近就申戎以自保，非避戎寇而遠引也。

繼此有可附論者，則為秦戎之關係。據秦本紀：

> 秦之先，帝顓頊之苗裔。
>
> 仲衍之後，遂世有功，以佐殷國，故嬴姓多顯，遂為諸侯。
>
> 仲衍之玄孫曰中潏，在西戎，保西垂，生蜚廉。蜚廉生惡來，惡來傳四世生大駱。大駱生非子。
>
> 非子居犬丘。善養馬，孝王召使主馬于汧渭之間，馬大蕃息，孝王欲以為大駱適嗣。申侯之女為大駱妻，生子成，為適。申侯乃言孝王曰：「昔我先酈山之女，為戎胥軒妻。（正義：胥軒，仲衍曾孫也。）生中潏，以親故歸周，保西垂。西垂以其故和睦。今我復與大駱妻，生適子成。申駱重婚，西戎皆服，所以為王。王其圖之。」于是孝王邑非子于秦。（徐廣曰：今天水隴西縣秦亭。）亦不廢申侯之女子為駱適者以和西戎。

據史記此段所載，則秦之先世本在東方，佐殷為諸侯。及中潏始西遷，則以其母乃西土酈山氏女故也。其時所謂西垂者，即與周室豐鎬不甚相遠。其云「申駱重婚，西戎皆服」，尤證西戎與申鄰近，並不遠隔。非子初居犬丘，蓋即其父大駱封地。徐廣曰：「今槐里也。」其地近在周西，即今之興平，與豐鎬相距不過百里，自此南至盩厔縣界不到三十里。縣有駱谷水，谷名來歷或與大駱有關。當日所謂西戎，大抵當自興平盩厔迤東越酈山以至河南南陽之申國一線相近求之。應在周室之西南乃及東南，而去周京不遠。故曰不廢申甥駱適以和西戎。至非子主馬渭汧之間而孝王邑之秦，然後秦人益移而西，別有一支居於隴西。此乃周室近畿大駱犬丘之分封。若謂秦人本自此方來，則秦本紀云云，豈全為鑿空乎？（王國維觀堂集林秦都邑考，割棄秦本紀大駱非子以前一段不論，又不能辨大駱適子成與庶子非子之分土別居，因遂不能分大駱地犬丘與非子後莊公居西「故犬丘」之非一地。乃輕疑徐廣。凡所云云，無往不誤。然亦由誤謂秦祖先起戎狄，則必僻在四裔故也。）

本紀又云：

周厲王時，西戎反王室，滅犬丘大駱之族。周宣王即位，乃以秦仲非子之曾孫為大夫，誅西戎，西戎殺秦仲。秦仲有子五人，周宣王使伐西戎，破之。於是復予秦仲後及其先大駱地犬丘，並有之，為西垂大夫。

夫西戎反王室，而滅犬丘大駱之族，是犬丘近王室，而西戎亦近王室之證也。大駱適子成一族居犬丘者既滅，故周室命非子一族邑秦者誅西戎，而以大駱地犬丘並封之，是秦自宣王後大駱一支既滅，而其地遂合於非子之後也。本紀又云：

秦仲長子曰莊公，居其故西犬丘。

稱西犬丘者，別於東方槐里之犬丘而言。稱故者，秦仲乃非子一支，本居西，與大駱一支別也。亦稱犬丘者，此余謂古代地名隨民族而遷徙之一例。本紀又云：

莊公長男世父，曰：「戎殺我大父仲，我非殺戎王，則不敢入邑。」遂將擊戎，讓其弟襄公為太子。襄公二年，戎圍犬丘世父，世父擊之，為戎人所虜，歲餘復歸世父。

莊公居西犬丘，其子世父欲報大父仇，不敢居，讓弟襄公，是襄公仍居西犬丘。而稱戎圍犬丘世父，則世父所居犬丘，乃其先大駱地犬丘，地近戎；世父謀報大父仇，故居之，而戎亦得圍而虜之也。若以秦人居天水隴西，而戎尚在秦西北，則此段記載又難通。本紀又云：

襄公七年春，西戎犬戎與申侯伐周，殺幽王酈山下，而秦襄公將兵救周有功，襄公以兵送周平王，平王封襄公為諸侯，賜之岐以西之地。曰：「戎無道，侵奪我岐豐之地，秦能攻逐戎，即有其地。」

此段有不可解者，平王因申侯而得立，幽王則為申侯所殺。既謂秦襄公將兵救周有功，即不啻與申侯平王為敵，如何又謂以兵送平王？戎之入周，申侯平王召之，如何又曰戎無道，侵奪我岐豐地？惟自當日地勢論之，則所謂岐豐之地，岐西之地者，岐即近在豐鎬，所謂岐畢，而決非鳳翔之岐山，此則與上辨犬戎踞地可牽連論定者也。（關於西周岐山之地望，詳見周初地理考，此不再及。）秦戎本世仇，戎因周亂而踞豐鎬，秦人則因周室之東而侵地自廣，所謂救周有功，賜地封侯云云，則未必盡信史也。秦本紀又云：

襄公十二年，伐戎至岐卒。

文公元年，居西垂宮。三年，文公以兵七百人東獵；四年，至汧渭之會，曰昔周邑我先秦嬴於此，後卒獲為諸侯，乃卜居營邑之。（正義云：在郿縣。）十年，初為鄜畤。（徐廣曰：鄜縣屬馮翊。）十六年，文公以兵伐戎，戎敗走，於是文公遂收周餘民有之，地至岐；岐以東獻之周。

據此則秦自大駱適庶分國，而戎禍常被於大駱犬丘之一支。及秦仲以後，秦又合為一，而戎禍仍在大駱犬丘，不在西犬丘。秦人之力征經營，與戎為進退者，其勢所向亦在東南不在西北。以秦戎之形勢論之，亦可論西周一代所謂「西戎」及犬戎踞地之大概也。

（禹貢半月刊第二卷第四期）

西周戎禍考下

余論西周戎禍，多在東而不在西，既證以幽王犬戎之事，請再上推之於宣王。

宣王伐淮夷徐戎，其為東討，可以無論。即「薄伐獫狁，至於太原」，亦東征，非西駕。太原者，左昭元年傳：「晉中行穆子敗無終及羣狄於太原。」穀梁：「中國曰太原，夷狄曰大鹵。」（公羊同。）大鹵指其產鹽，其地在晉南。（參讀拙著周初地理考八、十一、五十六各節。）蓋羣狄之盤踞河東，至春秋猶然，而其來歷實遠在西周也。

後漢書西羌傳：「王遣兵伐太原戎，不克。後五年，王伐條戎、奔戎，王師敗績。」又周語，宣王「三十九年，戰于千畝，王師敗績于姜氏之戎」。其事亦見於左傳。桓二年云：「初，晉穆侯之夫人姜氏，以條之役生太子，命曰仇。其弟以千畝之戰生，命曰成師。」史記晉世家亦言之，「晉穆侯七年伐條，生太子仇。十年伐千畝，有功。」趙世家云：「造父以下六世至奄父，曰公仲，周宣王時，伐戎為御；及千畝戰，奄父脫宣王。」則千畝之役，王師失利，而晉軍則有功。

宣王伐條戎、姜氏之戎，而晉師常從，則條戎、姜戎宜亦近晉。故杜預云：「條，晉地。千畝，西河界休縣南地名。」（漢書郡國志亦云。）高氏春秋地名考以條為安邑中條山北之鳴條陌。則此二戎固皆在今山西之南部也。

范書又云：「伐條戎、奔戎後二年，晉人敗北戎于汾隰。戎人滅姜侯之邑。」汾隰亦晉地，此固甚顯。（左桓三年傳：「曲沃武公逐翼侯于汾隰」，林堯叟曰：「汾水邊。」）而范書此條，竊疑其有誤。當云：「晉人敗北戎于汾隰，滅戎人姜侯之邑。」（今本僞紀年亦作「戎人滅姜侯之邑」，此蓋襲范書譌文耳。）蓋北戎即姜氏之戎，以其在晉北，故曰「北戎」；晉人敗之汾水之下而滅其邑，故曰「滅戎人姜侯之邑」也。范書謂在伐條戎後二年，晉世家穆侯七年伐條，十年伐千畝，時距亦合，然則汾隰之勝即千畝之役也。（仇與成師乃同母兄弟，相距二三年，亦合。惟周本紀載此事在後，同於紀年、范書、周語所載。晉世家載此事在前，十二諸侯年表同之。其間參差尚待考覈。又按國語宣王即位，不籍千畝，虢文公諫籍田，不應遠在塞外。）王師雖敗，晉軍勤王，克滅戎邑，故名其子曰成師焉。

周語又謂：「宣王既喪南國之師，乃料民於太原。」韋昭曰：「喪，亡也。敗于姜戎時所亡也。南國，江漢之間也。」此謂宣王南征江漢之師喪於姜戎，故乃復料民於太原。姜戎既在晉，宣王料民太原亦必在晉。則宣王時所謂太原之戎、條戎、奔戎、姜戎，皆晉戎也。故晉人自謂「居深山之中，戎狄之與鄰」矣。後人不深曉，凡見戎狄，必引之遠西以為説，故多有難通耳。

然則宣王時所謂太原戎者既在晉，其前又如何？請再上論之於穆王。范書西羌傳：「穆王西征犬戎，獲其五王，又得四白鹿，四白狼。王遂遷戎於太原。」據此似宣王時太原戎、條戎、奔戎、姜戎，凡諸戎之在晉，皆自穆王時遷徙以來者。然據穆天子傳，「天子北征于犬戎」，郭注引紀年曰：「取其五王以東」，無「遷戎於太原」語。（今本僞紀年則云「穆王遷戎於太原」，蓋襲范書也。）則范書所謂遷戎太原者，或是蔚宗自下語。蔚宗亦認此下宣王伐太原戎在東方，而據紀年「取其五王以東」之説，以意説之，為是遷戎於太原也。其「獲四白鹿，四白狼」之説，本之周語，然周語亦無遷戎之文。是則所謂「遷戎太原」者，明為蔚宗意説矣。

且按穆傳：「天子北征，絶漳水，至于鈃山之下；絶鈃山，北循滹沱之陽，遂北征於犬戎」，則犬戎早在東方太行滹沱之北，無待穆王之遷而再東矣。郭注引紀年，僅著「取其五王以東」一語，前後不備，無可詳論。要之即據穆傳，亦證犬戎本在周之東北，並非周之西北。而范書所謂「遷戎太原」者，苟眞有其事，則是犬戎本在東北，穆王遷之太原，乃向西南内地遷動也。其後太原之戎侵周而至涇陽，仍是益向西移，非遠從西來。此乃穆宣兩代周戎對峙大勢，無論據紀年，據穆傳，據左氏、史記、范書，皆可約略推説耳。

穆王時犬戎之地望既得，再循而上，則有王季與燕京戎之交涉，已詳周初地理考。

〔附〕西周對外大事略表

	史記（詩）（左傳）（國語）	今本紀年	他書
武王		十二年，王率西夷諸侯伐殷，敗之于坶野。（見水經清水注）	
		十五年，肅慎氏來賓。	
		十六年秋，王師滅蒲姑。	
成王		二年，奄人、徐人及淮夷入于邶以叛。	周公立，相天子，三叔及殷、東徐、奄及熊、盈以略。（逸周書作雒解）
		三年，伐奄，滅蒲姑。	伐奄三年，討其君。（孟子）
	召公為保，周公為師，東伐淮夷，殘奄，遷其君薄姑。（史記周本紀）	四年，王師伐淮夷，遂入奄。	成王東伐淮夷，遂踐奄，作成王征。（書序）

		五年，王在奄，遷其君于蒲姑。	
		八年冬十月，王師滅唐，遷其民于杜。	
	既伐東夷，息慎來賀，王錫榮伯，作賄息慎之命。（史記周本紀）	九年，肅慎氏來朝，王使榮伯錫肅慎氏命。	
		十年，越裳氏來朝。	越裳氏重譯來朝。（尚書大傳、說苑。）
		十三年，王師會齊侯、魯侯伐戎。	
		二十四年，於越來賓。	
		二十五年，王大會諸侯于東都，四夷來賓。	（逸周書王會解）
		三十年，離戎來賓。（舊注：「驪山之戎」。）	（逸周書史記解）
康王		十六年，王南巡狩，至九江、廬山。	

昭王		十六年，伐楚荆，涉漢，遇大兕。（見初學記）	昭王將親征荆蠻，辛餘靡為右。王及祭公隕於漢中。辛餘靡振王，周乃侯之於西翟。（呂氏春秋音初）
		十九年，祭公、辛伯從王伐楚，喪六師於漢。（初學記七）	
	昭王南巡狩，不返，卒于江上。（史記） 昭王南征而不復。（左僖四）	末年，王南巡不反。（御覽八七四）	昭王德衰，南征，濟于漢，船人惡之，以膠船進王。王御船至中流，膠液解，王及祭公俱沒于水中而崩。（帝王世紀）
穆王		六年，徐子誕來朝。	
		八年春，北唐來賓。	
	穆王將征犬戎，祭公謀父諫。（史記周本紀）（國語周語）	十二年，毛公班、井公利、逢公固，帥師從王伐犬戎。冬十月，王北巡狩，遂征犬戎。	

	十三年，祭公帥師從王西征，次于陽紆。秋七月，西戎來賓，徐戎侵洛。	天子西征，鶩行至于陽紆之山。（穆傳）徐戎僭號，乃率九夷以伐宗周，西至河上。（後漢書東夷傳）
	十四年，王帥楚子伐徐戎，克之。秋九月，翟人侵畢。	穆王使造父御以告楚，令伐徐。（後漢書東夷傳）季秋，畢人告戎曰：「陖翟來侵。」天子使孟悆如畢討戎。（穆傳）
	十五年，留昆氏來賓。	
	十七年，征昆侖，西王母來朝。秋八月，遷戎于太原。	穆王西征犬戎，獲其五王，遂遷戎于太原。（後漢書西羌傳）穆傳：「天子北征於犬戎。」穆傳注引紀年曰：「取其五王以東」，無「遷于太原」語。
	三十五年，荊人入徐，毛伯遷帥師敗荊人于泲。	
	三十七年，伐楚，至于紆。荊人來貢。	文選恨賦注引作「伐越」。

共王			
懿王		七年，西戎侵鎬。	
		十三年，翟人侵岐。	懿王時，王室遂衰，戎狄交侵，暴虐中國。中國被其苦，詩人始作，疾而歌之曰：「靡室靡家，獫狁之故。豈不日戒？獫狁孔棘。」（漢書匈奴傳）
		十五年，王自宗周遷于槐里。	
		二十一年，虢公帥師北伐犬戎，敗逋。	
孝王	申侯之女為大駱妻，生子成，為適。申侯乃言孝王曰：「昔我先驪山之女，為戎胥軒妻，生中潏，以親故歸周，保西垂，西垂以其故和睦。今我復與大駱妻，生適子成，申、駱重婚，西戎皆服，所以為王。」（史記秦本紀）	元年，命申侯伐西戎。	
		五年，西戎來獻馬。	

夷王		三年，蜀人、呂人來獻瓊玉。	
		七年，虢公帥師伐太原之戎，至于俞泉，獲馬千匹。（見後漢書西羌傳）	
厲王		三年，淮夷侵洛，王命虢公長父伐之，不克。（見後漢書東夷傳）	
	厲王無道，諸侯或叛之。西戎反王室，滅犬邱之族。（史記秦本紀）	十一年，西戎入于犬邱。	
		十四年，玁狁侵宗周。召穆公帥師追荆蠻，至於洛。	
宣王	周宣王即位，乃以秦仲為大夫，誅西戎。（史記秦本紀）	三年，王命大夫仲伐西戎。	及宣王立四年，使秦仲伐戎。（後漢書西羌傳）
	玁狁匪茹，整居焦穫。侵鎬及方，至于涇陽。（六月）薄伐玁狁，至于太原。文武吉甫，萬邦為憲。（六月）來歸自鎬，我行永久。（六月）	五年夏六月，尹吉甫帥師伐玁狁，至于太原。	

王命南仲，往城于方。出車彭彭，旂旐央央。天子命我，城彼朔方。赫赫南仲，玁狁于襄。（出車）赫赫南仲，薄伐西戎。赫赫南仲，玁狁于夷。（出車）蠢爾蠻荊，大邦為讎！方叔元老，克壯其猶。（采芑）顯允方叔，征伐玁狁，蠻荊來威。（采芑）	秋八月，方叔帥師伐荊蠻。	
江漢浮浮，淮夷來求。江漢之滸，王命召虎，式辟四方，徹我疆土。于疆于理，至于南海。（江漢）	六年，召穆公帥師伐淮夷。	
南仲太祖，太師皇父，整我六師，以修我戎。（常武）王謂尹氏，命程伯休父，左右陳行。戒我師旅，率彼淮浦，省此徐土。（常武）	王帥師伐徐戎，皇父、休父從王伐徐戎，次于淮。	

宣王時，以秦仲為大夫，誅西戎。西戎殺秦仲。（秦本紀）十二諸侯年表，秦仲盡宣王六年。	西戎殺秦仲。	
	九年，王會諸侯于東都，遂狩于甫。	車攻，宣王復古也。宣王能內修政事，外攘夷狄，復會諸侯于東都。（詩序）
	三十三年，王師伐太原之戎，不克。	宣王立四年，使秦仲伐戎。後二十七年，王遣兵伐太原戎，不克。（後漢書西羌傳引）
初，晉穆侯之夫人姜氏，以條之役生太子，命曰仇。其弟以千畝之戰生，命曰成師。（左桓二年傳）晉穆侯七年伐條，生太子仇。（史記晉世家）	三十八年，王師及晉穆侯伐條戎、奔戎，王師敗逋。	王遣兵伐太原戎，後五年，王伐條戎、奔戎，王師敗績。（後漢書西羌傳）
三十九年，戰于千畝，王師敗績于姜氏之戎。（史記周本紀）（國語周語）晉穆侯十年，伐千畝有功。（史記晉世家）造父以下六世至奄父，曰公仲。周宣王時伐戎為御；及千畝戰，奄父脫宣王。（史記趙世家）	三十九年，王師伐姜戎，戰于千畝，王師敗逋。	

		三十九年，王征申戎，破之。（後漢書西羌傳）	
	宣王既亡南國之師，料民于太原。仲山甫諫。（史記周本紀）（國語周語）	四十年，料民於太原。戎人滅姜邑。晉人敗北戎于汾隰。	按：後漢書西羌傳：「晉敗北戎於汾隰，戎人滅姜侯之邑。」疑當作「滅戎人姜侯之邑」。北戎即姜戎，姜侯即北戎，為晉所敗而滅也。今本僞紀年疑誤，不足據。
幽王	秦莊公生子三人，長男曰世父，將擊戎，讓其弟襄公。（史記秦本紀）年表襄公立在次年。	四年，秦人伐西戎。	
	幽王得褒姒，欲廢申后，並去太子宜臼。太子出奔申。（史記周本紀）	五年，王世子宜臼出奔申。	平王奔西申。（左昭二十六年疏）
		六年，王命伯士帥師伐六濟之戎，王師敗逋。西戎滅蓋。（疑「犬邱」字譌。）	王破申戎後十年，幽王命伯士伐六濟之戎，軍敗，伯士死焉。其年，戎圍犬邱，虜秦襄公之兄伯父。（後漢書西羌傳）

史伯曰：「申、繒、西戎方強，周室方騷，將以縱欲，不亦難乎！」（國語鄭語）	九年，申侯聘西戎及鄫。	
周幽為太室之盟，戎狄叛之。（左昭四年傳）	十年春，王及諸侯盟于太室。	
王欲殺太子以成伯服，必求之申；申人弗畀，必伐之。（國語鄭語）	王師伐申。	
申侯與繒、西夷犬戎攻殺幽王驪山下。（史記周本紀）	申人、鄫人及犬戎入宗周，弒王及鄭桓公。犬戎殺王子伯服。	伯服與幽王俱死于戲。（左昭二十六年疏）

重答李峻之君對余周初地理考之駁難

余於民國二十年春，草創周初地理考一文，刊載於是年十二月出版之燕京學報第十期。翌年春，得讀李峻之君駁文。李君方肄業清華史學系，而余於清華亦有兼課，恨未相識。其時吳君春晗，方主編清華週刊，謀出一文史專號，來徵文。謂同學李君，篤學嗜書，其所為周初地理考駁文，用力頗勩。同學皆推服。最好有對李君答辯文發表，可資比觀。余初允之。嗣再細讀李君文，覺其大體可分三部。一則由於悞會余文而起。悞會乃一人一時偶然所有，他人讀者不必盡有此同樣之悞會。余與李君同在一校，他日見面作一番談話已得，無事形之筆墨為答辯也。二則余文有旁枝所及未能詳盡者，此當各各另為專篇，絡續發表，亦不能在答辯文中草草包括。三則李君提出之意見，與余恰處反對方面者，此層最關重要。然余文本屬創說，李君則主舊解。苟非李君別有新的證論，則余文本為摧破舊說而發，於李君文亦無多一番答辯之必要也。因見李君文中有方草周民族西來考之說，極願見其正面文字後再作商榷。因此久久未為答文，而吳君文史專號徵文，則別為一文應之。是年夏，顧頡剛先生自杭北返。見李君文，頗器許。一日告余，清華李君駁子周初地理考一文，頗能穿穴證會，青年能如此用心細密，大不易得。子何不為一答辯，燕京學報近擬特闢學術商榷一類，子答辯可與李君文一並刊載也。余聞之意動，遂怱怱草答辯文一篇。既成，自為覆閱，覺所言仍不出原文範圍，不過自加申辯，殊無意味。因思與其空為此等往復，何如另從積極方面做文，較為有益。遂繼續寫古三苗疆域考一篇，同付顧君。並囑答辯李君文，雖勉成之，可勿發刊，不足妄佔學報篇幅也。而古三苗疆域考一文，則登載於學報之十二期。是年秋，余在清華講東漢史，李君亦來受課，始相識。李君果一恂恂誠篤好學之青年也。余詢以關於周民族西來之問題，有無繼續作品。李君謂暑中多病，未能續作。近來於此問題，亦未有更深自信，暫時不願再為文字。余深喜李君誠篤虛心之態度。是夜，李君特來余室，關於周初地理考一文，有所質疑，余細剖彼對余文悞會各點。直至深夜電燈且熄，乃去。而是後，余亦以忙於課務，未能將余對於古史地理上之各種見解，逐一為文發表。今年，余在清華講東漢史已畢，李君久不見。忽一日，春假方畢，余上「近三百年學術史」退課，吳君春晗特前告：李君峻之死矣。余驟聞愕然，詢病狀及經過。吳君又告余週刊今年又擬出一文史專號，而同時彼與李君他友數人，謀為李君彙刊其生前遺文，索余前所允為答辯之作，可否草成附刊其後。余聞之悽惋。念李君氣靜心細，好學向上，苟天假之年，必能有成。而遽此夭折，眞可浩歎。而余自去夏草為古三苗疆域考後，至此行將及歲，亦並不能對此問題續有文字。今李君已遽卒，人生如草露，學問之事，不精進奮發，則因循復因循，數十年間夭壽復何辨。余一時不克別草他篇，仍不免向顧君處討出去年答辯原稿，略刪數語，以付吳君。此情何止悼念李君之不壽而已耶！吳君亦好學勤奮，他日必有成就無疑。是日與余言李君死事，面色若重有餘慟者。古人云，既痛逝者，行以自念。茲又值外患之殷，平津且亟亟慮不保。然學問之事，無所容其衰沮。竊願與吳君及李君他友謀刊其遺文者同益奮勉。因識數語，效古人重答之體卒為發表，而文中云云，固已於去秋燈下，一一與李君剖及之也。

二十二年四月二十三日

李君謂余文：「最使人不滿意者，為全盤接收了自堯典、世本、五帝德，以至於古史考、路史等書底荒謬不經的古史系統。」其實余對古史見解，並不如此。此層乃李君誤會也。

李君又謂：「試問既承認了堯、舜、禹、稷，乃至於許由、伯夷、神農氏、金天氏等，均眞有其人，那可靠的古史，還何從說起？」其實堯舜禹稷許由伯夷神農氏，固無從必證其有，亦無從必證其無。至多在今日只能謂此等古史盡屬傳說，則就傳說而論傳說，亦未嘗無思辨探討之餘地。如顧頡剛先生古史辨第一册之見解，謂夏禹治水之故事，起於南方民族，由楚而播及中國；余文則仍主舊說，謂夏禹治水故事本起中原河域。頡剛先生謂夏禹治水故事之流傳於中國，為時已晚，尚在周頌三十一篇之後；余文則仍本舊說，謂夏禹治水故事之流傳，其事甚早，並不在周人有天下之後。又如康有為孔子改制考之見解，則神農氏全是戰國農家許行之徒託古改制之僞說；余文則依舊說，謂神農氏故事流傳甚早，當始於山西之姜民族。據舊傳一般之見解，則周之祖先后稷，其起在陝西；余文則不信為舊說，而謂后稷故事之流傳，其先當亦在晉地之汾域。居今而言，以記載之殘缺，以及地層發掘之有限，物證之不足，而欲完成十足可靠之古史，誠哉其難。試問治古史者，如何直截判定堯舜禹稷之誠無其人。且余文亦非直截肯定堯舜禹稷之必有其人。余文只就傳説而論傳説，假定其傳説之初相為如此。若此種自古相沿之傳説，並非全出後人之僞造與説謊，則古人傳説，雖非即是古史眞相，亦可藉此窺見古史眞相之一面。李君謂堯舜禹稷倘眞有其人，可靠的古史便無從説起。余對李君此等見解，嫌其稍過於偏激也。

李君又謂：「現在我們對於禹之有無尙屬疑問，其封土（？）究在何處，更非幾句空話，幾條傳説的證據，可以斷定。前提既無法斷定，則后稷『纘禹之緒』何以必在河東，這豈不是沒有看見人，而即武斷照相的像不像嗎？」「現在我們既已確定了稷和虞夏毫無關係，則周語上説『昔我先王世后稷，以服事虞夏』云云當然是一篇謊話。」其實稷和虞夏是否毫無關係，現在亦並無充分證據，可以確定。周語云云，亦未見定是一篇謊話。若只就傳説而論傳説，若謂古人傳説，亦有相當來歷，並非全是僞造説謊，則余文所論，亦未嘗不是有意於古傳説中努力尋求其更會通更近情之一種解説。李君謂余沒有看見人而即武斷照相的像不像，亦嫌過分。

稷封有邰一層，李君力辯謂戰國以前無此説，其説始見於史記。余意古人傳説，應活看，不應死看。稷封有邰，不妨作稷居有邰解，封建自然是後世制度，而詩生民「即有邰家室」，李君亦認是后稷事。則稷封有邰云云，可不為辯。惟李君謂有邰在今陝西之武功，此本是舊説相傳如此。然當思有邰是否即陝西武功，則此層不僅戰國以前無人説過，即史記亦未交代明白。李君謂：「其地正當渭水北岸，正為周民族最初活動的區域」者，其實亦並無可靠之來歷。亦不過是古代人之一種傳説，經過記載，而又經後人之解説，乃如此云云也。李君既謂古人傳説多不可信，記載亦多不可信，不悟有邰在陝西武功一層更屬後人對古傳説古記載之解説，實更應有吾人懷疑之餘地。余文尚不敢輕疑古代傳説、古代記載，只就古代傳説與記載中發見後人解説有其矛盾不可通之點，乃努力別求一更會通更近情之新解説，以推測古代傳説與記載之眞意。故余文就詩經、尚書、易經、春秋左氏傳、竹書紀年、穆天子傳、逸周書、孟子、史記等種種古書中種種古人語言記載，而懷疑有邰在陝西之舊解，別創有邰在山西之新解。李君謂余：「遂把陝西底有邰，輕而易舉地移到河東去了」，此亦似李君悞解余文之用意也。

李君又謂：「古代部落間的移徙，是非常困難的。尤其在農業發明之後。他們的發展，只有沿著河流逐步地向著下流推進。」李君本此見解，謂余文所説周初居地之遷徙，未免過於曲折。然余文乃就史料而為之解釋如此，當史料未得確定之解釋以前，一般之原則，甚難確立。且余文所論周初之遷徙，多半由於外力之驅逼。李君對於古代民族遷徙縱有此肯定的原則，於余文亦無甚礙。若依舊説，后稷有邰在陝西之武功，公劉居豳，在邠縣，如此路線，亦並不合李君所定之原則。太王遷岐山在鳳翔，其路線更不合李君之原則也。且商人遷地屢屢，李君原則亦難適用。然則李君此一原則，並不足以説明史迹，擁護舊説，則自不足以駁倒余文也。

考古之事，其時逾古，愈感其渺茫。然其事稍後，則史籍記載較詳，未嘗無可靠之把握。余文論文王居岐，凡所謂岐山、岐周、岐豐、岐畢、岐陽、荆岐，一一考其地望，為定為即在涇渭之下流，所列證據，已不十一二十處。李君駁余文，惜於文王一節未能注意。當思文王岐山既在涇渭下流，可以翻前人之陳説，則太王王季之岐山，何必定在涇渭之上流，非確守漢後人之解説不可耶？李君若早就注意及此，諒必能同情於余文也。

李君解「自土沮漆」一語，謂「歷來解此詩者，多將『沮漆』誤為兩個水名，其實大誤。毛傳：『自用，土居也』，本尚能自圓其説。錢先生將『自』解為From之意，而以『沮漆』兩水為其目的語，這句詩就簡直講不通了。」其實余文云：

民之初生，自土沮漆，陶復陶穴，未有家室者，此言沮漆之地，其民居寝穴，自古公之未來，則未有所謂家室也。

余文正依毛傳，訓土為居，李君云云，又屬悞會。李君認「土」字乃鳳翔之杜山、杜水、杜陽谷、杜陽川，改沮為且，而訓作往意。然「民之初生，自杜往漆」，兩句連文，亦非妥當。

李君又駁「豳即邠」一層，謂：史記周本紀引佚周書升汾之阜，汾作豳，乃「後人據説文改史記，自然愈講愈不通」。此亦誤。孟子已作太王居邠，吕氏春秋開春論、淮南道應訓盡然。此皆在史記前，不得謂俱出後人據説文改也。

公劉詩「逝彼有泉」，余文認為即古山之鼓堆泉，李君謂詩有「觀其流泉」，「除絳之外天下果眞還有不流的泉？」李君此處下語，頗嫌輕慢。余特以古山有鼓堆泉，亦為與公劉詩情境相符之一項。至於除絳以外天下尚有流泉，自屬盡人皆知，惟余文固非只據古山有流泉，遂認即公劉詩所詠也。

李君又謂：「錢先生既明白地說：『禹貢晚出，遠在大雅之後。』又考知大雅皇矣所謂的『居岐之陽』，和緜詩所謂的『至於岐下』，均當在咸陽涇陽一帶，是陝西早有岐名。但錢先生在解釋禹貢的『治梁及岐』時候，曾經說：『狐岐得名，亦由狐戎。而曰岐山，則因山勢之盤岐。』到了解釋涇陽的嵯峨山的時候，又說：『古公自邠來，其居本為岐山，見此山之岐峯互出，因亦以岐名之。』這不僅是又承認了禹貢時代早於大雅，而且在論理上也陷於循環論證的錯誤。」其實余文特假定河東梁岐之岐山得名在前，涇陽嵯峨之名岐較晚，鳳翔之岐山得名尤後。禹貢所指乃河東之梁岐，大雅所指乃涇陽之嵯峨，而後人皆誤釋以為在鳳翔。並未説禹貢又出大雅之前。因禹貢成書時河東仍有岐山之名，故作禹貢者自指河東岐山為説。此如甲文出乙文後，而甲文説及孔子，較乙文説及孟子為早，並不即是甲文又出乙文前。此處又是李君讀余文不仔細也。

李君又謂：「錢先生每每憑了孤證，便作結論。如根據了厲之與烈，界之與厲，皆以聲轉相通的原則，即斷定界休的界山為烈山氏原住的地方。」其實余文以厲山氏即烈山氏，證並不孤。又以烈山即介山，則因介山有焚山之傳説，又因隨地之關聯，而始為此假定，亦非只用聲轉相通一孤證。

凡此，盡屬小節。出於悞會，一經解釋，便可釋然。李君又論余對於材料取捨過寬，有出後人附會，絶不可信，而余文均概加徵引，不知别擇者。惜其未切指余文某事某節，無從答辯。

茲再就李君文中所提正面立論言之。如據説文及章太炎檢論謂姜羌一族，又據水經渭水篇有姜水，謂姜姓故事傳説早在陝西，證論似嫌單薄。若謂陝西亦有姜氏故事則可，未見姜氏之必起於陝也。又引銅器鄦子妝簠記秦許通婚，謂許必在陝西西部。然秦人居邑若未詳定，則此論亦難圓。余將草秦居邑考論其事。至姜戎見於春秋，更不得謂姜姓原起陝西之證。余文於姜姓始起，亦語焉不詳，將别草一文論之。

李君謂：「後來的秦楚，明明是和諸夏毫不相干的兩個部落。」故對史記楚世家及秦本紀所載秦楚祖先均不置信。然李君並未詳説。余將别草楚族起始考與秦居邑考分論其事。

李君謂山戎孤竹，即以小匡篇論，「何嘗露出在太原的痕迹」。余文於此層論證未詳。然山戎確不在河北幽燕，余别有詳證，當特撰春秋時代戎狄考備論之。

李君指摘余文論九夷事，余文亦太略，當别為古東夷考。

李君引吳先生説，謂「京即是鎬」，駁余引「九京一名九原」，以釋公劉之京原。不悟金文所述，已屬西周後事，未必可以説周初。地名演變，其先均由通名進而成專名，實未見「京」字之必專指鎬京也。今余已草古三苗疆域考發其例矣。（按：古三苗疆域考一文已載燕京學報第十二期。）

（清華週刊第三十九卷第八期）

戰國時洞庭在江北不在江南説

一

我年來對古地理之討究，確實極感興味。我想研究上古史，尤其研究春秋以前，古地名之審定，實是一件極重要而極可有新發揮的工作。惜乎我這兩年内，沒有整個精神放在這上，因此雖有許多見解和許多計畫，而沒有能好好做文章。除兩年前寫了一篇周初地理考以外，去年夏間又匆匆寫了一篇古三苗疆域考。在那篇考古三苗疆域的文字裏，提到兩個關於禹貢的問題的：

一是説禹貢裏的彭蠡在江北不在江南。

一是説禹貢裏的衡山也在江北不在江南。

今年年假裏，又偶然想到戰國時代的洞庭，實在也在江北不在江南的。洞庭一地，雖不見於禹貢，然若使能證明戰國時洞庭不在江南，自可為禹貢彭蠡不在江南之助例。而衡山不在江南更可推類相成了。

二

何以説戰國時洞庭在江北不在江南呢？

史記蘇秦傳：

秦……告楚曰：「蜀地之甲，乘船浮於汶，乘夏水而下江，五日而至郢。漢中之甲，乘船出於巴，乘夏水而下漢，四日而至五渚。」

集解：

駰案：戰國策曰：「秦與荆人戰，大破荆，襲郢，取洞庭、五渚。」然則五渚在洞庭。

索隱：

五渚，五處洲也。劉氏以為五渚宛、鄧之間，臨漢水，不得在洞庭。或說五渚即五湖，與劉氏說不同。

今按：集解所引戰國策，其文見於秦策，文如下：

秦策：

張儀說秦王曰：「……秦與荆人戰，大破荆，襲郢，取洞庭、五都、江南。荆王亡走，東伏於陳。」

這一條又見韓非初見秦篇，作「洞庭、五湖、江南」。五渚即五湖，而五都亦即是五渚。而上引史記蘇秦傳文，亦見戰國策燕策。有鮑吳兩家的注：

鮑云：

五渚，史注，在洞庭。

吳云：

今詳本文（按：卽上引史文。）「下漢而至五渚」，則五渚乃漢水下流；洞庭在江之南，非其地也。

今按：司馬貞、吳師道兩人謂五渚應臨漢水，在其下流，（此所云「下流」，乃對秦而言，應善會。）此是絕對無疑的。然裴駰說五渚在洞庭也同樣無疑。因其同是根據原文而加以說明。換言之，卽照史記或國策原文，只能如此解。否則說「洞庭、五渚、江南」，而洞庭在江南，五渚在江北，而「江南」與「洞庭」又複了。絕無如此文理。在此只有一說可通，其說惟何？卽：

戰國時洞庭亦在江北，並不在江南。

若要找尋證據，自然上列的幾條，已是本身極堅強的確證。而最好的旁證，卽是禹貢彭蠡本亦在江北而不在江南也。古史地名像此樣的例，不知好舉幾十百個。我在周初地理考和古三苗疆域考兩文裏，已舉了不少。而其他我還有不知多少像此樣的例，俟有暇擬一一為文證之，對古史的認識上，我想實在有極大的幫助。

我又疑心這上所舉「洞庭、五渚、江南」的「江南」一名，並不是泛泛的。讓我再舉兩例：

一、史記秦本紀：「昭三十年，蜀守若伐楚，取巫郡，及江南為黔中郡。三十一年，楚人反我江南。」秦始皇本紀：「始皇二十五年，王翦定荆江南地。」

二、楚世家：「襄王收東地兵，復西取秦所拔我江旁十五邑以為郡，距秦。」

三、六國表：「秦所拔我江旁反秦。」

據此，「江南」即「江旁十五邑」，而在大江之南者。並非漫無所指的江南。而秦人取之以為黔中郡。

正義引括地志：

黔中故城，在辰州沅陵縣西二十里。

這江旁十五城的所在地，顯見在現在湖南洞庭湖之西，當時楚都之南；而洞庭、五渚，則在當時楚都之北。所以說：

伐楚，取巫郡，及江南。

又說：

襲郢，取洞庭、五渚、江南。

若洞庭是指現在的洞庭，至少照用兵的地理講來，應説「江南、洞庭」（自西至東。）而不應倒説「洞庭、江南」（自東至西。）了。若「江南」是泛指現在洞庭一帶，亦不能説以為郡而距秦了。

三

我因此而想及於楚辭。我從來就信王船山的話，屈原是曾居漢北的。現在又得一堅證，即洞庭本臨漢水是也。

九歌湘夫人：

帝子降兮北渚，目眇眇兮愁予，嫋嫋兮秋風，洞庭波兮木葉下。

那「北渚」恐怕即是五渚之一。那「洞庭」的景物，所謂「嫋嫋兮秋風，洞庭波兮木葉下」，亦絕不是現在的洞庭，所謂「浩瀚黏天，日月出沒其中」的；否則便不該説「嫋嫋秋風木葉下」了。

又湘君：

君不行兮夷猶，蹇誰留兮中洲？美要眇兮宜修，沛吾乘兮桂舟。令沅湘兮無波，使江水兮安流。望夫君兮未來，吹參差兮誰思？駕飛龍兮北征，邅吾道兮洞庭。

若照我上文所説，則先沅湘，次江，乃北征而及洞庭，並非牽強。又如：

鼂騁騖兮江皐，夕弭節兮北渚。

那北渚便是湘夫人歌中「帝子降兮北渚」的「北渚」是可無疑的。而照兩歌看來，「洞庭」和「北渚」是一地，也可無疑的。既是「鼂騁騖江皐，夕弭節北渚」，而那湘君神又是從湘口出發的。則北渚路程應是：

自湘水→而大江→而北渚。

又是無疑的。如上所説，北渚、洞庭應在江、漢水流域也可推而得了，因為我們有其他屈原居漢北的證據。而洞庭在江北漢域，我們也已於上面史記國策的書裏證明過了。

四

其次，讓我舉一條有歧義的「洞庭」。

楚策：

蘇秦說楚曰：「楚地西有黔中、巫郡，東有夏州、海陽，南有洞庭、蒼梧，北有汾陘之塞、郇陽。

這確不能說是在漢水北渚的了。我在諸子繫年裏曾證明張儀連衡的傳說，起於趙武靈王既死之後，而蘇秦的合縱說，更在張儀連衡說之後。此文說楚有黔中、巫郡，便不是蘇秦時事。惟無論如何，此種文字，恐尚出在先秦，而那時洞庭、蒼梧明在楚南了。

高誘注呂氏春秋：

醴水，在蒼梧，環九疑一山。

我們若把醴水來推尋，我很疑心蒼梧是在今洞庭之西，不在今洞庭之南。雲夢本來是江北的地名，而把來移叫江南了。洞庭也然，本來在江北，而亦以移來叫江南。然而那時即使江南的洞庭，亦應在郢都直南，在今洞庭之西。今之洞庭，八百里大浸，那時似乎楚人還不十分知道。

五

我在做古三苗疆域考的時候，更有一極大膽的假說，謂：「洞庭本在黃河流域，不在長江流域。洞庭即是黃河流域的滎水。」現在又得一證據，把來附寫在這篇文字的後面。

穆天子傳：

甲寅，天子浮于滎水，乃奏廣樂。

莊子：

黄帝張樂於洞庭之野。

我在古三苗疆域考裏，早已説莊子書裏的「黄帝張樂於洞庭」，應在黄河流域的滎水了。而不料在穆天子傳裏竟發現了古人本有滎水張樂之傳説。

我在古三苗疆域考裏又有一個極大膽的假説，謂：「彭蠡本在黄河流域，後來遷到江北，最後又到江南。」（按：此是説的地名，並非説的地土。）

現在可以照樣説：

洞庭本在黄河流域，後來遷到江北，最後又到江南。

這個説法，雖覺新奇，而我所發現的例子和證據太多了。將來一一為文發表，縱使其間有幾個是我説差了，而這個大例，和大多數的舉例，定可成立了。

四月十二夜

（編者按：本篇原載民國二十二年五月八日清華週刊第三九卷第八期。其説又寫入楚辭地名考「楚辭洞庭在江北説」一節及先秦諸子繫年第一二七節屈原居漢北為三閭大夫考之附辨，中復申於再論楚辭地名答方君，數處互有詳略。讀者其並參焉。）

再論楚辭地名答方君

余草諸子繫年，藏稿經歲，不欲輕出。何者？中多創論，獨發二千載之祕，自非冥會玄契之士，難資共信。疑者驚其鑿空，好者慕為炫異，皆非鄙意也。即如論洞庭本在江北，屈原不死湖南，正其一例。茲承禹貢學會轉示方君駁議，自念繫年語求簡要，作意容有未盡，讀吾書而疑者，決非方君一人。而方君謂余説謬誤已無可辯餘地，又不容不姑有申説也。

古史地名，其先皆為普通名詞，有義可説，如爾雅釋地、釋山、釋水諸篇可證。故往往有異地同名者，如爾雅云：「大山宮小山，霍。」凡具此狀皆可得此名，初非限於一地。故河東有霍，淮南有霍，「霍」乃一普通名詞，非特殊名詞也。然異地同名，決非同時並起，亦非偶然巧合。古人遷居不常，由此至彼，往往以故地名新邑，如殷人所都皆曰「亳」之類是也。故鄙論謂探索古史地名，有可以推見古代民族遷徙之遺迹者，在此。異地同名既有先後，則必其地人文開發較早者得名在先，人文開發較遲者得名在後。故湖南地名有與湖北相同者，大抵皆湖北人遷徙至湖南，而挾其故鄉舊名以肇錫茲新土，非湖南之山水土地自始即有此名，與湖北所有者暗合。此雖古人無一語説及此事，而古今人不相遠，後世如魏晉南遷，及近代如西洋殖民歷史，皆可援以相證。即以情理推説，亦居可信。然地名亦非一成不變，往往其地人事之變劇者，其地名之變亦劇；其地人事之變緩者，其地名之變亦緩。故人文開發較早之地域，以人事之繁變，而地名亦繁變，新名掩其故名，久則故名漸致遺失，而後人惟知有新名。其人文開發較遲者，以人事久滯無變，而地名遂得歷久而反著。此例又不勝列舉。中國古史傳説，如黄帝登空同，舜葬蒼梧，禹會會稽，此等地名，其實皆在大河兩岸華夏人文開發較早之中原區域。因中原人事多變，新名繼起而掩故名，而邊鄙四裔，因於中原文化傳播，而地名亦有移殖；於是空同在甘肅，蒼梧在湖南，會稽在浙江，中國古代聖帝名王，其活動傳説乃盡在邊區。此非古代傳説之全屬荒誕，亦有後人之誤解焉。鄙説則謂莊子所記黄帝登空同，其實所指在今河南境，司馬遷作史記，乃始誤認空同在甘肅，此由西漢人地理觀念與戰國人不同。若莊子即謂黄帝登空同在甘肅，此始為荒誕，而司馬遷則覺黄帝登空同自應至甘肅始覺像樣也。然猶幸河南空同山尚有其名，並有廣成澤、襄城之野種種地名，可資互推。故知莊子所謂黄帝登空同者，應指河南，不指甘肅。若禹會會稽，則中國地名至今惟有一會稽可指，即今浙江之會稽是，而余則終疑其不然。縱謂禹會會稽，其事本身即係一傳説而非信史，然傳説之起，在其當時，亦不能大背情理。春秋中葉以前，黄河兩岸中原諸侯，恐尚不知有浙江之會稽；即以春秋末葉及戰國時代之地理形勢論之，會諸侯亦不必到此偏區僻壤。故余意當時人謂禹會會稽者，其所指實非今浙江之會稽。即以呂氏春秋有始覽所舉九山九塞言之，九山為會稽、太山、王屋、首山、太華、岐山、大行、羊腸、孟門，餘八山全在秦晉間，何以獨會稽遠在浙江？自非古今人絶不相似，否則此等處不倫不類，殊難索解。蓋「會稽」本亦通名，章炳麟説，稽借為棨字，會稽即會棨，猶云合符。黄帝合符釜山，大禹合符某山，後人略其名而即名之曰會稽，其山當亦在河域中原。此後以地名變革，新名掩故名，而浙江以越人自稱大禹後裔，故亦有會稽之傳説。及司馬遷作史記，好奇輕信，因以浙江會稽眞為大禹會諸侯之所至。今余獨謂當戰國時，呂覽諸子所稱會稽，實別有所在而不在浙江，則聞者不免驚而生疑矣。

洞庭彭蠡為長江以南兩大澤，而禹貢彭蠡實在江北不在江南，此有清一代論者已多。夫彭蠡之名在戰國時既可在江北，則洞庭一名在戰國時自亦有在江北之可能。而況洞庭之在江北，實證尚多，較之僅據禹貢而斷彭蠡在江北者，猶更可信乎？

謂洞庭在江北，其第一證即繫年所舉國策、韓非子及史記諸文之互證是也。方君謂鄢文曲解，是方君猶為舊説纏縛，未加細思耳。此層繫年所辨已詳，可不再列，然亦有稍當申説者。據荀子議兵篇：「楚人汝潁以為險，江漢以為池，限之以鄧林，緣之以方城，然而秦師至而鄢郢舉，若振槁然。」鄢郢者，在鄀，不在江陵。楚君曰若敖氏，鄀者沿若水得名，蓋楚人之先也。江陵之郢，公穀定公四年皆稱南郢，以別於鄢鄀之郢。蓋自吳師入郢，而楚即去之不復都矣。楚都鄢鄀，至荀子時猶然。夫以荀子而言楚故，豈宜不信！然則白起之入楚都，乃漢域之鄢郢，非江域之紀郢也。左昭十三年，王沿夏，將欲入鄢，此指宜城之鄢，故沿漢水而入。史記白起傳：「昭王二十八年，攻楚，拔鄢鄧五城。明年，攻楚，拔郢，燒夷陵。」此所謂郢，即鄢郢也。其前年先拔鄢城者，楚昭王嘗自鄀徙鄢，踰年而復，鄢鄀相近，而非一地。（方輿紀要鄢城在宜城縣西南九里，鄀城在宜城縣東南九十里。）楚既都鄀，鄀亦稱郢，以其近鄢，故名鄢郢，以別於舊郢也。秦兵先得鄢，遂破郢。水經沔水注：「夷水東注沔，昔白起攻楚，引西山長谷水，即是水也。水潰城東北角，百姓隨水流死於城東者數十萬，城東皆臭，因名其陂為臭池。城故鄢郢之舊都，城南有宋玉宅。」此當北魏酈氏時，白起破楚鄢郢在於宜城之遺聞軼事尚未全失也。楚世家云：「十九年，秦伐楚，楚軍敗，割上庸漢北地予秦。二十年，秦將白起拔我西陵。二十一年，秦將白起遂拔我郢，燒先王墓夷陵，楚襄王兵散，遂不復戰，東北保於陳城。二十二年，秦復拔我巫、黔中郡。」此與白起傳參合觀之，二十年拔西陵，即昭王二十八年攻楚拔鄢鄧五城時也。舊注於西陵皆不得其地望。蓋前一年既割漢北，鄢郢之屏蔽已失，故翌年秦即下鄢，又明年遂破郢。西陵、夷陵，皆鄢郢附近，楚先王冢墓所在耳。水經注：「鄢水東南流歷宜城西山，謂之夷谿」，此所謂西陵、夷陵者，殆即在宜城西山一帶。後人乃以今湖北宜昌之夷陵、西陵説之，不知秦拔巫郡、黔中尚在後，且係蜀師東下，亦與白起不涉。故毛遂、蔡澤之言曰：「白起率數萬之眾，一戰而舉鄢郢，再戰而燒夷陵，三戰而辱王之先人」也。陳餘遺章邯書，亦曰白起南征鄢郢。秦拔郢，襄王眾散，始東退保陳；若當時楚都在江陵，秦兵已先取鄢鄧，長驅南下，楚都既破，何能轉迎秦鋒，越其兵路，而東北避地於陳哉？（陳之與江陵，亦偏在北，不應云東避。）楚策又云：「秦舉鄢郢、巫、上蔡、陳之地，襄王流揜於城陽。」城陽在河南淮域，自城陽再東乃至陳，此楚襄失鄢郢即東北退至豫境，未在江陵郢都之一證也。然則以荀子、史記合觀，楚襄王都當在鄢郢不在江陵，斷斷明矣。楚人自昭王徙都，後遂無復還江陵之明文，先秦故籍斥言楚都，亦率曰鄢郢，而後人每疑楚都仍還江陵者，蓋依漢書地理志，未有他據也。（漢志之誤，高士奇已疑之。若其謂楚始封在丹陽郡丹陽縣，則盡人知其謬矣。）就荀子說之，豈不較班書為可據乎？戰國楚都之所在既得，秦楚當時交兵之形勢既顯，則所謂「秦與荆人戰，大破荆，襲郢，取洞庭、五渚、江南」者，其地望所在亦可見。夫蘇代既云：秦以漢中之甲，乘船出巴下漢，四日而至五渚；五渚之在漢域，與漢通流，絕無疑矣。故劉伯莊謂五處洲臨漢水也。今曰「洞庭、五渚」，洞庭亦當與漢通流，其不能在今湖南三湘之間，更復何疑？竊謂洞庭、五渚，當正在漢水鄢郢附近，故蘇代既曰四日而至五渚，秦策亦云襲郢取洞庭、五渚也。否則豈有鄢郢既破，楚王方避地向東北而去，乃秦兵窮追，轉遠往長沙洞庭之理？且策史俱云「拔鄢郢東至竟陵」，（竟陵地望舊注亦未必是。）此則秦人兵鋒固未南向岳州洞庭之明證也。故曰洞庭、五渚當斷如繫年之所論也。然則江南奈何？曰，此繫年亦言之：白起既破楚都，（鄢郢。）不敢逼取楚王，而秦之偏師自蜀東下，又取楚巫、黔中地，則在襄王之二十二年，游兵所及，至於江陵以西一帶之南岸。此即所謂江南，秦本紀「昭王三十年蜀守若伐取巫郡及江南為黔中郡」是也。蘇秦說楚合從曰：「大王不從親，秦必起兩軍，一軍出武關，一軍下黔中，若此則鄢郢動。」此其指陳當時秦楚兵爭形勢，可謂瞭然矣。而兩路之尤重者，則在北不在西。此觀於秦楚歷次戰鬥，而確然而見者。亦以楚都鄢郢非江陵，其立國形勢，亦重北不重西也。故知此所謂江南，當遠在今洞庭西北，正值江陵之南以西，與洞庭、五渚之在漢北者非一地，則亦非泛指大江之南，謂秦兵直至今巴陵岳州一帶也。洞庭岳州，在後世自為衡要，而當時則決不為秦楚兵爭之區，此稍治戰國地理形勢即可得之，惟人自纏縛舊説，不肯致思耳。

繫年舊説如此，然今細思，竊恐仍猶未是。蓋古人江漢互稱，此處既連言洞庭、五渚、江南，則江南殆即漢南耳。陸機辨亡論有云：「浮鄧塞之舟，下漢陰之衆。」水經注：「鄧塞者，即鄧城東北小山也。」據此漢鄧之塞，可通舟師。漢陰即江南，更可明矣。洞庭斷在漢北，五渚全在漢北與否不可知，或可有緜亙及漢南者，而江南則指漢南言。然則所謂洞庭、五渚、江南，殆指襄陽、宜城一帶附近漢水之兩岸，尚不遠指江陵之南。如此言之，始當於古人之文理。要之其不在今湖南境，則決然無可疑耳。

余謂戰國洞庭在江北，尚有第二證，則為山海經之洞庭山。山海經中山經前後所列諸山脈盡在江北，此一條不容獨在江南。自洞庭之山東南千餘里始為柴桑之山，則洞庭之山不能在江南甚顯。方君所以不敢信者，因山海經有「是常遊於江淵，澧沅之風交瀟湘之淵，是在九江之間」數語，方君以澧沅瀟湘盡在江南；不悟九江一名，自秦迄漢，明在江北不在江南也。後人惟誤認洞庭在江南，故曲説九江亦在江南。然此則史漢明文俱在，彰彰可稽矣。（繫年只以湖北有洞庭山推證亦可有洞庭湖，並未即指洞庭之山為洞庭之澤也。惟繫年於楚都鄢郢一節考辨未及，故於洞庭地望，仍嫌模糊，只能斷其在江北漢域而已。今以鄢都之辨補之，則洞庭、五渚之地位更益明顯。繫年容俟增改，讀者先以此文與繫年並參之可也。）方君疑鄙文於澧水之在江北者未指實何地，實則澧水在江北最有明文可指，較之沅湘洞庭尤顯。（拙作楚辭地名考論及澧水，而繫年略之者，著書體例所限，不能盡詳也。）漢志：「雉衡山，澧水所出，東至郾入汝。」説文云：「澧水在南陽，經衡山東入汝。」今則澧水衡山，一望而認其為在湖南境矣。此非地名遷徙一極好之例證乎？方君又疑若洞庭湘澧諸水盡在湖北，則湖南洞庭沅湘諸水古當何名？不知山川土地初本無名，必俟其地人文漸啟，乃始有名。以古史大體論之，湖北人文開發先於湖南，湖南之人文即由湖北移殖，湖南地名固可由湖北來而較後於湖北也。故自鄙意論之，正因湖南之有洞庭沅湘諸名，而疑湖北應亦先有此諸名，否則湖南地名全出新創，別無因襲，轉為可怪矣。（方君駁余文有極誤者，如鄙論指地名遷徙，而方君誤謂指水道之移動是也。人雖好怪，亦不能不顧情理。若余謂江北洞庭沅湘諸水至漢初盡遷至湖南，此等怪論，不將大為通人所嗤鄙乎？又余以洞庭之山在江北，推論江北亦可有洞庭之水，方君乃誤謂余指洞庭山之一穴即謂是屈子所歌之洞庭。鄙人雖淺拙，亦何至於如是？）

凡此所論，聊以補吾繫年所論之未詳。余早年讀楚辭，即信屈原居漢北之説，而洞庭沅湘諸水亦在湖北，則得之甚後，實會通古史地理諸方面之問題而為此説。方君疑我考辨之疎，實則鄙人著繫年一書，此問題蓄疑胸中者最久，而其確定今説亦最遲，此與鄙人交游稍密者始知之。我説亦不敢必其無誤，不敢必謂其得古人之真相，而立説自有層累，非輕率為之，則可坦白自辨者也。

屈原曾居漢北，我自始即深信不疑。何者？以楚辭有明文可為內證，不容懷疑也。屈原不當死在襄王時，此清儒亦言之；余論楚辭之創説，惟洞庭亦在江北一義耳。然以古史異地同名之多，與夫地名遷徙之大例言之，則今湖北在戰國時可以有洞庭，其説雖創，而理據平實，無足深怪。若承認戰國時湖北亦可有洞庭之名，則余繫年所舉國策、韓非子、史記諸條，及山海經中山經之洞庭山，其實皆今湖北之洞庭，而非湖南之洞庭也。（余並疑河域亦有洞庭，説詳古三苗疆域考。）戰國時江北既可有洞庭，而屈原又居漢北，則相傳屈原作品中之洞庭，推論所及，自可在江北不在江南矣。

余論楚辭地名洞庭沅湘諸水皆在江北，本諸古史地名遷徙之通例，會之楚國人文演進之大勢，覈諸楚辭之本文，旁推之於山海經、國策、晚周諸子以及史記之所載，細大兼存，六通四闢，無所窒礙，然而猶不免乎起疑而召難，則不徒舊説之入人者深而驟難革也。史記賈生傳：「賈生為長沙王太傅，過湘水，投書弔屈原」，此若為漢人以屈原投湘在江南之確證。然賈生之渡湘投書固曰「側聞屈原自沈汨羅」矣，此特行道傳聞，偶爾振觸，聊寄吾情，未足以為典要也。方楚人之去郢而東遷，蓋有不克追隨，而避地江南，以生聚苟安於今湘沅洞庭之間者；楚國之遺聞軼事，挾而俱往，於是若者為洞庭，若者為沅，若者為湘，若者為屈子之所沉，凡以寄其故國之思，抒悲憤之忠情，而故老相傳，遂成典實。至於鄢郢故土，受虐既重，孑遺靡存。故曰「楚雖三戶，亡秦必楚」，楚僅三戶，此證其備遭痛酷。此後陳涉首禍，揭竿起義，自稱楚後，其實皆在江淮吳越之間，知鄢郢荆襄無復豪傑矣。及漢初分封，楚王在淮域，長沙亦有王者，而獨鄢郢荆襄之地缺如。（楚分共敖為臨江王，為漢高所廢。）蓋其地既無崛起割據之雄，因亦無分茅胙土之典。不徒此也，凡前漢所指目為楚人者，皆江淮吳越之産耳。前漢二百數十年，惟荆襄人物最少，可謂絶無而僅有，則以受秦慘毒，久匆自振，故傳楚辭者在淮南，而稱屈子遺迹者在江南，舊楚之文獻盡矣。賈生投湘而弔，此猶如後世蘇東坡贈赤壁耳，考古者豈可即據東坡文而堅信三國赤壁即在黃州乎？（且史公以賈生與屈原同傳，然屈原傳中固絶無一語明白謂屈原曾遷江南也。然則謂史公亦肯定屈原遷江南者，恐尚非必然之說。）

方君謂楚辭地名當在楚辭中求本證，其說是也。然詩歌與史傳行文不同，苟非別有所據，則彼此游移，儘可曲解；故後人解楚辭者絕眾，乃不悟其地望之有問題也。繫年指說已詳，復有一義當申說者。余觀詩與楚辭於「江漢」「江湘」每每連舉，此多不得專指長江言。如「江漢浮浮」、「江漢之滸」，以及「滔滔江漢，南國之紀」，大率即指漢不指江。故曰：「漢有游女，不可求思。漢之廣矣，不可泳思。江之永矣，不可方思。」則詩人之所謂江者，即漢也。荀子：「汝潁以為險，江漢以為池，限之以鄧林，緣之以方城，然而秦師至而鄢郢舉，若振槁然。」此所謂江漢，亦指漢言。昭王南征，諸書皆謂溺於漢，史記獨稱卒於江。南方水通稱江，其於此等處本通用也。楚辭涉江：「哀南夷之莫吾知兮，旦余濟乎江湘」，江湘並稱，即湘水也。湘即漢，屈原渡漢而北，故曰「哀南夷之莫吾知，余將濟乎江湘」也。又漁父：「屈原既放，遊於江潭，漁父見而問之，屈原曰：『寧赴湘流，葬於江魚腹中。』漁父歌曰：『滄浪之水清，可以濯我纓；滄浪之水濁，可以濯我足。』」此文「滄浪」「湘流」與「江潭」並稱，其實所指皆一水，即漢水也。此又楚辭作者江漢不別之一證也。（悲回風：「浮江淮而入海兮，從子胥而自適」，此所謂江者即淮也。）山海經：「帝之二女，是常游於江之淵，澧沅之風交瀟湘之淵。」此江淵即瀟湘之淵，又湘得江稱，非即大江也。「瀟湘」猶云「滄浪」耳。此處瀟湘當是一水，非於湘水外別有一瀟水。豈得以後世有瀟湘二水，而謂山海經之瀟湘必在湖南乎？「漢有游女」，詩人既詠之，韓詩亦有鄭交甫於漢皋遇二女解佩之說，舜之二女，殆即此種故事之流傳。舜之故事本多在漢域，丹朱墓傳在房縣，丹水之名即與丹朱有關，則舜女之為湘妃，最先實在今湖北之漢水，而非湖南之湘水矣。史記秦始皇本紀：「始皇二十八年，自彭城西南渡淮水，之衡山，南郡，浮江至湘山祠，逢大風，幾不得渡。上問博士曰：『湘君何神？』對曰：『聞之，堯女舜之妻，而葬此。』於是始皇使刑徒三千人，皆伐湘山樹，赭其山。上自南郡由武關歸。」今按：此處衡山在淮南，而後人亦誤解為在江南長沙。此處湘山，亦決非指今湖南洞庭湖中山，更非洞庭以南湘江沿岸之山。此湘山實即自南郡達武關，沿漢水而上，有此湘山也。水經注江水篇引韓詩周南序，曰：其地在南郡、南陽之間。楚地記：漢江之北為南陽，漢江之南為南郡。蓋漢世南郡，兼湖北荆州、宜昌、施南、襄陽四府地，南陽兼河南南陽府、汝州之地。（關於舜之故事地望，余當別為文詳論之。）屈原居漢北，所祭湘君既為漢水之女神，故望神之來享，而謂「駕飛龍以北征」，又曰「邅道於洞庭」，正以洞庭亦與漢通流，而當時屈原放流則猶在洞庭之北也。「望涔陽兮極浦」，涔陽即漢北也。「橫大江以揚靈」，大江即湘水也。詩人雖富想像，然抒寫景物，亦貴目前親切，當不倏忽飄颻至千百里外。而楚辭之與二南，其地望亦正合，又何必遠索之於今湖南洞庭瀟湘，在當時為蠻荒，中原文物所未被，風教所未及，而謂屈子之辭，乃本之當地之民歌土風乎？

至哀郢為楚襄失國時作品，昔人已多言之。頃襄二十年秦取鄢鄧五城，二十一年始拔郢，哀郢云「方仲春而東遷」，當為頃襄二十二年之仲春，郢都已危，猶未拔。故曰「何皇天之不純命」，又曰「哀見君而不再得」，皆切當時情事。又曰「去故鄉而就遠，遵江夏以流亡」，則自郢遵漢，由水道行也。「將運舟而下浮，上洞庭而下江」者，自郢泛漢，洞庭在北居上流，故曰上，大江在南居下游，故曰下。曰「過夏首而西浮」者，夏首乃鄢水入夏之口耳。其曰「西浮」，貫下「顧龍門而不見」言，鄢郢在漢西也。故又曰「背夏浦而西思」矣。此篇既為頃襄亡國時作，則自不出屈原。後人誤說郢在江陵，又自以後世境況想像前世，故道楚故者多據江陵武昌一帶說之。不知戰國楚人情實不如此，其揣測影響而不可信者多矣，固不止關於屈原之傳說也。

至羅之地望，據水經注鄢水逕羅川城，左傳屈瑕伐羅渡鄢，杜注今襄陽府宜城縣西二十里羅川城，乃羅故國；是屈原沉羅傳說，正與其所謂「寧赴湘流」者合，實亦近鄢郢也。又河南信陽有羅山縣，舊有羅水北入淮，左傳昭公五年，楚子伐吳至羅汭，高士奇以此說之，江永則謂楚之東境別有羅川；說雖無據，而較高說為近是。相其地望當近汝水。是則春秋時漢源有羅，淮源有羅，汝源亦有羅，江北之水以羅名者多矣。酈氏乃以長沙汨羅說左昭五年之羅，最為失之，高、江諸氏皆已知其非是。古人注地望謬者極多，不可輕據為說也。

方君文頗信湘君湘夫人為今湖南湘江之水神，並認楚辭中湘君湘夫人兩篇為古代湘江流域之民歌，此亦隨俗未經細思。方君謂嘉應州山歌，有高於人境廬詩者。不悟嘉應州文化緜歷，時間已久，豈戰國時湘江所得並論？且嘉應州民歌亦非湘君湘夫人之比。若就湘江流域文化沿革及楚辭文學境界仔細參對，自知此等文學決非當時湘域民間所有。方君又謂地既僻遠，當時視為猿狖所居，不在大江以南，還在何地？方君若仔細讀漢北一帶地志，自知山鬼幽篁猿狖夜鳴諸景象，不必定在湖南。且湘江地帶既以猿狖所居為徵象，既稱之為較落後的民族，恐仍難產湘君湘夫人諸歌文采。方君殆一意針對鄙文，忘卻自陷矛盾耳。

其他瑣節，不復詳及。余關於古史地理之論文，有周初地理考、古三苗疆域考（登燕京學報。）、楚辭地名考（登清華學報。）、黃帝故事地望考、西周戎禍考（登禹貢。）諸篇，方君似均未見。繫年語焉不詳，方君謂其説謬誤已無可辯餘地，故不禁稍申鄙意；鄍都一辨，乃此文之新獲，然亦不能詳盡。前舉諸作，年來鄙意稍有變異，而未遑改作，然大體尚頗自信。讀者若見繫年所論而有疑，幸一讀此諸文，庶稍見鄙意之詳也。

（禹貢半月刊第七卷第一、二、三合期）

秦三十六郡考

史記秦始皇本紀載始皇二十六年從廷尉李斯議，分天下以為三十六郡；按之班氏漢書地理志，列舉秦郡，適得三十六。

一、河東：按秦始皇本紀，始皇即位時，秦地已并巴蜀漢中，越宛有郢，置南郡。北收上郡以東，有河東、太原、上黨郡。此秦郡有河東之證。據秦本紀，秦置河東郡，應在昭襄王二十一年。

二、太原：秦本紀，莊襄王四年，初置太原郡。

三、上黨：説見河東十。據秦本紀，置郡應在昭襄王四十八年後。

四、三川（漢河南。）：秦本紀，莊襄王元年，初置三川郡。

五、東郡：秦始皇本紀，五年初置東郡。

六、潁川：秦始皇本紀，十七年攻韓，以其地為郡，名曰潁川。

七、南陽：秦本紀，昭襄王三十五年，初置南陽郡。

八、南郡：秦本紀，昭襄王二十九年，白起攻楚取郢，為南郡。

九、九江：水經淮水注，秦始皇立九江郡。據始皇本紀，秦置九江郡應在始皇之二十四年。

十、泗水（漢沛郡。）：水經睢水注，始皇二十三年置。

一一、鉅鹿：水經濁漳水注，始皇二十五年滅趙，以為鉅鹿郡。

一二、齊郡：當為二十六年滅齊後置。

一三、琅邪：亦當為二十六年滅齊後置。

一四、會稽：始皇本紀，二十五年王翦定荆江南地，降越君，置會稽郡。

一五、漢中：秦本紀，惠文王後十三年，攻楚漢中，取地六百里，置漢中郡。水經沔水注，周赧王二年，秦惠王置漢中郡。按赧王二年乃秦惠王後十二年，則二年當作三為是。

一六、蜀郡：水經江水注，秦惠王二十七年，遣張儀、司馬錯等滅蜀，遂置蜀郡。秦本紀惠王後元十四年，蜀相壯殺蜀侯來降，即惠王二十七年也。

一七、巴郡：水經江水注，秦惠王遣張儀等救苴侯於巴。儀貪巴苴之富，因執其王以歸，置巴郡。又見河東下。

一八、隴西：匈奴傳，昭襄王時有隴西、北地、上郡。水經河水注，秦昭王二十八年置。

一九、北地：見匈奴傳，秦昭王伐殘義渠，於是有北地郡。

二〇、上郡：秦本紀，惠文王十年，魏納上郡十五縣。水經河水注，昭王三年置上郡。

二一、九原（漢五原。）：趙世家，武靈王二十六年復攻中山，攘地北至燕代，西至雲中、九原。（通典，趙置九原郡，秦因之，蓋誤。說詳下。）

二二、雲中：匈奴傳，趙武靈王北破林胡、樓煩，而置雲中、雁門、代郡。水經河水注，秦始皇十三年因之置雲中郡。

二三、雁門：見雲中下。

二四、代郡：見雲中下。秦始皇本紀，二十五年王賁攻燕，還攻代，虜代王嘉，置郡應在是年。

二五、上谷：匈奴傳，燕置上谷、漁陽、右北平、遼西、遼東郡以拒胡。水經聖水注，秦始皇二十三年置上谷郡。

二六、漁陽：水經鮑邱水注，秦始皇二十二年置。

二七、右北平：水經鮑邱水注，始皇二十年滅燕置。

二八、遼西：水經濡水注，始皇二十二年，分燕置遼西郡。

二九、遼東：水經大遼水注，始皇二十二年滅燕遼東郡。

三〇、南海：秦始皇本紀，三十三年，略取陸梁地，為桂林、象郡、南海，以適遣戍。

三一、桂林（漢鬱林。）：見南海下。

三二、象郡（漢日南。）：見南海下。

三三、邯鄲（漢趙國。）：秦始皇本紀，十九年盡定取趙地。置郡當在此年。

三四、碭郡（漢梁國。）：水經睢水注，始皇二十二年為碭郡。

三五、薛郡（漢魯國。）：水經濟水注，始皇二十四年置。泗水注云二十三年。

三六、長沙（漢長沙國。）：當為始皇二十三、四年滅楚後置。

上舉三十六郡，南海、桂林、象郡，置於始皇三十三年。九原郡據匈奴傳，趙有雁門、代郡、雲中三郡以備胡，九原特雲中北界，未置郡也。始皇二十五年以前，邊郡多仍前舊，不聞增設。三十三年蒙恬闢河南地四十餘縣，（本紀作三十四縣。）蓋以此置九原。則九原亦不當在三十六郡內。（全祖望說。）又秦始皇本紀三十五年除道道九原抵雲陽，自是九原之名始見。故三十二年始皇之碣石歸，巡北邊，自上郡入。至三十七年，始皇崩於沙邱，其喪乃從井陘抵九原，從直道至咸陽。明始皇三十二年前未有九原郡也。（王國維說。）然則漢志所列三十六郡，南方之南海、桂林、象郡，北方之九原，皆在始皇二十六年後。始皇二十六年所分天下三十六郡者，漢志實尚缺其四。歷來考史者於此頗多爭議。或主三十六郡乃秦一代郡數，以班說為信。（錢大昕潛研堂集。）或以三十六郡乃始皇二十六年所分，後此所置者不與。（裴駰史記集解。）今從後說，再為補列：

一、廣陽：水經漯水注，秦始皇二十一年滅燕，以為廣陽郡。全祖望曰：「漁陽、上谷、右北平、遼東、遼西五郡，皆燕所置以防邊，漁陽四郡在東，上谷在西，而燕之國都不與焉。自薊至涿三十餘城，始皇無不置郡之理，亦無反并內地于邊郡之理。始皇并六國，其國都如趙之邯鄲，魏之碭，楚之江陵、陳、九江，齊之臨淄，無不置郡。何以燕獨無之？」（漢書地理志稽疑。）故知水經注實可信。

二、楚郡：楚世家，王負芻五年，秦將王翦、蒙武破楚國，虜楚王負芻，滅楚，名為楚郡云。其事在始皇二十三、四年。全祖望曰：「秦滅楚，置楚、九江、泗水、薛、東海（東海後置，說詳後。）五郡。及定江南，又置會稽。楚郡蓋自淮陽以至彭城，泗水則沛也，薛則魯也，東海則郯以至江都也。皆江北地。會稽則江南地。惟九江兼跨江介。」又陳涉世家有陳守。全祖望曰：「楚郡即陳郡也。楚郡治陳，故亦稱陳郡。」

三、黔中：秦本紀，昭襄王三十年，伐取巫郡及江南，為黔中郡。漢志亦失載。

四、閩中：東越列傳，秦幷天下，廢閩越王無諸及越東海王搖，以其地為閩中郡。據秦始皇本紀，二十五年王翦遂定荆江南地，降越君，置會稽郡。則閩中置郡，亦當在是年，而史失載。或閩中之置稍後，故史不與會稽並及。然至遲亦在二十六年定天下為三十六郡時也。

增此四郡，則適符三十六郡之數。其他尚有秦時郡名可考者為：

五、東海：陳涉世家秦嘉等圍東海守慶於郯。守乃郡官名。及絳侯世家因東定楚地泗川、東海郡。皆秦時已有東海郡之證。班志東海郡高帝置，蓋誤。

然東海郡固何時所置乎？若謂置在始皇二十六年前，則上列三十六郡之數又未可定。若謂置在二十六年後，則史無明文可考。惟始皇本紀三十五年有云：「於是立石東海上朐界中，以為秦東門。」竊疑秦廷分置東海郡，殆即其時。始皇三十二年，蒙恬發兵三十萬略取河南地。三十三年，又略取陸梁地為桂林、象郡、南海。又北逐匈奴，開初縣三十四，即以後之九原郡也。三十四年謫治獄吏不直者築長城及南越地。三十五年除道道九原抵雲陽，塹山堙谷直通之。九原之名始見。然則蒙恬雖然於三十二年取河南，三十三年斥逐匈奴，而九原置郡蓋有待於三十四年或遲至三十五年可知。九原之置郡既然，桂林、象郡、南海亦無不然。史言三十三年略取陸梁地為桂林、象郡、南海三郡者，特終言其事，未必其事之即在是年也。三十四年謫戍南越，即繼略地而來。然則此三郡者，亦或絡續置在三十四年，乃竟遲至於三十五年也。至是，秦之疆土，南北大擴，乃遂立石東海中，標為秦東門，以誇其盛德廣業焉。惜乎其文不傳於後世，而其事由於南北擴地而起，其辭亦或及之，未可知也。因其立石海中，標稱秦之東門，而遂劃置東海一郡，其名與南海相映照，其事亦一時之隆典。雖史文疎略，未為大書「於是乃置東海之郡」，而東海郡或即置於此年，固不妨為此推論。又是年，始皇以咸陽宮廷小，乃大營作，建阿房宮，又造驪山，遂徙三萬家驪邑，五萬家雲陽，於其時而立石海中，以為秦之東門，則其增制東海一郡，固宜爾矣。故知桂林、象郡、南海、九原四郡之立，當在始皇二十六年定天下為三十六郡之後；而東海郡之立，則猶在桂林、九原四郡之後。至是凡得五郡，合之以前三十六郡，秦郡之確可考信者，凡四十一郡也。

後記

諸家考秦郡，紛紛無定論，而皆有所失。惟全謝山漢書地理志稽疑所得最多。不列桂林、象郡、南海三郡，其得一也。又退九原，二也。據楚世家、秦本紀、六國年表補黔中郡，三也。據楚世家補楚郡，四也。而據水經漯水注補廣陽一郡，尤為創獲，五也。（梁玉繩史記志疑亦據水經注補廣陽，似未見全說。）漢志列記秦三十六郡，謝山退其四，補其三，已得三十五，故曰得最多。其微可議者，不列閩中，而以東海足三十六之數耳。錢竹汀謂閩中雖有郡名，仍無諸、搖分治，秦未嘗別置守尉，故不在三十六郡之數。此無證以堅其說者。謝山惟謂始皇置，不知其年。然據始皇本紀，王翦定荆江南地，降越君，置會稽郡，在二十五年。或漢省閩中附會稽，故史文略之，惟稱置會稽，而閩中置郡實亦在是年；即較晚，亦當在二十六年分郡時。謝山不據此推定其年者，蓋由既列東海，不得不出閩中。疑東海在內地，必先置，閩中在外夷，或較後，故曰不知其年矣。然東海置郡，同無的年可考。必謂在始皇滅楚時，亦難定讞。今據始皇本紀三十五年「立石東海上朐界中以為秦東門」一條，推證東海分郡應在此時，則閩中自當列三十六郡內無疑。謝山考秦郡，嘗謂「惜不得胡梅磵、王厚齋二先生相與討論」。今著此說，亦復同慨。恨不得起先生於地下，卒為論定之也。

考古之事，往往愈後愈密，所得轉勝於前人，然亦有不盡然者。裴駰注史記，已不列桂林、南海、象郡，而錢竹汀力非之，實為一歧；謝山退九原，補廣陽，所獲遠超前人，眞所謂博而篤者。王靜安觀堂集林秦郡考，主駁竹汀之説；其退九原補廣陽，皆本謝山，而又不全遵信，又轉生歧，遂有四十二郡、四十八郡之擬議。其説即本錢氏秦數以六為紀，郡名三十六，蓋取六自乘之云云。其實錢氏謂秦初分郡取六數自乘並不誤，特其後續有增置，不得謂每增必六。王氏既知秦郡之不止於三十六，而又過泥錢氏六數為紀之論，故強以四十二、四十八足之。錢、王兩家，精思博識，大略相似，而於此俱失之，良可憾也。

竹汀考秦郡，專據漢志駁裴駰。又曰：「讀史之病，在乎不信正史而求之過深，測之太密。」靜安駁竹汀，乃盡置諸家，惟於史記中求之。而曰：「以班氏較裴氏，則班氏古矣；以司馬氏較班氏，則司馬氏又古。」此其説似可以折服竹汀之口，然考史者往往有正史所缺而旁見於諸家，亦有前人失載而轉詳於後籍。若專從正史，盡棄諸家，一本前人，偏疑晚記，則得失亦參半，未能全是也。水經漯水注言秦始皇二十一年滅燕為廣陽郡，史記、漢書皆不載。謝山據以補史漢缺佚，其識卓矣。王氏之論曰：「由今觀之，此郡之果名廣陽與否，雖不可知，然其置郡之説，殊不可易。」夫置郡之説既不可易，則當時誠有此郡；郡名之果為廣陽與否，無足深疑也。且於其置郡之説既不可易，又何從而致疑其郡名之未必可信？王氏又言之，曰：「三十六郡之分，在始皇二十六年。齊國滅近在是年之春，距燕之亡亦不過一歲。二國新定，未遑建置。故於燕僅因其舊，置緣邊五郡，於齊，略分為齊與琅邪二郡，其於區劃故未暇也。」此辨尤疎失。齊滅即在是年，已得分置二郡。燕滅尚在前，何反不遑建置？且秦滅遼東在始皇二十四年，滅薊尚遠在二十一年，距二十六年分郡已五年。齊尚得間分設兩郡，燕緣邊亦得仍設五郡，皆近在一二年內；薊滅已五年，何獨不遑仍其舊都而建一郡乎？謝山所謂：「自薊至涿三十餘城，始皇無不置郡之理，亦無反并內地於邊郡之理。且始皇之并六國也，其國都如趙之邯鄲，魏之碭，楚之江陵、陳、九江，齊之臨淄，無不置郡，何以燕獨無之？」凡此三難，王氏亦謂無説以易矣。今顧謂薊之置郡當在二十六年後，即無異謂此六七年間者，自薊至涿三十餘城，不為置郡，否則并內地於邊郡。且秦滅六國皆於其國都置郡，而燕獨不然，乃自燕滅六年以外始遑分建也。則凡謝山之説，王氏所謂無以易者，實皆未之守。且水經注明謂「始皇二十一年滅燕置廣陽郡」，謝山加以證成。今既信謝山之證，而轉棄水經注原文。既疑郡名未必為廣陽，又於置郡之年決謂在二十六年後，而復無證以自堅，則又何哉？夫亦曰水經注非正史，成於酈道元，尤遠在裴駰後，不足遵依耳。然王氏於二十六年前秦人置郡，必一一尋之史記；而二十六年後即復以理推證，不僅水經注所載可據，即史漢無明文，諸家無旁見，亦得從酈氏一語為之推定，謂齊於二郡外尚得五郡者，是又何耶？故王氏之失，在先懸一格以定考辨之從違，而復不能堅守。亦由謝山之所以證水經者，其論先立於不敗，仍不得不折而從之也。

且王氏於二十六年前置郡，既一一尋之史記，而楚世家明有「滅楚，名為楚郡」一語，謝山特據以補漢志之缺，王氏文中顧絶不及，亦可怪也。楚郡之名，梁玉繩曾疑之，謂「滅楚名為楚郡」者，此言始皇諱楚，故滅去楚之名，而於楚地置郡耳。其說殊牽強。王氏獨不列楚郡，亦以梁氏言為然乎否耶？要之於楚世家此語，不應脫漏，或默不置辭。謝山之言曰：「秦滅楚置五郡，曰楚，曰九江，曰泗水，曰薛，曰東海。及定江南，又置一郡，曰會稽。楚郡蓋自淮陽以至彭城，泗水則沛也，薛則魯也，東海則郯以至江都也，皆江北地；會稽則江南地；惟九江兼跨江介。」王氏所考無楚郡，而有陳郡，為全考所無。然謝山又言之，曰：「秦滅楚，於其都如江陵、陳、九江皆置郡。」今考江陵置郡則南郡也，九江則壽春，陳則楚郡，全氏言之極析。又於十八王所置郡名下，明曰「楚郡即陳郡」。（姚鼐亦云：「楚襄王始都陳，後為秦得，故陳為郡。」見惜抱軒集項羽王九郡考，與全說合。）王先謙漢書補注曰：「秦楚郡治陳」，即本謝山。又曰：「楚郡地廣遠，故後又分九江、長沙、東海、泗水、薛五郡。」今按：始皇紀二十三年：「王翦將擊荊，取陳以南至平輿，虜荊王，秦王游至郢陳。」楚郡之設，蓋在其時。縱謂始皇諱楚，然秦廷名之荊郡，（或陳郡。）而東方自號楚郡。猶如史公於始皇紀諱楚稱荊，於楚世家則仍有楚字，非不可也。是年，「項燕立昌平君為荊王，反秦於淮南，明年王翦破荊軍，昌平君死，項燕自殺。」九江郡當立此時。其他未能確指，（參看水經注。）惟東海應在後耳。王氏考得陳郡，又明見全氏書，（姚文亦定見，以姚與錢以秦郡起爭議也。）顧不會合為說，而於楚世家楚郡一名始終不提。殆以言楚郡，則其建置當在二十六年前。而王氏必抑之二十六年後，以符其秦人制郡必以六數之說耳。然陳與東海兩郡，其名見於陳涉世家，其事雖在二世時，不得即謂其建置定在秦之末年。則仍不如謝山之說，謂秦滅六國，於其國都所在均建郡之為近情，且有楚世家明文可據。王氏既稱盡置諸家，專於史記中求之，更不應置此不論。又既見全氏書，亦不應於楚郡、陳郡異同不剖辨也。全氏考秦郡識超前人者凡三處：一曰退九原，王氏承襲以為說；一曰補廣陽，則王氏微變之；一曰增楚郡，則與王氏陳郡名異而實同。全氏所得已多，惟失閩中一郡，王氏已糾之。然轉自生歧，遂有四十二郡、四十八郡之推臆。而秦初郡三十六之究竟，仍無定論。則考史之事，所由迂折紛歧，而未必後來之必勝前人矣。王先謙漢書補注獨遵謝山，謂較前人為覈實，可稱有識。然於閩中一郡，失亦相因，未能有所獻替。靜安考秦三十六郡，既不列廣陽、陳郡，乃別尋陶、河間兩郡以足之，然證論頗未愜。近人朱偰曾加駁正。（見北京大學國學周刊第二卷第十九期。又王氏論河間置郡，引趙策及史記甘茂傳為證，其實其時河間為呂不韋封邑，非秦郡，朱辨未及。）朱說三十六郡，入閩中，去東海，結論與余全符，惟不論東海置郡年，則仍不足為前人解紛。

又姚鼐復談孝廉書，謂：「考秦楚間郡名，得四十餘。謂項羽紀趙將司馬卬定河內，故立為殷王，王河內，蓋秦有河內郡。田安下濟北數城，留侯世家孺子見我濟北，亦秦郡，故曹參定濟北郡也。至於鄣、東陽、膠東、膠西、博陽、衡山諸郡，皆名見楚漢之交者，此或秦置耶，或楚漢置耶，舉未可知。究之秦初郡必不可指數，多聞闕疑，庶得之耳。」此由姚氏先作漢廬江九江二郡考，以鄣為秦郡。及此未能堅持，故為此說。其實姚氏所舉郡名，謝山均考為楚漢間置，其說甚是，惜姚氏未見也。然觀堂主秦郡在齊，於臨淄、琅邪外尚有膠東、膠西、濟北、濟南（即博陽。）、城陽五郡，其意實自姚氏啟之，而亦微變其說。惟既取濟北諸郡，何以又不數河內與鄣郡？蓋王氏自以三十六、四十

二、四十八為數，故取捨不免自亂。所據司馬卬定河內，田安降濟北數城，正以項王封卬為河內王，安為濟北王，故史文記之如此。此自行文之便，非可即證其前已有河內、濟北郡。田儋傳田榮反擊項羽於城陽，王氏謂城陽非縣名，則高紀何以稱「追至城陽，虜齊王廣」？又齊策襄王遭淖齒難，走城陽山中；漢城陽國治莒，則襄王走城陽即莒也，亦不得證其為郡名。膠東則以田市為膠東王而起。高紀以膠東、膠西、臨淄、濟北、博陽郡七十三縣立子肥為齊王，王厚齋本水經注謂是諸郡悉羣雄分置，全謝山推為不易之論，而別著十八王所置郡名考。即錢竹汀說亦謂：「諸侯分王其地，各自立郡，非秦舊。」此本無可疑。即謂秦時已有此等郡，則高紀封荊王者尚有東陽、鄣郡、吳郡，與齊七郡同書，王氏何以又弗稱引？則又弗如姚氏闕疑之説為勝矣。要之此均不足以亂秦初郡三十六之數，亦不能強以六數之説為配合。錢竹汀所謂「勿求之過深，測之太密」者，正在此等處。今悉去轇轕，專本史漢明文，旁參水經注，定著秦初郡三十六，後得四十一，其餘則建於楚漢之交，如謝山說，庶為近是。因附後記，並羅諸説，申其異同焉。

（禹貢半月刊第七卷第六、七合期。此文作於民國二十一年夏，曾刊登清華週刊第三十七卷第九、十合期文史專號。）

秦三十六郡考補

曩余為秦三十六郡考，折衷諸家，汰瑕錄是，益以己見，定秦初分郡三十六，後增郡五，凡郡四十一。（曾刊民國二十一年五月清華週刊第三十七卷第九、十合期。）頃讀毛嶽生休復居集秦三十六郡說，取徑與余文略似，結論亦相當，而仍有不能盡同者，因復取而略論之。

毛氏始辨南海、桂林、象郡不在三十六郡內，又辨鄣非秦郡，謂劉原父說誠迂，而劉昭注亦微誤。韋昭曰：「鄣郡，今故鄣縣也。後郡徙丹陽，轉以為縣，故謂之故鄣也。」其言鄣與郡治同，而皆不及秦。韋，孫吳人，不應不詳審於梁。而漢志凡止言故者，若故淮南、故趙、故梁、故東海、故鄣郡之類，皆屬漢初所立，義可考覈。（按，此錢竹汀已辨之。）又辨秦郡不當數內史，謂秦有郡無國，故尊內史與郡別，漢初則天子諸侯所都皆曰內史，故與郡埒，制不同。孟堅地理志後又明言「本秦京師為內史，分天下為三十六郡」，京兆尹等下注獨云「故秦內史」，不稱為郡。且太史公所云分天下者，是分其所得諸侯地，非分其故有秦也。郡置守尉監，此曰內史，官復不同。故從裴氏之說，去鄣與內史，得三十四郡，又據水經注增廣陽，據陳涉世家及魏志等書增郯郡，為三十六，而不信全祖望楚郡之說。余謂毛氏去鄣郡去內史增廣陽皆是也，而不取楚郡則非。

毛氏之說曰：「陳是縣非郡，索隱已辨之。」今按陳涉世家：「至陳，郡守令皆不在。」索隱：「張晏云，郡守及令皆不在，非也。按地理志云秦三十六郡並無陳郡，則陳止是縣，言守令，則守非官也。與下守丞同也。則『皆』字是衍字。」然則索隱辨陳非郡，僅據班志。據班志，則廣陽何可增？今可據水經注增廣陽，獨不可據史記增陳郡乎？守丞者，郡守、縣令長皆有丞，言守丞以別於令長之丞，守令豈得與守丞同乎？索隱輕說守令同於守丞，乃謂「皆不在」衍「皆」字，可謂無理曲辨，而毛氏顧據之，何耶？

毛氏又曰：「全氏考項羽九郡，求其地而不足，用數楚郡，不知楚郡已分為長沙、九江、會稽，秦又諱楚也。」夫長沙、九江、會稽，皆楚之邊裔耳。若謂楚分為長沙、九江、會稽，不應有楚郡，是則燕分為漁陽、上谷、右北平、遼東、遼西，不應復有廣陽。今毛氏不疑燕之有廣陽，而獨疑楚之有楚郡，必曰秦諱楚稱，不應有楚郡，則全氏固謂楚郡即陳郡，楚郡治陳，故亦稱陳郡矣。秦人諱楚，何害其有陳郡？漢人不諱楚，何害其稱楚郡？然則合楚世家、陳涉世家兩篇合證，謂秦滅楚置楚郡，不猶勝於據水經注謂秦滅燕置廣陽郡乎？

然則毛氏何以不取於陳郡？曰：秦郡之明白可考者已得三十四，增廣陽、陳郡、郯，則將為三十七；限於郡數，故三必割其一。毛氏捨陳而列郯，余則捨郯而列陳，此其異。

毛氏引洪氏亮吉之說曰：「郯郡見漢書高祖紀，而魏收地形志亦云：郯郡秦置，漢高改為東海郡，御覽引地道紀，海州東海郡，秦為薛郡地，後分薛為郯，漢改郯為東海郡。水經注沂水下，郯，故國也。東海郡治。秦始皇以為郯郡，漢高帝二年，改從今名。是秦有郯郡之明證。」今按：洪説博矣，然可以證秦郡有郯，不足以證郯之必在三十六郡之數也。若地道紀所云秦後分薛郡為郯，是三十六郡有薛無郯，郯在三十六郡之後矣。然諸家考秦郡，均不肯列郯於三十六郡之後者，以郯立郡始何年，史籍無明證，不如南海、桂林、象郡之例，故不敢輕易為説也。且余猶有辨。據史記陳涉世家，秦嘉等圍東海守於郯，又絳侯世家，因東定楚地泗川、東海郡，是秦時此郡本名東海，不名郯。漢書高帝紀，六年正月，以碭郡、薛郡、郯郡三十六縣立弟文信君交為楚王。是東海郡至漢高時乃稱郯郡也。水經注謂漢高帝二年改郯為東海，高祖六年，則即位後之二年。是年明稱郯郡。是水經注所云適得其反。毛氏引陳涉世家圍東海守之文，謂：「涉初起事，守必秦置。始皇時不聞有東海郡，郯為楚地，秦既滅楚，斷不虛其地，是始皇必名為郯，至二世而更之，既破復立，仍其後名。班氏遂以為高祖置，然應劭則已明言秦郯郡矣。」毛氏何據而説始皇之必名為郯郡乎？毛氏又何據而知至二世而更之為東海乎？毛氏所據，最早當為應劭之説，應劭所謂，何如史記陳涉世家、絳侯世家之可信據？今欲彌縫應劭之説於史漢而求其無間，因謂始皇初名郯，二世改名東海，是臆説矣。且又不知漢初之又名郯。若據史漢明文，則是郡秦時稱東海，而漢初稱郯，甚顯白矣。其復稱東海，當在景帝二年後。全祖望曰：「東海故秦郡，楚漢之際改名郯郡，屬楚國，高帝五年屬漢。」其説郡名先後轉移，蓋為得之。後人徒見漢志稱東海郡，遂謂秦名郯郡，高祖改之，皆未細讀史漢當時文獻者也。郯郡在秦本名東海之辨既定，則秦人所以分薛而立東海郡之由來亦可推。余前文據始皇本紀三十五年立石東海上朐界中以為秦東門之説，定東海立郡應在是年；此正秦人北啟九原，南建桂林、象郡、南海三郡時也。

又毛氏不知九原為後置，故閩中亦不列三十六郡之數，此皆其失。

今綜會諸家而定其是非，則秦郡之明明可考者凡四十一。（毛文只有四十，以不取陳郡也。）内史、鄣郡必當去，廣陽、陳郡、東海必當增，桂林、南海、象郡、九原必不在三十六郡之數。若余論可立，則東海郡當在三十六郡外；若余説不足以取信，則進東海，退閩中，即全氏祖望之説。故曰考秦郡者，以全氏所得為最多也。毛氏之失在不取陳郡，不退九原，不知郯與東海郡名之沿革，要之其所得亦不少矣。余因讀其文而復辨之如此。秦郡之爭，其庶有定論歟？

二十六年五月七日

（禹貢半月刊第七卷第六、七合期）

中國史上之南北強弱觀

歷代塞外蠻族，不斷的向南侵犯，和好幾次南北分峙的局面下，大半由北方吞併了南方。中國史上之所謂「北強南弱」說，幾乎為一般人所信受。又因此而造出種種解釋，關於山川形勢，氣候物產，民族文化，各方面都有。似乎就中國史的經過論，北方強於南方，是一種顯然的事實。然苟仔細論之，則亦有未盡然處。前漢和盛唐，豈不大大的慴服了北方的蠻族？春秋時的吳楚，豈不凌駕中原，稱霸一時？項羽、劉邦、劉秀、劉裕、朱元璋，亦全是起於南方而戰勝了北敵。以至於最近的革命，大體說來，亦可以算是南方的勝利。可見中國史上告訴我們的，未必在北便強，在南便弱。軍事勝敗，民族盛衰，應該還有其他説明。本文只就一個小小的觀點上，來對本問題試作一種另一方面的考察。

茲為便於行文，先述本篇所欲提出之結論，而後及於其事實之證據。竊謂兩個民族和國家間的盛衰強弱，往往有時只取決於幾次軍事的勝敗。而雙方軍事勝敗的關鍵，和其軍隊附帶之武裝常有頗重要之關係。中國史上之南北軍事勝敗，在當時往往有一種武裝的問題佔其極重要的因素，而漸漸為後來讀史者所忽略。本篇所舉，則專在軍隊中之馬匹一項。大抵軍隊中有馬匹，而其馬匹又多又精壯者，其軍隊常易佔勝利。若其軍隊中馬匹少，又多羸弱，則常易失敗。這一點雖若小節，然有時足以推翻或改定上述種種關於山川、形勢、氣候、物產、民族、文化各方面的南北強弱觀之解釋。

從春秋時代的戰事觀之，似乎騎兵作戰還未發現。隱公九年左傳，北戎侵鄭，鄭人患之，說：「彼徒我車，懼其侵軼我。」可見當時戎狄尚是步戰，而中原華族則係車戰。直至昭公元年，晉中行穆子與羣狄戰，魏舒說：「彼徒我車，所遇又阸，請皆卒」，乃毀車以為行。（行即步隊。）則那時的羣狄，還只是徒步作戰，而中原華族則猶是車戰。（宋李覺謂唐堯暨晉，皆處河北，而北虜不能為患，由馬之多也。此自居宋人見地言之，春秋以前，馬之為用尚不如李氏之所言。）及戰國趙武靈王胡服騎射，以滅中山，開林胡，則知當時趙北三胡（林胡、樓煩、東胡。）已習得騎射作戰的技術，所以趙王下令胡服，招騎射，略胡地至榆中，而林胡王獻馬。（見史記趙本紀。）馬匹在當時，遂為國際鬥爭所重視。

史記匈奴傳，說：

> 匈奴畜之所多，則馬牛羊，其奇畜則橐駞、驢鸁、駃騠（徐廣曰：北狄駿馬。）、騊駼（徐曰：似馬而青。）、驒騱（說文云：野馬屬。）皃能騎羊，引弓射鳥鼠。士力能彎弓，盡為甲騎。

可見匈奴是一個騎馬的民族，而其軍隊則全是騎兵。第一次有名的漢匈奴戰事，為白登之圍：

冒頓佯敗走誘漢兵，漢兵逐擊冒頓。冒頓匿其精兵，見其羸弱，於是漢悉兵，多步兵，三十二萬北逐之。高帝先至平城，步兵未盡到，冒頓縱精兵四十萬騎圍高帝於白登。……匈奴騎，其西方盡白馬，東方盡青駹馬，北方盡烏驪馬，南方盡騂馬。（史記匈奴列傳。）

這一役雙方軍事利鈍勝敗的關鍵，史公已詳細扼要的描寫出來，似乎不在乎南人之與北人，而在乎多馬之與少馬。

漢匈奴壤地相接，緜延數千里。雖說「長城足以限馬足」，究竟防多力分，匈奴只要從一處奪關而入，待漢援至而胡騎已去。邊境不勝其擾。若長守和親政策，年年以繒絮米糵種種禮物結其懽心，則中國財力日弊，而匈奴貪慾難饜。澈底的辦法，惟有改防禦為邀擊。只把匈奴主力擊破，使其大大的膽寒，則一勞永逸，可以有一百年數十年的安寧。這是漢武馬邑之謀之由來。馬邑之謀既敗，漢匈奴和局破裂，漢廷遂決計大舉出塞邀擊，而首先問題便是組織騎兵隊。有了騎兵，不僅可以出塞，而且可以絕漠。元朔六年，

漢……乃粟馬，發十萬騎，負私從馬凡十四萬匹。（史記匈奴傳。正義謂負擔衣糧，私募從者凡十四萬匹。）

大舉出擊。是後「匈奴遠遁，而漢南無王庭」。然

漢馬死者十餘萬。匈奴雖病遠去，而漢亦馬少，無以復往。（同上。）

那時漢朝國力與其對匈奴之政策，幾乎可以把馬之耗息來代表。史公説：

漢興……自天子不能具鈞駟，而將相或乘牛車，……馬一匹則百金。……七十餘年之間，……衆庶街巷有馬，阡陌之閒成羣，而乘牸牝者擯而不得聚會。（見史記平準書，又漢書食貨志，天子為伐胡，盛養馬，馬往來食長安者數萬匹。唐文粹卷二十二張説開元隴右監牧碑頌，謂漢武廐馬有四十萬匹。而烏氏居塞，致馬數千羣，橋桃居塞，致馬千匹。邊塞牧事之盛亦可見。）

遂後患馬乏，乃：

著令令封君以下至三百石以上吏，以差出牝馬。天下亭亭有畜牸馬，歲課息。（同上。）

而漢廷之通烏孫，伐大宛，亦全有馬的背景。

後漢時，西羌為患尤劇。任尚屯三輔，臨行，虞詡說之曰：

使君頻奉國命，討逐寇賊。三州屯兵二十餘萬人。棄農桑，疲苦徭役，而未有功效。……今虜皆馬騎，日行數百，來如風雨，去如絶弦，以步追之，勢不相及，所以曠而無功也。為使君計，莫如罷諸郡兵，各令出錢數千，二十人共市一馬，如此可捨甲冑，馳輕兵，以萬騎之衆，逐數千之虜，追尾掩截，其道自窮，便人利事，大功立矣。（後漢書西羌傳。）

任尚遂以立功。

五胡之亂，起自中國內地，而步馬之勢，為當時強弱分判的一種重要因素，其事依然顯著。通鑑說：

石勒帥輕騎追太傅越之喪，及於苦縣寧平城，大敗晉兵。縱騎圍而射之，將士十餘萬人，相踐如山，無一人得免者。（晉書越傳作數十萬衆，勒以騎圍而射之，相踐如山，王公士庶死者十餘萬。）

這是當時胡夏鬥爭一個榜樣。石勒帶領的是胡人騎兵，而東海王越部下十餘萬衆，則大概多是步卒。

此後桓溫北伐：

軍糧竭盡，溫焚舟步退，自東燕出倉垣，經陳留，鑿井而飲。行七百餘里，（慕容）垂以八千騎追之，戰於襄邑，溫軍敗績，死者三萬人。（晉書溫傳。）

此是有名的枋頭之敗。桓溫以數萬人步行七百里，為八千騎追及而致敗績。當時：

慕容德率勁騎四千，先溫至襄邑東，伏於澗中，與垂前後夾擊。（晉書慕容暐載記。）

故桓軍遂致大敗。正因當時北軍多騎，南軍多步，所以南師北伐，北軍可以避銳遠引。及南軍糧盡自退，北軍則以勁騎追躡。步卒遇騎兵，只可有大敗，不能有大勝。此等處全在有馬之與無馬，而不關南人之與北人。（劉裕臨朐之勝，以車四千兩方軌徐進，敗慕容超鐵騎萬餘，然超敗即引眾走，裕軍斬獲千計，與桓溫之一敗而死三萬人者大異。此非超巧而溫拙，仍在騎步之懸殊也。宋書索虜傳有「彼騎我步，走不逮飛」語。以後屢有主張以車戰禦胡人之騎隊者，實乃迂濶之見耳。）

歷朝畜馬之盛，無如元魏：

世祖平統萬，定秦隴，以河西水草善，以為牧地，馬至二百餘萬匹，橐駝半之。（太延二年，先已於雲中置野馬苑。）孝文即位後，復以河陽為牧場，恒置戎馬十萬匹，以擬京師軍警之備。每歲自河西徙牧并州，漸南轉，欲其習水土，無死傷，而河西之牧彌滋。（魏書食貨志六。）

元魏有馬二百餘萬匹，而南朝江淮間只十萬，（此語出處一時忘却。）數量相差遠甚。南方不能并北，而終為北方所并，只看馬數的統計已够。

唐初武功，說者每推美於唐之兵制，其實唐代府兵制度未必與唐代武功有十分的關係，（此層須另論，非此所能詳。）而唐代武功之又一原因，則在其畜馬之盛。張說云：

自貞觀迄於麟德，四十年間，馬至七十萬匹。置八使以董之。設四十八監以掌之。跨隴西、金城、平涼、天水四郡之地，幅員千里，猶為隘狹，更析八監，布於河曲豐曠之野，乃能容之。

王氏玉海云：

唐世牧地，與馬性相宜，西起隴右、金城、平涼、天水，外暨河曲之野。內則岐、豳、涇、寧，東接銀夏，又東至樓煩，此唐養馬之地也。（卷一百四十九。按王氏此條乃歐陽修說。）

此等只是官馬。唐初去元魏未久，諒來黄河流域一帶，民間私馬一定亦甚盛。（文獻通考引林氏駉曰：唐府兵之制，當給馬者，官與其直市之，每匹錢二萬五千。刺史折衝果毅覈歲周不任戰者鬻之，以其錢更市，不足則府供之。此全是民間私馬也。至府兵漸壞，府兵貧難致，乃給以監牧之馬，則為官馬矣。唐府兵改而為彍騎，可見府兵亦重騎隊。）

唐代武功，頗賴於騎兵的戰績，如：

貞觀四年正月，李靖率驍騎三千，襲破定襄。二月，李靖與李世勣謀，選精騎一萬，齎二十日糧，往襲頡利。遂滅突厥。

此等隨處皆是，無煩縷舉。直到安史作亂，河北藩鎮之強，亦還有馬的關係做其背景。安祿山以内外閑廄都使兼知樓煩監，陰選勝甲馬歸范陽，故其兵力傾天下，而卒反。（文獻通考。）杜牧説：

冀州産健馬，下者日馳二百里，所以兵常當天下。（罪言。按唐中葉後既失河北，而河隴以西亦為吐蕃所陷。唐馬皆市之回紇，盡駑劣也。）

宋代的積弱，亦與馬匹有關。幽、燕、寧夏產馬之地，全入異族之手。太宗時，國子博士李覺上言：

夫冀北燕代，馬之所生，胡戎之所恃也。故制敵之用，實騎兵為急。議者以為欲國之多馬，在乎啗戎以利，使重譯而至焉。然市馬之費歲益，而厩牧之數不加者，蓋失其生息之理也。且戎人畜牧轉徙，旅逐水草，騰駒游牝，順其物性，由是寖以蕃滋也。暨乎市易之馬，至於中國，則縶之維之，飼以枯藁，離析牝牡，制其生性，元黃虺隤，因而耗減，宜然矣。（文獻通考卷十六。）

其後歐陽修亦言：

唐世養馬之地，（按其詳已見前。）以今考之，或陷沒夷狄，或已為民田。

而當時牧事，一馬占地五十畝，所以惜費與爭利者，又爭侵牧場為農田。宋之馬政終難發展。（宋祁謂朝廷與虜相攻，必不深入追窮，驅而去之，及境而止，不待馬而步可用，請損馬益步，馬少則騎精，步多則鬬健。此亦不得已而為之論也。）天聖中，牧馬至十餘萬，已稱盛況。祥符六年，樞使陳堯叟言，洛陽監馬五千匹，頗費芻粟。上曰：馬數及萬匹可止。蓋宋都河南，一則地狹不宜養多馬，二則氣非高寒，馬亦不易繁息。及官馬日耗，而有戶馬之法。自此而宋之馬政益壞。蔡絛國史補云：

> 金人犯闕，詔盡括內外馬及取於在京騎軍，不及二萬。（文獻通考引。）

今謂宋之積弱，少馬為其一因，諒無大誤。

至宋之外敵遼金，其戰馬之盛，恰恰與宋成反比。茲據遼史兵衛志所載遼太祖會李克用於雲中，已有兵三十萬。十一年總兵四十萬伐代北。

> 遼國兵制，凡民年十五以上、五十以下隸兵籍，每正軍一名，馬三匹。而二帳十二宮一府五京，有兵一百六十四萬二千八百。只以皮室軍三十萬騎，屬珊軍二十萬騎，御帳親軍已五十萬。加之宮衛騎軍十萬一千。合六十萬一千。一正兵三匹馬，已應有馬一百八十餘萬匹。（食貨志，天祚初年，馬猶有數萬羣，每羣不下千匹。舊制常選南征馬數萬匹牧於確壩青滄間以備燕雲緩急。復選數萬給四時游畋。餘則分地以牧。遼人亦全是一個馬國。）

宋人以全國不滿二十萬匹馬的軍隊，如何與遼相校？

金人初起，在宋徽宗政和四年，兵始滿萬。而此下十三年，宋竟覆滅不救，卒於南渡。據呂頤浩高宗時所上論禦虜十事云：

自金人犯邊以來，百戰百敗。非止百戰百敗，往往望風奔潰，不暇交鋒者。……臣頃在鄜延環慶路見我師與夏人接戰，每迭勝迭負，未有敗衄如今日之甚者。蓋鄜延環慶皆山險之地，騎兵非所利故也。金人起燕薊，歷趙魏，絶大河，至汴宋，皆平原曠野。騎兵馳突，四通八達，步人不能抗，此所以多敗也。

又曰：

臣嘗考近年以來，敵人入寇，我師遇之，不暇成列，輒奔潰敗走者，以平原廣野，我之步人不能抗彼之騎兵故也。又虜人遇中國之兵，往往以鐵騎張兩翼前來圍掩。……

又曰：

近時之敗，以我師每為騎兵衝突，措足不定，所以敗也。（據唐荆川右編卷二十七引。）

李綱亦言：

金人專以鐵騎勝中國，而吾之馬少，特以步兵當之，飄暴衝突，勢必不支。（論進兵劄子。）

又說：

自金人憑陵以來，未聞諸將有與之對壘而戰者，率皆望風奔潰。間有略布行陣，為其突騎所衝，一散而不復合。

李呂二人，都是身經行陣，目擊之言，而他們所陳宋金兵事強弱，亦著眼在步馬之異便。

宋既南渡，馬政更難發展，於是竟有主全用步卒者。洪邁云：

國家買馬，南邊於邕管，西邊於岷黎，皆置使提督。歲所綱發者蓋踰萬匹。使臣將校得遷秩轉資。沿道數十州驛程，券食廐圉薪芻之費，其數不貲；而江淮之間，本非騎兵所能展奮。又三衙遇暑月，放牧於蘇秀以就水草，亦為逐處之患。（按名臣奏議，黃幹奏曰：國家所用之馬，西取於蜀，南取於廣，皆在數千里以外。博易之費，道里之費，一馬之入，動數百千，其所得甚艱，所費甚巨。一有緩急，無馬可用。與洪說略同。）因讀五代舊史云：唐明宗問樞密使范延光內外馬數，對曰：三萬五千匹。（按其時馬數，只及契丹之十一，宜乎常為耶律氏所憑陵矣。）帝嘆曰：太祖在太原，騎軍不過七千，（按此亦所以見欺於突厥也。）先皇自始至終，馬纔及萬。今有鐵騎如是，而不能使九州混一，是吾養士練將之不至也。延光奏曰：國家養馬太多，計一騎士之費，可贍步軍五人，三萬五千騎，抵十五萬步軍，既無所施，虛耗國力。帝曰：誠如卿言。肥騎士而瘠吾民，民何負哉。明宗出於蕃戎，猶能以愛民為念。李克用父子以馬上立國制勝，然所蓄只如此。今蓋數倍之矣。尺寸之功不建，可不惜哉。（按金世宗時，羣牧所蓄息之久，馬至四十七萬。宋馬大概在十萬左右，如何相敵？遽責其不建尺寸之功，亦不知彼我之言也。）且明宗都洛陽，正臨中州，尚以為騎士無所施。然則今雖純用步卒，亦未為失計也。（容齋續筆卷五。）

立國江淮以南，既難多養馬匹，且大隊騎兵亦無展布餘地，無從訓練。而要恢復中原，卻又不得不先養大量的馬隊。這似乎也是南宋終於不振的一因。

元人崛起漠北，「以弓馬之利取天下」。蒙古人之武力，大部有賴於其馬隊，此層已為一般所曉，可無贅述。

明代「奄有四海之大，凡中國所謂宜馬之地，皆在焉。」其馬政「兩京畿及山東、河南牧之於民，山西、陝西、遼東牧之於官。在官者有名而無實，在民者有損而無益。」（此邱濬大學衍義補卷一百二十四語。明代戶馬之弊，顧炎武天下郡國利病書亦詳載之。）明代馬政不如漢唐，而明之武功亦較漢唐為差。「自萬曆以來，馬政益壞，而邊牧廢弛愈不可問。」（明史兵志。）

熊廷弼經略遼東，上疏云：

良馬數萬，一朝而空。今太僕寺所存寄之馬，既多瘦小，驛馬更矮小。兵部主事王繼謨所市宣府大同馬，並無一匹解到。即現在馬一萬餘匹，半多疲損，率由軍士故意斷絶草料，設法致死，圖充步軍，以免出戰。甚有無故用刀刺死者。以此馬愈少而倒損甚多。皇上以為馬匹如此，能戰乎，能守乎！

後遼東督師袁崇煥又以缺馬，請於兩京州縣寄養馬内折三千匹價買之西邊。明廷用太僕卿涂國鼎言，終卻其請。（事詳明史兵志。）遼東軍事之不振，馬匹缺少仍是其重要之一因。

清代武功亦恃馬匹，魏源聖武記謂：

我朝騎射長於西北，故金川西南之役，難于新疆；安南緬甸之功，讓於西藏。將毋吉林索倫之勁旅，其技不宜於南方，故事有難易，功有劣優歟？（卷十一。）

此已説透此中消息矣。清代牧場設在察哈爾，康熙四十四年上諭謂：

歷觀宋明時議馬政者皆無善策。牧馬惟口外為最善，今口外馬廠，孳生已及十萬，牛有六萬，羊至二十餘萬。若將如許馬與牛羊驅至內地牧養，即日費萬金不足。口外水草肥美，不費餉而馬畜自然孳息。前巡行塞外時，見牲畜彌滿山谷間，歷行八日，猶絡繹不絕也。（東華錄康熙七十五。）

魏源曰：此制遼金元同，而明不同者，懼北寇之鈔掠也。（聖武記卷十一。）

茲扼要言之，把中國農民的耕地來牧養馬匹，此在中國農民自所不願。然沒有馬匹，對於北方蠻族，便只能小懲，不能大創。只能薄伐，不能窮追。蠻族勢力的壓迫，依然存在。若一旦蠻族入主，黃河流域的農場大半化做牧地，黃河流域的農事日就退化，而江淮以南，因無適宜牧地，更難以步卒在中原與北騎爭衡。此恐是中國史上南北強弱一大原因也。

「自槍礮既興，騎兵難以必勝，或反足為累。」（薛福成書科爾沁忠親王大沽之敗語。）又鐵道火車既通，而南人之涉北土，亦無需乎馬匹。於是中國史上南弱北強之說，漸不可恃。（洪楊勢力未能深入黃河流域，尚受軍隊少馬之影響。至民國以來，南北屢次戰事，未見南弱北強之象。）茲篇所舉，固屬小節，亦可矯正論史者關於政治、軍事、民族、文化，幾許可免之游談也。

（禹貢半月刊第三卷第四期）

水利與水害

（上篇　論北方黃河）

歷史事實告訴我們，人類社會之演變，並不老是在上進，有時可以大大的倒退和墮落；而人類的智慧也有時竟可以今不如昔。

「水可為利，亦可為害」，這一知識，古人早已深曉，而漸漸為後人所忘卻，或誤解了。中國北有黃河，南有長江，（此處所謂南北，姑就大體比較言之。黃河長江亦就其全水系而言。）一般人似乎認為長江是中國之利，而黃河則為中國之害；這顯已違背了「水可為利，亦可為害」之明訓。至於以隄防禦水災，這是一個最愚最下的辦法，從共工和伯鯀的故事起，下至春秋時周太子晉以及漢代賈讓等，早已暢論無遺；不謂直到我們今日，卻仍只守著歷古共譏的共工伯鯀之舊法，仍只知以隄防捍水。目前中國，本已倒退墮落得不成樣子，我提出水利與水害的問題，聊為現中國人之墮落做一當景的好例。

長江並不就是利，有時也可為害，這一層此刻不用多說，只舉最近民二十年及今年的災況，已可明白。黃河並不就是害，有時也可為利，照理論是極自然的，而事實的證明又極顯著。誰也知道，中國文明起源及其孕育，全在黃河流域，而且自春秋戰國下迄漢唐盛世，中國史上最燦爛最光榮的時期，便在黃河流域發皇滋張。那時的長江，在歷史上還佔不到重要位置。自唐代天寶以後，中國史漸漸走上衰運，而長江流域卻漸漸見其重要。宋元明清四代的統一，任何方面不能比西漢盛唐，而五代十國以及金宋對峙，乃至黃巢、張獻忠、李自成等的混亂，也較之春秋戰國漢末紛爭以及南北朝抗衡時的氣象遠遜了。總之，清代乾隆以下暫置不論，就乾隆以前的中國史看，上半部以黃河流域為中心，而後半部以長江流域為主腦，大體上卻是黃河流域代表的文化還超在長江流域所代表的文化之上；這只稍一思考，就可瞭然。何以忽然說黃河是中國之害呢？原來黃河為害中國之信念，亦恰起於中唐天寶之後，經宋元明清歷代之相傳而其說益堅。那時黃河流域的文化，逐漸衰頹，中國人的智慧力量，已是不再能運用黃河了，而才說黃河為中國之害。依照最近事況，長江流域的文化，日趨倒退墮落之境，中國人的智慧力量，又漸漸地表示不能再運用長江了。若循此下去，老還是築堤搶險，拼命效法共王伯鯀的故智，來防禦長江之水害，恐怕在不久將來，便會再有一個長江為害中國之新信念，深印在我們不長進的中國人腦裏。

就現狀言之，自然黃河格外見得討厭可怕，好像不當與長江相提並論。但就歷史看，只要承認大陸民族之文化進展——尤其是農業社會之文化——脫離不開河流之幫助，則中國民族唐以前的文化，實在是多多利用了黃河，而很少利用到長江。易辭言之，即是古黃河之有助於中國文化之進展者，實遠在長江之上。我從未研究過水利工程，對近代黃河為害情形，不能詳說。然就歷史上經過，大略道我所見，亦可為近年來國人深信黃河為害者作一參考。

上古洪水，其事渺茫，可以勿論。相傳殷民族建都，屢遭水患。然湯居亳，地在河南商邱，距河尚遠，而他的子孫卻漸漸遷徙北去，渡河而都。據後代考定的禹河故道而言，則殷人遷居河北，恰是暱就黃河，而非畏避。（詳見禹貢錐指。）仲丁遷隞，河亶甲居相，祖乙居耿，雖然史記說「河數為敗」，而殷都卻始終近河。尤其自盤庚遷殷，至紂之亡，七百七十三年，更不遷都。（此據竹書紀年。上七字誤，殆為二百七十三年。）而殷墟在當時，亦是沿著古黃河的一地。及至殷紂，商邑日大，南距朝歌，北據邯鄲及沙邱，皆為離宮別館，（此據竹書紀年。）聚眾百萬，左飲淇水竭，右飲洹水不流，（此據戰國策。）其盛況可想。此二百七十三年間的殷代文化，有現今出土的殷墟古物可證。他是如何樣受到大河之賜，可不煩言而喻。

西周與河渭的關係，比較已在河之上流，此不具論，而衛康叔所封，即是盤庚以來殷人二百七十三年文化積累之故地。今就詩經邶鄘衛風所詠，淇澳之綠竹，淇上之桑田，泉源在左，考槃在澗，檜楫松舟，駕言出遊，處處有水，卻處處見其水之可愛。若果文化與河流有密切關係，則衛之在西周，於東方諸侯中，經濟文化均比較列高等，仍見其沿襲殷人，繼續受大河之賜，又歷四百年之久。今據古史殷衛而言，烏見黃河之必為害？

相傳大禹治水後，第一次河道遷移，在周定王五年。考是年為魯宣公七年，入春秋已一百二十年。河北的衛國為狄人所滅，亦已六十年。居今推想，自盤庚居殷迄於西周之衛，先後六百餘年間，經濟文物俱有可觀；當時該地居民，對溝洫灌溉，修濬疏導之功，定不斷的注意到，故能使河不驚波，水常安瀾。自狄人以遊牧蠻族，逐衛人而毀其國，從此大河北岸的文化急轉墮落，農田水利一切俱廢。遲後六十年而河水潰決，其間因果皎然。（又傳黃河下流有九，齊桓公陻其八以為田，僅留一河，當亦河流潰決之一因也。）可見黃河決不是自來可怕的怪物，黃河之為害，實是沿河居民智慧力量不够利用黃河應有的結果。此後晉國勢力東展，狄人削迹，河北衛地文物復興，魏文侯居鄴，西門豹、史起大修水利，河北一帶仍為趙魏要地。（自周定王五年下逮王莽始建國三年，凡六百一十二歲，而古黃河水道終至枯竭。又據天下郡國利病書卷五引王永壽治河議，謂今魏境尚有前代溝渠遺迹，此雖不能確指其在何代，而古人對水利之講求，較後遠勝，則甚顯然。）

第二次的河徙，已在漢武元光三年，上距周定王五年又已四百七十年。這一次的河道遷徙，從史事看來，亦有其來歷因緣。第一是戰國以下競築隄防。賈讓說：

> 隄防之作，近起戰國，雍防百川，各以自利。齊與趙魏，以河為竟。趙魏瀕山，齊地卑下，作隄去河二十五里。河水東抵齊隄，則西泛趙魏。趙魏亦為隄，去河二十五里。雖非其正，水尚有所游盪。時至而去，則填淤肥美，民耕田之。或久無害，稍築室宅，遂成聚落；大水時至漂沒，則更起隄防以自救。……今隄防陿者去水數百步，遠者數里。

第二是列國兵爭以決水為武器，自知伯引汾水灌晉陽開其端，其後如：

趙肅侯十八年，齊魏伐趙，趙決河水灌之。（趙世家。）

梁惠成王十二年，楚師決河水以水長垣之外。（竹書紀年。）

趙惠文王十八年，再之衛東陽，決河水伐魏氏，大潦，漳水出。（趙世家。）

秦始皇二十年，王賁攻魏，引河溝灌大梁城，大梁城壞。（秦始皇本紀。當時策士之言曰：「決白馬之口，魏無黃濟陽。決宿胥之口，魏無虛頓丘。決滎口，魏無大梁。」秦人果用其說。）

故孟子有「以隣為壑」之譏，而秦一天下，又有「決通川防」之政。（始皇三十二年碣石門刻辭。諒戰國如「東周欲為稻，西周不下水」一類事，更為屢見不鮮也。）當時的河道與水利，不免為長期的列國兵爭所犧牲。漢代河患，實種因於此。此下屢經救治，直到東漢明帝時的王景手裏而河患遂絕。自此以下，迄宋代，黃河又經過九百餘年的安流，並不見其為中國害。（漢明永平十三年，王景治河功成，下逮宋仁宗景祐元年決橫隴，又十四歲慶曆決商胡，漢唐河道遂廢，凡九百七十七歲。此處治河成績，便足表見漢代人之精力。）縱說晉書以下各史不志河渠，故詳考無從，然必黃河本無大變害，故作史者可略而不載也。

自東漢至唐末，都水之官皆置司京師，遙領河渠之務而已。五代河患萌芽，至宋而甚，於是有都水外監，是為治河之官在外置司之始。

然黃河自宋以後，即忽然劇變，成為近世中國一大患；這裏定有許多人事關係，而不盡在黃河之本身。否則同一黃河，何以偏橫肆於宋後，而不為祟於唐前？我想宋代河患，也定有其前兆。宋敏求說（據禹貢錐指引。）：

唐河朔地，天寶後久屬藩臣，縱有河事，不聞朝廷，故一部唐書，所載者僅滑帥薛平蕭倣兩事。（薛平事在唐憲宗元和八年，蕭倣事在唐懿宗咸通六年至十年間，是後滑州又患河泛，朱全忠決隄而患益甚，事在昭宗乾寧三年。）

此說實在是一種極合理的推測。（據唐書五行志所載，天寶以前雖亦已有河患，然只長壽二年棣州，開元十年博州棣州兩次，並不甚烈。）而五代兵爭，梁唐夾河相持，決水行軍之事又屢次見到。如：

梁貞明四年，謝彥章攻楊劉，決河水限晉兵。

又龍德三年，決河注曹濮以限唐兵。

唐同光二年，塞梁決河，既而復壞。

此下，河決時聞：

晉天福三年，河決鄆州。

又四年，河決博州。

開運元年，滑州河決，塞之。

又三年，河決楊劉，又決臨黃。

漢乾祐三年，河決鄭州。

周廣順三年，滑州塞決河。

顯德元年，塞決河八口。又李穀塞澶鄆齊決河。

又六年，決河原武，吳廷祚塞之。（以上均據司馬光通鑑目錄。）

我們只須大體上一想到五代時北方形態之種種，即知宋代河患劇發，並非偶然。從此以下，不僅黃河的情形變了，整個的北方經濟及其文化亦隨著變了。這實在是中國史上一絕大關鍵。從中唐天寶以後之藩鎮割據，極於五代紛爭，實在是北方黃河流域經濟文化上一致命傷。此後金元統治，當然病痛益深酷，而原始搜根，則應在中唐以及五代。以前五胡乃至北朝，中國北方元氣並未大衰，社會經濟文化尚得保存遞傳，並未中絕。故隋唐一統，主持中國的仍在北方河域，而非南方之江域。而唐後五代十國，南北經濟文化地位便顯然倒植，宋代一統，中國經濟已全賴長江，人物文化亦南盛於北，漸致於整個重心全向長江遷移。從唐天寶末到宋景祐初，中歷兩百七十餘年，北方河域大半在藩將牙兵昏天黑地的武力統治之下，橫征暴斂，窮兵黷武，農業狀態日益變壞，水道溝洫自然只有破毀而沒有興修；因社會經濟之枯竭，而文化人物亦漸蕭條。只看司馬光、歐陽修爭論東南與西北各路取士不均之一點，已儘可想見當時北方人之落後。自哲宗以後，終於不得不規定齊、魯、河朔五路人士別考之制度，為北人勉強爭一出路。若說北人質厚，則正始風流，以及江左清談，何嘗不是北人？若說北人守訓詁不能為文辭，則唐代取士偏重進士，不聞北人叫屈。唐書宰相世系表中還大部是北方衣冠，何以宋代的北人獨與昔異？（宋室雖極不願相南人，而結果宰相榮銜，到底不得不漸漸轉到南人身上。）我想春秋時代的狄人，盤踞殷衛故土，而使黃河橫潰改道，正猶如唐天寶以後的胡將牙兵，割據大河兩岸，而使宋代河患劇發不制。先後事變，如出一轍。自唐以前，黃河之安流是常態，而潰決為變態。自宋以後，則潰決為常，而安流為變。也正因唐以前北方人智慧力量遠在宋以後北方人之上。故黃河在唐前為北人之利，而宋後乃為北人之害。在理論上，還只是「水可為利，亦可為害」的一事之兩面。固然黃河時時作梗，可以使北方經濟文物日益降落；然就歷史事變而論，則實是北方人的情況先落後了，而遂使黃河敢如此般放肆的。

自宋代河決改道以來，宋人欲以限契丹而不願河流之北，金人欲以宋為壑而利於河流之南；元明以下，又患運道之塞，而復不欲河道之北趨。河流日失其性，忽南忽北，而河患益甚。又兼明清兩代政治之腐敗，河工之浪費與黑暗，更益造成黃河為害中國之局面。馴致認為黃河十年一潰決，百年一改道，是理當的事；黃水之來，只有共王伯鯀的高築隄防，是惟一辦法。黃水挾多量之泥沙，日久沉澱，下流日淤，則上流必決，高築隄防，束水歸槽，尚可稍有衝刷；待到下流淤塞日甚，則河身自必根本改道。此種見解，在北宋人早已說過。歐陽修所謂：

河水泥沙無不淤之理。淤澱之勢，常先下流。下流淤高，水行不快，乃自上流低下處決。……決河非不能力塞，故道非不能力復，不久終必決於上流者，由故道淤高，水不能行故也。（至和二年狀奏。）

此說固亦有理。然以說明歐陽以下之事態則合，若以說明歐陽以前之事態則未必盡合。否則何以殷商西周可以五六百年不淤，東漢以下至北宋又可以近千年不淤，而北宋以下之黃河，卻不百年而必淤塞必潰決改道？可見歐陽氏的見解，太嫌於悲觀消極，而不幸為此下談治黃的人所信認。現在黃河又在大潰決，而幾乎有改道可能之際了，當然，除卻遠師共工伯鯀高築堤岸以外別無辦法，是我們時代之特徵。而我卻願緩不濟急的介紹一種另外的意見，便是明代徐貞明的潞水客談。（此書收在粵雅堂叢書第二集。言西北水利者，自宋何承矩，元托克托、郭守敬、虞集，明徐貞明、邱濬、袁黃、汪應蛟、左光斗、董應擧，至清李光地、陸隴其、朱軾、徐越、湯世昌、胡寶瑔、柴潮生、藍鼎元、林則徐以至馮桂芬。）他說：

夫雨暘在天；而時其宣洩，用以待旱潦者，人也。西北之地，旱則赤地千里，潦則洪流萬頃，惟寄命於天，以幸一歲之豐收。夫豐歲豈可常恃哉！……昔禹播九河入於海，而溝洫尤其盡力，固以利民，亦以分殺支流，使不助河為虐。周定王後溝洫漸廢，而河患遂日甚。今河自關中以入中原，涇、渭、漆、沮、汾、泌、伊、洛、瀍、澗，及丹、沁諸川，數千里之水，當夏秋霖潦之時，無一溝一澮可以停注，於是曠野橫流，盡入諸川，諸川又會入於河流，則河流安得不盛？其勢既盛，則其性愈悍急而難治。今誠自沿河諸郡邑，訪求古人故渠廢堰，師其意，不泥其迹，疏為溝澮，引納支流，使霖潦不致汎濫於諸川，則並河居民得資水成田，而河流亦殺，河患可弭。

此種說法，本還是西漢賈讓所謂「多穿漕渠，使民得以溉田，分殺水怒，雖非聖人法，然亦救敗術」之意。在賈氏謂之治河之中策。惟賈氏所論，目光限於黃河本身，而徐氏則注意及於整個黃河水系，即是北方全部的水利問題。他最扼要的一句話是：

水害未除，正由水利未興。（明史卷二二三本傳。）

故他著眼在積極的興水利，與自來治黃河的只管消極的謀去目前之害者不同。當時治黃名臣如潘季馴輩，他們的辦法也只是築堤束水，求其不決，而實際上終不免時有潰決之虞。若依徐說，北方全黃河水利逐步興修，則北方農業經濟自可逐步回復漢唐時代之狀態，而黃河本身所發的災難，亦自可免除。若把潘、徐比論，潘之主張近於賈讓之所謂下策，而徐則近於賈讓之中策。驟看似乎誰得誰失各有理由，很難判斷，但依歷史上之證明，則徐說顯非無據。況即依下策，築堤塞決，暫顧目前，而同時還可兼採徐說，並行不悖。惜乎當時以及此後，政治上竟無大力者肯用心及此，而北方水利依舊日壞。縱使退一步講下策，能如潘季馴輩之精明負責，亦就不可多得，則何怪河害之日甚，而還顧徐說，竟似徒唱高調，不切實際也。（清代林則徐亦是力主興修北方水利的一人，現在白面紅丸之毒，方在北方諸省盡量蔓延，林氏積極方面的理想，自然早為近人所遺忘了。）

或疑黃水多沙，不利農事，不知「涇水一石，其泥數斗，且溉且糞，長我禾黍」，自古歌之。以上流言，秦有鄭國渠，漢有白公渠，馬援引洮種稻，虞詡激河屯田，直到現在，寧夏包綏以及新成之涇惠渠，不聞不利於灌溉。以下流言，史起引漳溉鄴，漢人引汶穿渠，職方幽州「穀宜三種」，鄭玄云「黍，稷，稻」，幽地宜稻，古人知之甚夙。東周為稻，仰給於西周之水源，更不聞兗豫腹地不宜水田。陳、許、鄧、潁一帶，南接淮漢，屯田水利，自漢至唐，舉不勝舉，大河兩岸填淤肥美，賈讓亦早言及。若謂築堤捍河，尚患橫決，引水出槽，為害益厲，則徐氏亦有答辨。疏導當先上流，「源分則流微而易御，田漸成則水漸殺。水無汎溢之虞，則田無衝激之患」。近人方盛言開發西北，若能從寧夏包綏以及陝之涇渭，晉之汾沁，豫之伊洛，逐步有辦法，使上流水勢不致驟溢，則下流狂瀾不至暴起，此理甚簡而必信。治下游難而治上流則易，治幹河難而治支河則易。用此法治河，實際上北方全部水利問題自然通體顧到。若說上流水分則下流水緩，與東流涮沙之理不合，則據最近從事河工人員之目驗，（李儀祉氏七月十六日在京發表之談話。）顯見此次河災由於上流水盛，下流河窄，而河牀淤填日高之患尚在其次。則可見束流涮沙之論，實不如徐氏引水分流的見解，更為治黃策之根本了。

劉獻廷曾說：

> 北方為二帝三王之舊都，二千餘年，未聞仰給於東南。何則？溝洫通而水利修也。自五胡雲擾

以迄金元，淪於夷狄者千有餘年，人皆草草偷生，不暇遠慮，相習成風，不知水利為何事。故西北非無水也，有水而不能用也。不為民利，乃為民害。旱則赤地千里，潦則漂沒民居，無地可豬而無道可行，人固無如水何，水亦無如人何矣。元虞奎章奮然言之，郭太史毅然修之，未幾亦廢。有明三百年，更無過而問之者矣。予謂有聖人出，經理天下，必自西北水利始，水利興而後天下可平，外患可息，而教化可興矣。（廣陽雜記卷四。劉氏極推酈道元水經注，舉為復興西北水利之粉本，卽此可證北魏時中原水利尚未壞，其轉變實在中唐後也。）

惜乎中國的聖人，又已三百年闊隔，還未誕生。我草此文，深為西北蒼生引領望之。然聖人的誕生，究竟也不難，只要眞實領解「水可為利，亦可為害」之古格言，以及牢記共工伯鯀古史傳說裏的好教訓，不久應當可以再來一個「盡力乎溝洫」的大禹。二十四年七月二十二日。

近讀張相文氏河套與治河之關係篇，雖立論間有不同，然同就歷史經過以推闡河患由來，深喜一時妄論之偶合於前賢也。八月二十日校後記。

（禹貢半月刊第四卷第一期）

水利與水害（下篇　論南方江域）

黄河在古代，未見為中國之害，已詳上篇。而長江在古代，亦未見遽為中國之利。遠者不論，春秋楚地不到湖南，（詳顧棟高春秋大事表四。）此證横江截渡之事，尚不甚易；吳楚相爭亦在淮漢之間，（詳顧祖禹方輿紀要卷八十四，此後清儒迭有證發。）此證順流洄溯之事，亦覺艱難。直到戰國，此種情勢依然無大變。長江舟楫交通之利尚未興，灌溉農事之利更談不到。史記貨殖傳説：

總楚越之地，地廣人稀，飯稻羹魚，或火耕而水耨，（此猶謂不用耒耜耕耘，聽禾苗之自生自長也。）果陏蠃蛤，不待賈而足，地勢饒食，無饑饉之患，以故呰窳，偷生無積聚。沂、泗水以北，宜五穀桑麻六畜，地小人眾，數被水旱之害。（地廣人稀，故無饑饉，地小人衆，故有水旱之患，此乃社會文化高下之殊，非黄水之不如長江也。）民好畜藏，故秦、夏、梁、魯好農而重民。三河、宛、陳亦然，加以商賈。齊、趙設智巧，仰機利。燕、代田畜而事蠶。

可見那時黃河流域，早已有高度的農業文明，又兼有工商業的發展，而長江一帶，大部的楚越人，好像還未全脱原始生活之形態。

史漢言吳王濞鑄山煮海，國用富饒。太史公又云：「夫吳，東有海鹽之饒，章山之銅，三江五湖之利，江東一都會也。」又曰：「江南多竹木，豫章出黃金。」所陳吳之饒足，僅在銅鹽他物，不及桑麻稼穡。又言長安歲漕關東粟，不聞言江南。漢代長江流域，除卻上游巴蜀，在農業上，實不見有重要的地位。

三國鼎立，吳人於江南廢郡縣吏，而置典農督農之官，農事稍稍振起。至東晉渡江，長江下游地位益見重要。晉書食貨志説：「間者流人奔東吳，東吳今儉，皆已還反，江西良田曠廢未久。火耕水耨，為功差易。宜簡流人，興復農官。」是東吳農事，多由北方流人開發。正猶元明以來，河北畿輔求興農事必招吳人。即此一例，便是長江黃河在中國史上利害先後倒轉之好證。

隋書食貨志則云：「晉自中原喪亂，元帝寓居江左，百姓之自拔南奔者，並謂之僑人，……往往散居，無有土著。而江南之俗，火耕水耨，土地卑濕，無有蓄積之資。諸蠻俚洞，霑沐王化者，各隨輕重收其賧物，以裨國用。」此見農事田租，在南朝的國計上，還不重要。（地理志又云：「江南之俗，火耕水耨，食魚與稻，以漁獵為業。」又曰：「毗陵、吳郡、會稽、餘杭數郡，川澤沃衍，有海陸之饒，珍異所聚，故商賈並湊。」所舉均不在農事。）

那時長江流域的經濟狀態，受到大批北方人的努力開發，至多也不過和黃河流域走上漸次均等的地位。黃河流域固然無需仰給於長江，長江流域亦還無力供養黃河。所以漢與匈奴，唐與吐蕃、回紇，北宋與遼，南宋與金，皆有歲幣，而南北朝獨否。此不僅為雙方國力抗衡之表見，亦為當時雙方經濟不相上下之一種極準確的尺度。而春秋時楚國，則對周天子只貢了些苞茅。

長江黃河經濟上先後倒轉一個極顯明的事態，便是隋代以下有名的運河之利用。然而隋書高祖紀開皇七年於揚州開山陽瀆以通運漕，則仍是漕北粟以濟南，非運南粟以濟北。煬帝大濬渠道，明明為游幸，不為漕運；明明是浪費北方積存財力，並非有意來朘削南方脂膏。

大規模的轉運江淮米以給北方，此是唐代裴耀卿、劉晏以下的事。而長江流域經濟情形之蒸蒸日上，亦在中唐以後。中國史上經濟向上的第一標準，即在農業；農業開發的第一基礎，便是水利。這便是說長江流域的水利，要在中唐以後才充分表現。

長江水利最重要的代表區域，在其下流太湖流域一帶，俗稱「江南」。江南水利農事大規模的興修，則在五代時之吳越。（唐陸龜蒙耒耜經，始言江南田事。顧炎武天下郡國利病書載江南歷代水利，五代前僅舉唐元和五年王仲舒治蘇，堤松江為路一事。今按：蘇州有瓦屋，亦自仲舒始也。）據吳任臣十國春秋吳越武肅王天寶八年：

時置都水營使以主水事，募卒為都，號曰撩淺軍，亦謂之撩清。命於太湖旁置撩清卒四部，凡七八千人，常為田事，治河築堤。一路徑下吳淞江，一路自急水港下澱山湖入海。居民旱則運水種田，澇則引水出田。又開東府南湖，（卽鑑湖。）立法甚備。（元知水人潘應武云：錢王時於太湖旁置撩淺軍四部。曾鞏開鑑湖説云：南湖歷錢王鏐父子，立法甚詳。今按成及傳，武勇都以治溝洫過勞叛變，事亦見徐綰傳。）

又寶正二年：

是時浚柘湖及新涇塘，由小官浦入海；又以錢塘湖葑草蔓合，置撩兵千人，芟草濬泉。（今按蘇軾知杭州乞開西湖狀亦曰：錢氏有國，置撩湖兵士千人，日夜開浚。國初以來，稍廢不治。）

又忠懿王乾祐二年，

置營田卒數千人，以淞江闢土而耕。（一云，吴越時，開墾田土，修理水利，米一石不過錢數十文。按宋高宗時，知揚州晁公武言，吴越墾荒田而不加税，故無曠土。）

此皆吴越注意農田水利之證。及宋仁宗慶曆間，范仲淹守平江上奏，略曰：

江南舊有圩田，每一圩田，方數十里，如大城。中有河渠，外有門閘。旱則開閘，引江水之利。潦則閉閘，拒江水之害。旱澇不及，為農美利。又浙西地卑，常苦水沴。雖有溝河可以通海，惟時開導則潮泥不得以湮之。雖有堤塘可以禦患，惟時修固則無摧壞。臣知蘇州日，點檢簿書，一州之田，係出產者三萬四千頃。中稔之利，每畝得米二石，或三石，計米七百餘萬石。東南每歲上供之數六百萬石，乃一州所出。臣詢訪高年，則云曩時兩浙未歸朝廷，蘇州有營田軍四部，共七八千人，專為田事導河築堤以減水患。于時民間錢五十文糴白米一石。自宋朝一統，江南不稔則取之浙右，浙右不稔則取之淮南，故慢於農政，不復修舉。江南圩田，浙右河塘，大半隳廢，失東南之大利。今江浙之米，石不下六七百，足至一貫省。比於當時，其貴十倍。

這一節文字，説明當時江南水利情形，可謂深切而著明。原來「水可為利，亦可為害」，江南的水利，是時人不斷的用了精心果力得來的酬報。若稍一慢懈，則向之所樂以為利者，即今之所苦以為害。范仲淹説：「宋朝一統，江南不稔則取之浙右，浙右不稔則取之淮南，故慢於農政，政失大利。」黃河流域的農田水利之日就荒落，何嘗不是靠了長江的接濟而慢於修舉之故。目前水害滔滔，延及長江，怕是五洲大通，洋米進口的太多了吧？

神宗時，又有崑山人郟亶，奏論蘇州水利，他説：

昔禹時，震澤為患，東有堈阜以截斷其流，禹乃鑿堈阜，疏為三江，東入海，而震澤始定。然環湖之地尚有二百餘里可以為田。而地皆卑下，猶在江水之下，與江湖相連。民既不能耕植，而水面又復平闊，足以容受震澤下流，使水勢散漫，而三江不能疾趨於海。其沿海之地，亦有數百里可以為田，而地皆高仰，反在江水之上，與江湖相遠。民既不能取水以灌溉，而地勢又多西流，不得畜聚春夏之雨澤以浸潤其地。是環湖之地常有水患，而沿海之地每有旱災，如之何而可以種藝耶！古人遂因其地勢之高下，井之為田。其環湖之地，則於江之南北為縱浦以通於江，又於浦之東西為橫塘以分其勢而棊布之；有圩田之象焉。其塘浦闊者三十餘丈，狹者不下二十餘丈；深者二三丈，淺者不下一丈。且蘇州除太湖之外，江之南北，別無水源。而古人使塘深闊若此者，蓋欲取土以為堤岸，高厚足以禦其湍悍之流，故塘浦因而闊深，水亦因之而流耳；非專為闊其塘浦以決積水也。故古者堤岸高者須及二丈，低者不下一丈。……借令大水之年，江湖之水高於民田五七尺，而堤岸高出於塘浦之外三五尺至一丈，故雖大水不能入於民田。既不容水，則塘浦之水自高於江，而江水亦高於海，不須決泄而水自湍流矣。故三江常浚，而水田常熟。其堈阜之地，亦因江水稍高，可以畎引灌溉。此古人浚三江治低田之法也。所有沿海高仰之地，近於江者，既因江流稍高，可以畎引；近於海者，又有早晚二潮可以灌溉。故亦於沿江之地，及江之南北，或五里七里而為一縱浦，又五里七里而為一橫浦，其塘港之闊狹，與低田同，而其深往往過之。且堈阜之地，高於積水之處四五尺七八尺，遠於積水之處四五十里至百餘里，固非決水之道也。然古人為塘浦闊深若此者，蓋欲畎引江海之水，周流於堈阜之地，雖大旱歲亦可車畎以溉田，而大水之年，積水或從此而泄之耳；非專為闊深塘浦以決低田之水也。至於地勢西流之處，又設堈門堰門斗門以瀦畜之。是雖大旱，堈阜之地皆可耕以為田。此古人治高田畜雨澤之法也。故低田常無水患，高田常無旱災，而數百里地常獲豐熟也。

觀於亶文，可見三吳水利，全出人為，並非天然。一旦人力稍疏，則水之為利者即轉而為害。亶又言之：

> 古人治田高下，既皆有法。方是時也，田各成圩，圩必有長。每一年，率逐圩之人修築隄防，治浦港，故低田之隄防常固，旱田之浦港常通。（古之田雖各成圩，然所名不同，或謂之段，或謂之圍。今崑山低田，皆沉在水中，而俗呼之名，猶有野鶴段、大泗段、湛段、和尚圍、盛墩圍之類。）至錢氏有國，尚有撩清指揮之名。……洎乎年祀綿遠，古法隳壞，其水田之隄防，或因田户行舟及安舟之便而破其圩，（古者人户各有田舍在田圩中，浸以為家。欲其行舟安舟之便，乃鑿其圩岸以為小涇小濱，……遂至壞卻田圩，都為白水也。今崑山柏家瀼水底之下，尚有民家堦甃遺址，此古者在圩中住居之舊迹也。今崑山富户陳新、

顧晏、陶湛等，田舍皆在田圍之中，每至大水年，亦是外水高於田舍數尺，此今人在田圩中作田舍之驗也。）或因人戶請射下腳而廢其堤，或因官中開淘而減少丈尺，或因田主只收租課而不修隄岸，或因租戶利於易田而故要渰沒，（吳人以一易再易之田謂之白塗田，所收倍於常稔之田，而所納租亦依常數，故租戶樂於間年渰沒也。）或因決破古堤張捕魚蝦而漸致破損，或因邊圩之人不肯出田與衆做岸，或因一圩雖完，傍圩無力而連延隳壞，或因貧富同圩而出力不齊，或因公私相吝而因循不治，故隄防盡壞，而低田漫然復在江水之下也。……其高田之廢，始由田法隳壞，民不相率以治港浦。港浦既淺，地勢既高，沿於海者則潮不應，沿於江者，又因水田隄防隳壞，水得瀦聚於民田之間而江水漸低，故高田復在江水之上。至於西流之處，又因人戶利於行舟之便，壞其堈門而不能蓄水。故高田一望盡為旱地，……此高田之廢由也。故蘇州不有旱災，即有水患。

言吳中水利比較最古而最詳備者，就要算郟氏之書了。他本是農家子出身，雖其所言不免羼有主觀及理想成分，然大體可據。唐中葉以後，北宋以前，三吳一帶農田水利的情形，可以從他書中推見。他又說：

古人治水之迹，縱則有浦，橫則有塘，……亶能言者，總二百六十餘所。上項塘浦，既非天生，亦非地出，又非神化，是皆人力所為。

他又說：

自來議者，只知治水，不知治田。治田本也，本當在先。治水末也，末當在後。（此與徐貞明水害未除正由水利未興之說，先後如出一口。）蘇州水田，東南美利，而隄防不立，溝洫不通，二三百年間，風波蕩蝕，僅若平湖。議者見其如此，乃謂舊本澤國，不可使之為田，上偷下安，恬不為怪。（蘇軾亦云：「議者多謂吳中本江海太湖故地，魚龍之宅，而居民與水爭尺寸，以故常被水患，蓋理之當然，不可復以人力疏治。」足證當時人羣認吳中為水害之區，不認有水利可興也。）

當時朝廷信其說，令提舉興修，（事在神宗六年五月。）凡六郡三十四縣，比戶調夫，同日舉役。蘇人大以為擾，因呂惠卿言而止。然惠卿言不可修者只在無土，而王安石云：

臣嘗遍歷蘇州河，親掘試，皆可取土。土如塹，極可用。臣始議至和塘可作，蘇人皆以為笑。……後來修成，約七八十里，高岸在深水之中，何嘗以無土為患。

神宗又以為圩大不可成，車水難。安石曰：

今江南大圩至七八十里，不患難車水。但亶所為倉猝，又妄違條約爾。（上述郟亶事，參看李燾續資治通鑑長編卷二百四十五，范成大吳郡志卷十九，張溥刪本歷代名臣奏議卷二百五十，顧炎武天下郡國利病書卷十五。宋史河渠志六記亶事最略，不足觀也。）

可見郟亶興修水利之失敗，並不在其水利見解之本身。（歸有光亦謂：「郟氏父子規畫之精，自謂范文正所不逮，非虛言也。」）至王安石所言至和塘，據沈氏夢溪筆談：

至和塘自崑山縣達於婁門，凡七十里。自古皆積水，無陸途。民頗病涉，久欲為長隄抵郡城，澤國無處求土。嘉祐中，人有獻計就水中以籧篨為牆，栽兩行，相去三尺。去牆六丈，又為一牆，亦如此。漉水中淤泥實籧篨中，候乾則以車畎去兩牆間舊水。牆間六丈，皆留半以為隄腳，掘其半為渠，取土以為隄。每三四里則為一橋以通南北之水。不日隄成，至今為利。

至和塘創始於至和二年，最後完成在嘉祐六年，距今只八百七十餘年。試問乘坐京滬路火車的旅客，經過蘇州崑山一段，憑窗眺覽，田塍如繡，屋舍如櫛，那裏想得到八百年前只是一片白水，有無處取土之苦呢？幸而北宋不久失國，建炎南渡，江浙水利繼續興修。明清以來，蘇松田賦乃占天下十分之一。（參看日知錄卷十。）郟亶所謂七里一縱浦、十里一橫塘之說，吳人到今還可依稀尋證。然而現下的蘇松天府，已是常犯著高田鬧旱、低田鬧水的苦況。而一般達人貴客，因有洋米洋麵進口，饑年荒歲，漫不在意。正猶如唐宋以來，北方仰食江南，而北方的農田水利日益墮落。待到將來的江浙，墮落到現在北方的地位，而再和他提及往年之所謂水利，以及七里一縱浦、十里一橫塘之說，則必將攘臂而起；正如近人辨古史上之井田溝洫，終為一令人難信之疑案也。

郟亶既卒，其子僑又嗣其父言水利，其說曰：

浙西昔有營田司，自唐至錢氏時，其來源去委，悉有隄防堰閘之制，旁分其支脈之流，不使溢聚以為腹內畎畝之患。是以錢氏百年間，歲多豐稔，惟長興中一遭水耳。暨納土之後，至於今日，其患方劇。蓋由端拱中，轉運使喬維岳不究隄岸堰閘之制，與夫溝洫畎澮之利，姑務便於轉漕舟楫，一切毀之。初則故道猶存，尚可尋繹；今則去古既久，莫知其利。營田之局，又謂閒司冗職，既已罷廢。則隄防之法，疏決之理，無以考據，水害無已。至乾興天禧之間，朝廷專遣使者，興修水利。遠來之人，不識三吳地勢高下，與夫水原來歷，及前人營田之利，不過採愚農道路之言，以目前之見為常久之策。

這一段話，雖已完全是歷史上的陳迹，實亦還有做我們參考的價值。三吳水利，明清兩朝五六百年，究還是比較的不斷有人注意到。而清末以迄今茲，走上中國史上民族墮落少有的一階段。社會百務倒退，（外力促成的畸形發展不計。）太湖流域的水利自也不能例外。經過好幾度的水災旱荒，據留心到當地水利的人説，一條京滬鐵路，東西横越，對於各處水流宣洩吐納的作用，實有不少妨礙。然誰來顧到這些！近年來江浙兩省競事公路建設，想來跨水架橋，窄洞曲流的去處，定也不少。其對於農田水利的影響，不會沒有。且待事實之證明，而姑懸吾説於此。亦盼侈談新建設者，稍稍注意及之耳。

二十四年九月十二日舊曆中秋之夜

（禹貢半月刊第四卷第四期）

略記古代江淮河汴水道交通

江、淮、河、汴水道交通，隋、唐以前，夙已有之。追迹原始，當起春秋、戰國。掎摭史實，粗陳梗概，亦治國聞者所樂覩也。

禹貢：浮于淮、泗，達于河。又導沇水，東流為濟，入于河，溢為滎，東出于陶丘北。又東至于菏，又東北會于汶，又北東入于海。

漢書地理志：山陽郡湖陵，禹貢：「浮于淮、泗，達于河」，水在南。

許氏説文解字：「菏水，在山陽湖陵南，禹貢：浮于淮、泗，達于菏。」

按：禹貢：「浮于淮、泗，達于河」，「河」字當依説文作「菏」，漢志「河」字亦「菏」譌。湖陵，宋胡陵邑，今山東魚臺縣東南六十里。水經濟水注，謂「菏水自方與來，東過湖陵縣南，東入于泗，澤水所鍾」是也。菏水為濟之分流，而入於泗，故古書又稱「泗、濟合流」。漢書地理志稱

「泗水至方與入泲」，許氏説文謂「泗水，受泲水，東入淮」，酈氏所謂「互變通稱」也。菏水上流在今山東鉅野、定陶界，禹貢所謂導菏澤及濟水，東至于菏是也。由淮入泗，由泗達菏，又由菏入濟，由濟入河，是河、淮交通已見於禹貢。禹貢至晚亦戰國時書，故陶朱公居陶，曰「此天下之中，交易有無之路通」，正以為南北水道交通之樞紐故也。

吴語：吴王夫差起師北征，闕為深溝，通於商、魯之間，北屬之沂，西屬之濟，以會晉公午於黄池。於是越王勾踐，乃命范蠡、舌庸率師沿海泝淮以絶吴路。

左傳哀公九年：「吴城邗，溝通江、淮。」杜預注：「於邗江築城穿溝，東北通射陽湖，而北至宋口入淮，通糧道也。今廣陵韓江是。」

漢書地理志：廣陵國江都，渠水首受江，北至射陽入湖。

按：此即吴夫差所開邗溝也。水經淮水篇謂之中瀆水，謂至淮陰，出白馬湖，東北注於淮。閻若璩疑之，曰：「志言渠水入湖，不言入淮，高郵、寶應地勢卑若釜底，邗溝首受江水，東北流至射陽湖而止。水經殆不如地志之確。此水自南入北，非自北入南。至隋文帝開山陽瀆，煬帝開邗溝，皆自山陽至揚子入江，水流與前相反。」今按：射陽湖在今江蘇淮安縣東南七十里，白馬湖在今江蘇寶應縣西北十五里。夫差掘溝，本出東北，通射陽。其西北入白馬者，乃東漢永和以後事，故漢志僅詳射陽一道，而杜預兼説東北、西北兩路。水經謂出白馬湖，乃指永和以後新道而言。然若邗溝不達淮，則仍無以北通中國。由江都到射陽三百里，由射陽湖到淮安七十里，吳人何以靳此七十里工程，不加開鑿？閻氏之疑，失之拘固。邗即古代江、淮之通渠也。

又按：水經淮水、泗水各篇，淮、泗合流於淮陰縣西之角城，入淮即達泗，由泗轉菏入濟，遂會諸侯於黄池。杜預曰：「陳留封丘縣南有黄亭，近濟水。」今河南封丘縣南。

史記河渠書：諸夏艾安，功施于三代。自是之後，滎陽下引河東南為鴻溝，以通宋、鄭、陳、蔡、曹、衛，與濟、汝、淮、泗會。……此渠皆可行舟。有餘則用溉浸，百姓饗其利。至于所過，往往引其水益用溉。田疇之渠，以萬億計。

按：史公此條蓋指戰國以下言之，而包括甚廣。姑舉漢書地理志、許氏説文較大諸水證之如次。

漢書地理志：河南郡滎陽，有狼湯渠，首受泲，東南至陳入潁，過郡四，行七百八十里。

按：滎陽，今河南滎澤縣西南十七里。陳今河南淮陽縣治。狼湯渠即後之賈魯河也。

又：淮陽國扶溝，渦水首受狼湯渠，東至向入淮，過郡三，行千里。

説文：過水，受淮陽扶溝浪湯，東入淮。

按：扶溝，今河南扶溝縣東北五十里。向，今安徽懷遠縣西四十里。段玉裁曰：「據酈注，渠水、過水以次入淮，今渦水非漢志、説文、水經舊迹。」

又：陳留郡浚儀，睢水首受狼湯水，東至取慮入泗，過郡四，行千三百六十里。

按：浚儀在今河南開封縣西北。取慮，今江蘇睢甯縣西南。

又：梁國蒙，獲水首受甾獲渠，東北至彭城入泗，過郡五，行五百五十里。

許氏説文：汳水受陳留浚儀陰溝，至蒙為雝水，東入於泗。

按：蒙，今河南商丘縣東北。彭城，今江蘇銅山縣。甾，今河南舊考城縣東南。水經汳水注：「汳水東逕考城縣故城南，為菑獲渠」是也。段玉裁云：説文「雝」當作「獲」字之誤。獲水戰國時亦名丹水，紀年「宋殺其大夫皇瑗於丹水之上」是也。又按：水經濟水注：「徐偃王欲舟行上國，乃通溝陳、蔡之間。」全祖望經史問答云：「開鴻溝，通淮、濟，始於徐，繼於吳。」今考春秋時徐為東夷，不應有此。「徐偃王」乃「宋偃王」之譌。（詳拙著先秦諸子繫年。）其通溝陳、蔡之間，即汳水也，亦與吳王通菏、濟異道，全説未是。方輿紀要曰：「汳水，或謂即禹貢之雝水，春秋之邲水，秦漢之鴻溝。上與河、泲通，下與淮、泗通。隋以前自歸德府至蕭縣、碭山縣間入泗；隋以後則自歸德至泗州兩城間入淮。」今按：元泰定元年，黄河改從汴渠至徐州東北，合泗入淮，即今黄河故瀆也。又按：睢水經睢陽南，汳水經睢陽北，睢陽在戰國、秦、漢，亦南北水道交通一樞紐也。故史記貨殖傳謂：「自鴻溝以東，芒、碭以北，屬巨野，此梁、宋也。陶、睢陽亦一都會也。」

又按：史記封禪書、漢書郊祀志並謂，周顯王四十二年，九鼎淪沒泗水彭城下。九鼎本在洛陽，而云淪沒泗淵，亦因當時河、泗相通，即汳水之道，故當時有此傳説耳。

又按：上舉史記、漢志所載河、汴、江、淮間各水道，又可以東漢以下史事證之者：

通鑑漢紀：建安十四年秋月，曹操引水軍自渦入淮，出肥水，軍合肥，開芍陂屯田。

按：此證上引江、淮、河、汴間諸水道皆可行舟之一例也。王象之輿地紀勝云：「古巢湖水北合於肥河，故魏窺江南，則循渦入淮，自淮入肥，由肥而趨巢湖。吳人撓魏，亦必由此。」史記貨殖傳：「合肥受南北潮，皮革、鮑、木輸會也。」「潮」即「湖」字之誤。是合肥正踞當時之江、淮水道交通之樞紐，故三國時，其地乃為魏、吳兵爭之要衝。魏踞合肥，可以窺江，故吳人不惜奮死力爭之也。

又：魏紀：黄初五年八月，為水軍，親御龍舟，循蔡、潁，浮淮如壽春。九月，至廣陵。帝御龍舟，會暴風飄蕩，幾至覆沒。

按：蔡河即蒗蕩渠。建安之役，自扶溝沿渦水至懷遠，而達合肥。今則由淮陽沿潁水至鳳臺入淮也。又因壽春至廣陵，則必由淮達白馬湖經邗溝也。

又：六年，復以舟師征吳，自譙循渦入淮。尚書蔣濟表言水道難通。帝不從。十月，如廣陵故城，臨江觀兵，戎卒十餘萬，旌旗數百里，有渡江之志。天寒，冰，舟不得入江，遂歸。戰船數千，滯不得行。車駕發到精湖，水稍盡，盡留船付濟。船連延在數百里中，濟更鑿地作四五道，蹴船令聚，豫作土豚遏斷湖水，皆引後船，一時開遏入淮中，乃得還。

按：譙，今河南夏邑縣北。精湖，據志蔣濟傳，在山陽，今江蘇淮安縣。魏文帝謂：「吾前決謂分半燒船於山陽湖中」是也。

又按：水經淮水注：「中瀆水自廣陵北出武廣湖東，陸陽湖西。二湖相直九里。（官本注：「此二湖在今高郵州南。」）水出其間，下注樊梁湖。（官本注：「湖在高郵州西北五十里。」）舊道，東北出，至博芝、射陽二湖。西北出夾邪，乃至山陽矣。至永和中，患湖道多風，陳敏因穿樊梁湖北口，下注津湖逕渡，（官本注：「津湖在今寶應縣南六十里。」趙一清云即魏書蔣濟傳之精湖，在山陽。）渡十二里，方達北口，直至夾邪。興寧中，復以津湖多風，又自湖之南口，沿東岸二十里，穿渠入北口，自後行者不復由湖。故蔣濟三州論曰：『淮湖紆遠，水陸異路，山陽不通，陳敏穿溝，更鑿(白)馬瀨，百里渡湖者也。』」今詳酈注，是山陽西北射出夾邪，乃吳夫差以來舊道，穿樊梁渡津湖，乃永和以後新路，白馬或即精湖也。

又：青龍二年，帝御龍舟東征，至壽春。

又：正始二年，鄧艾行陳、項以東至壽春。廣興屯田，始開廣漕渠，每東南有事，大興軍眾，汎舟而下，達于江、淮，資食有餘，而無水害。

按：黄初六年之役，戎卒十餘萬，戰船數千，雖蔣表言水道難通，然既全師往返，則流量之大可知。五年之役，史言「欲大興軍伐吳」，軍容之盛，當與六年相彷彿，則自譙、自陳，水運皆暢。今艾所開廣，殆是黄初五年之道也。

又：嘉平三年，司馬懿將中軍乘水道討王淩，掩至百尺，到丘頭，淩面縛水次。

按：水經渠水注：「沙水注潁，謂之交口，水次有大堰，即古百尺堰也。」今河南淮陽縣東南。丘頭，今河南沈丘縣東南三十里。司馬懿行軍之路，蓋即鄧艾所開廣也。

又按：水經渠水注：「司馬懿帥中軍討太尉王淩于壽春，自彼而還。帝使侍中韋誕勞軍于五池」。五池當在今河南中牟西境。

晉太康元年，王濬伐吴，杜預與王濬書曰：「足下既摧其西藩，便當徑取秣陵，討累世之逋寇，釋吴人于塗炭。自江入淮，踰于泗、汴，泝河而上，振旅還都，亦曠世一事也。」

按：蘇軾書傳據此，謂：「王濬舟師之盛，古今絶倫，而自泗、汴泝河，可以班師，則汴水之大小，當不減于今。又足以見秦、漢、魏、晉，皆有此水道，非煬帝創開也。」今按：杜預謂「自江入淮」者，自廣陵沿邗溝達山陽也。「踰于泗、汴」者，自山陽北達彭城踰泗，自彭城西經蕭碭睢陽踰汴，即自甾獲渠入河，逆泝而上，直抵孟津也。此道備詳於漢志，而三國兵爭常在壽春、合肥，未見自彭城直下山陽、廣陵。或此道水量不如渦、潁入淮之盛；或因沿途荒殘。初平中，曹操破徐州，

「坑殺男女數十萬口於泗水，水為不流」，又「攻取慮、睢陵、夏丘，皆屠之，鷄犬亦盡，墟邑無復行人」是也。否則所謂「踰于泗、汴」者，中瀆水入淮在山陽東，泗水入淮在山陽西，舟過淮陽，即謂之「踰泗」，然後循淮而上，或由渦，或由潁，渠水達浚儀，則謂之「踰汴」矣。此即曹魏黄初、青龍屢經之道。當時南江北河，水運直接相通，史迹斑斑，固不必專據杜預一書為説也。

水經泗水注：泗水又逕宿預城之西，又逕其城南。晉元皇之為安東也，督運軍儲而為邸閣。

按：宿預城，今江蘇宿遷縣東南，自此稍西即睢水入泗之口。然則當時軍儲，蓋自江都邗溝入泗，再轉睢通汴渠也。或前引杜預與王濬書，亦可指此道，仍不必達彭城耳。

通鑑晉紀：太和四年，桓溫自兗州伐燕。郗超曰：「道遠，汴水又淺，恐漕運難通。」溫不從。六月，至金鄉，天旱，水道絶。溫使毛虎生鑿鉅野三百里，引汶水會于清水。溫引舟師自清水入河，舳艫數百里。

按：據晉書溫本傳，溫軍先次湖陸，進次金鄉。而通鑑先敍溫至金鄉，再記攻拔湖陸，未知孰是。若引舟溯菏而上，則以從晉書為宜也。以下溫軍敗於枋頭，在今河南濬縣西南八十里。先是溫使袁眞攻譙、梁，開石門以通水運。眞克譙、梁，而不能開石門，水運路塞，溫糧儲竭，遂焚舟自陸奔還。今按：石門在河南滎澤縣西北，漢魏靈時壘以遏浚儀渠口。其時燕軍屯石門，溫不得開河水以濟運。郗超先告以「汴水淺，漕運難通」，而溫不從，乃以致敗。故桓溫上疏，請遷都洛陽，孫綽亦謂須俟「運漕之路既通，開墾之積已豐」，則前此汴水之供漕運居可見矣。

又：太元八年，苻堅犯晉，運漕萬艘。

按：苻堅南犯，雖以步騎為主，然運艘萬計，大率由潁入淮，即鄧艾開廣之水道也。

又：義熙五年四月，劉裕北伐，發建康，帥舟師自淮入泗。五月，至下邳，留船艦、輜重，步進至琅邪。

按：下邳，今江蘇邳縣東，蓋沿邗溝至山陽，乃自淮入泗，沂水即於下邳入泗，故吳語謂「夫差深溝，北屬沂，西屬濟」也。

又：義熙十二年劉裕伐秦，發建康。王鎮惡、檀道濟將步軍自淮、淝向許、洛。沈林子、劉遵考將水軍出石門，自汴入河。王仲德督前鋒，開鉅野入河。

按：石門見前。水經泲水注引續述征記云：「晉義熙中，劉公（裕）遣周超之自彭城緣泲故溝，斬樹穿道七百餘里，以開水路。」獲水注又云：「義熙十二年，霖雨驟澍，汴水暴長，彭城西有一小城遂崩壞。」則自劉裕鎮彭城，汴流復盛。是時劉遵考為彭城內史，則沈、劉水軍正發自彭城也。開鉅野入河，其工始於桓溫太和四年，已詳前。

又：義熙十三年，太尉裕將水軍發彭城，自淮、泗入清河，將泝河西北，先遣使假道於魏。是年裕發長安，自洛入河，開汴渠而歸。

按：自淮、泗入清河，即桓溫鉅野道也。開汴渠而歸，直至彭城，即周超之所開也。

又：宋紀元嘉七年，到彥之自淮入泗，水滲，日行纔十里，自四月至秋七月，始到須昌。乃泝河西上。

按：須昌，今山東東平縣西北，為汶水合濟水處。桓溫鑿鉅野三百里，引汶水合清水，乃引舟自

見也。

濟入河，故知即至須昌也。

又按：元嘉以下，常見北師南征，極少南軍北上，故所爭雖江、淮之間，而舟艦之用則不多見也。

魏書李沖傳：李文汎舟洪池，從容謂沖曰：「自鄴還京，朕欲從此通渠於洛，南伐之日，從洛入河，從河入汴，從汴入清，以至於淮。下船而戰，猶出户而鬭，此乃軍國之大計。」

按：全祖望云：「濟水入汶，謂之清水；睢水入泗，亦謂之清水；六朝所爭，皆泗上之清水也。其地有曰『清西』，即元嘉二十七年魏將拓拔建自清西屯蕭城。曰『清東』，則魏將步尼公自清東屯留城。曰『清南』，則天監五年，梁將藍懷恭築城清南。曰『清中』，則永明三年齊角城戍主張蒲入清中是也。宋沈攸之、魏尉元、齊周山圖所爭皆在其地。以其為泗水合睢水入淮之地，故亦謂之『睢清口』。泰始三年，宋將陳顯達引兵入睢清口是也。」今按：睢水本蒗蕩渠支津，魏文蓋欲自汴經睢入泗而至淮。隋代運河，其最先發議如此，殆即前引晉人漕運經宿預城之故道也。

（原載民國三十六年六月二十四日民意日報文史副刊第四十一期）

跋康熙丙午刊本方輿紀要

顧祖禹讀史方輿紀要，最先刊本在康熙丙午，僅州域形勢説五卷；今本歷代州域形勢凡九卷，第九卷明代為丙午本所無，餘亦詳略迥殊，亦有五卷中舊説而今本加改訂者。蓋丙午五卷本為今本之初稿也。

丙午本有顧氏凡例一篇，與今本全異。自稱：

余方輿紀要凡七十二卷，而此編實為之冠。……其繼此編而出者，曰兩京紀要，分省紀要，古今川瀆異同説，海防海運説，鹽漕屯牧合考，九州郡邑合考，十二州分野説。又集古今輿圖更為訂正，職官輿程諸圖皆以類從，而後此書始成全構。

今本凡一百三十卷，視初本殆增一倍。計歷代州域形勢九卷，各省一百十四卷，川瀆六卷而漕河海道居其一，分野一卷；丙午凡例尚有郡邑合考，則今本殆散入各省也。今本又附輿圖要覽四卷，凡海防、海運、鹽漕、屯牧、職官、輿程諸大端並約略附見焉。今本凡例云：「余初撰次歷代鹽鐵、馬政、職貢及分野共四種，尋皆散軼，惟分野僅存。病侵事擾，未遑補綴，其大略僅錯見於篇中，以俟他時之審定」云云。疑原稿散軼，或當在祖禹南遊時。又祖禹為黃守中六十壽序，謂：「予辛酉病後，雖視息猶存，而神明未善。」庚申祖禹始客徐乾學家，則所謂病侵事擾，或其時語。然則今本凡例，殆成於祖禹五十一以後也。蓋今本總敘三篇成在前，凡例成在後，而皆在丙午刊本之後，輿圖要覽則尤晚成也。顧氏卒年六十二，（據無錫縣志。）少魏叔子七歲，（據魏季子集先叔兄紀要。）叔子卒於康熙十九年庚申，年五十七，是歲顧年五十，上推丙午，則顧年三十六也。今本彭士望序，謂祖禹之創是書，年二十九，則距丙午初刊，已歷八載。丙午本首頁，有「分省即出」四硃字，則所刻雖僅五卷，而全書七十二卷之大體必已完就，蓋即成於此八年中矣。

閻若璩尚書古文疏證（卷六下。）謂：「景范地志之學蓋出於家，其尊人耕石先生著山居贅論」云云，下引其論黃河一大段凡數百字。今按：祖禹父名柔謙，字剛中，耕石其別號也。據魏禧所為墓誌銘，柔謙卒在康熙乙巳，年六十，則正在丙午前一年；今丙午刊本凡例自稱「棘人顧祖禹」，其證也。是柔謙及見其子著書且潰於成，先後歷七年之久也。

柔謙以明遺民，抱宗國之痛，抗節不仕，祖禹亦棄舉子業。柔謙常教之曰：「汝能終身窮餓不思富貴乎？」曰：「能。」「汝能以身為人机上肉，不思報復乎？」曰：「能。」柔謙乃大喜曰：「吾與汝偕隱矣。」（據魏禧顧柔謙墓誌銘。）祖禹志節得之家訓，蓋不啻顧炎武之於嗣母也。而祖禹為方輿書，亦以得於其父之教命者為多。今本總敍第一祖禹自述先世，當明嘉靖間有光祿丞顧大棟，為祖禹高祖父，好談邊徼利病，躍馬遊塞上，撰次九邊圖説，梓行於世。其子奉訓大夫文耀，萬曆中奉使九邊，以論邊備中忌諱，仕不獲振。祖禹祖龍章，早卒，則所謂「請纓有志，攬轡無年」者。其父柔謙，得疾且卒，呼祖禹而命之曰：

「及余之身，四海陸沉，九州騰沸，獲保首領，具衣冠，以從祖父於地下耳。園陵宮闕，城郭山河，儼然在望，而十五國之幅員，三百年之圖籍，泯焉淪沒，文獻莫徵，能無悼嘆乎！余死，汝其志之。」祖禹匍伏嗚咽而對曰：「小子雖不敏，敢放棄今日之所聞！」

彭序謂「祖禹為是書，秉厥考之遺言，及先祖所為之地志，九邊之圖説」，即謂此也。是顧氏一家輿地之學，祖孫相傳，淵源已歷五世，固非偶爾而然矣。然今丙午本卷首凡例，絶不道及其父隻字，何耶？蓋柔謙卒於康熙乙巳十二月之二十九日，（據魏誌。）而丙午刊書成於夏杪，歷時甚暫，祖禹斬焉在喪服中，悲痛未已，固無暇以詳也。

丙午本首列嘉魚熊開元、無錫秦沅兩序，熊序今本有之，秦序則已删去。又首行列「三韓吳興祚伯成鑒，錫山華長發商原參」兩行，首頁又有「華府藏板」印，則是書乃華長發所付刊。今本有吳興祚序，謂「余因華子商原，始覯其書」，而丙午本無之，可證此本刊行甚促，吳序稍遲，故不及載耳。

又按：丙午本原名二十一史方輿紀要，敍次迄於元末，今本則下及明代。今本總序，祖禹自述其「父卒一年而祖禹以疾廢，又三年疾愈，不揣愚昧，思欲遠追禹貢職方之紀，近考春秋歷代之文，旁及稗官野乘之説，參訂百家之志，續成昭代之書」，是祖禹之續為此書，當在丙午後之三年，即己酉庚戌之間也。今本有魏禧序，已稱讀史方輿紀要一百三十卷，則應尚在庚戌後。今按：魏氏為柔謙墓誌銘有云：

寧都魏禧客吴門，見方輿紀要，奇之，曰：「此古今絶無而僅有之書也！」既交其人，沈深廉介，可屬大事，相與為齒序，弟畜之。祖禹因出君狀乞誌銘。

是顧、魏相識，顧父已先卒，而魏氏於吴門所見紀要，殆即丙午刻本；否則未識其人，無由讀其全書之寫稿。及兩人既深交，乃得盡見其全稿而為之序，乃曰讀史方輿紀要一百三十卷矣。魏氏長祖禹七歲，四十始出遊，至江浙，時祖禹年三十三，其父尚未卒，書亦未刊，兩人相識應在後。魏氏於康熙十一年壬子又客吴，（據黃子錫墓誌銘。）上距庚戌又已三年，則祖禹書之自七十二卷擴大為百三十卷者應在此三年内也。

祖禹抗節首陽，窮槁不仕，人知之。方三藩事起，而祖禹跳身走閩海，期興復，則知者甚少。近張子曉峯創為祖禹年譜，親至膠山訪搜遺聞，得黃氏宗譜，有黃守中與祖禹交游蹤跡，而其事乃大白。（詳見國風半月刊四卷十期膠山黃氏宗譜選錄專號。）滇變作於癸丑，閩變起於甲寅，祖禹南遊當在癸甲之際，出魏氏作序後，故熊、吳、魏三序及祖禹自序，皆有「足不出吳會」之語。康熙丙辰，耿精忠復降滿洲，祖禹亦不久留。其在閩海，先後不出三年也。黃統為其父守中府君行略，謂：「顧子以雄才大略，慨然願有為於天下，乃寄妻孥於吾父。吾父則以養以教，數年如一日」，即此矣。

今本復有彭士望序，謂：「望行年七十，得此一士」，又曰：「祖禹之創是書，年二十九，經二十年始成。藉資遊歷，更獲新勝，即改竄增益，雖十易草不憚。」今考彭氏年七十，當康熙十八年己未，時祖禹年適四十九。翌年魏禧卒，彭序成於今年，故述及魏序而未及其死。其稱述祖禹為人，謂：「其膽似韓稚圭，而先幾旁矚，不敢置勝負於度外」，則祖禹之不淹滯於閩可知也。又謂：「其奇才博學似王景略，雖去桓溫，必不為苻堅所用」，尤明屬閩海歸來語。自丙辰至己未亦四年，祖禹之十易其草不憚者，應以此數年間為尤勤也。

康熙十九年庚申十一月，魏禧卒於儀眞，而祖禹始客徐乾學家。彭士望徐氏五十壽序（按顧、徐同年。）云：

> 庚申八月，余在吳江，崑山徐子藝初章仲二孝廉遣書使，因顧子景范，迎余居其家。

又曰：

公既延武林陸子拒石，太倉顧子伊人，與共晨夕，欣賞析疑，及四方士過從，禮之無倦；而虞山顧景范，不求聞達，落落人外，惟潛心方輿紀要一書。公禮而致之，不煩以事，聽自纂述。更為具脡餼筆札書史，以相佽助。

是祖禹五十以後仍肆力此書。彭序謂經二十年始成者，仍非定稿也。

自是祖禹與徐氏往來之迹頗密。康熙二十六年丁卯，清廷修一統志，命徐乾學為總裁，徐氏羅致祖禹於幕下。閻氏尚書古文疏證（卷六上。）謂：「己巳與顧景范同客京師」，時顧年已五十九。翌年庚午，徐氏歸里設局洞庭，祖禹仍為分纂，而其子士行亦在志局，（見裘璉纂修書局同人題名私記。）既父子同硯席，又得恣意博覽四方圖册，復與胡渭、閻若璩、黄鴻諸人上下其議論。越二年壬申卒。（又越二年徐亦卒。）此數年中，紀要一書當必又有所增訂。

然則祖禹此書，既上承其家高曾兩世之餘緒，又及身父子孫三代討論潤色。而祖禹則畢精萃力於其書者達三十四年，先則槁臥窮廬，嫥心一志，繼則南遊嶺海，北上燕冀，遠搜博涉，又得徐氏藏書之探討，賓友之研窮，取精用宏，體大思深，宜其可以躊躇無餘憾矣。

然祖禹雖溷迹顯貴之門，其皭然不污之節，則固終其身無少渝也。姚椿通藝閣集顧處士祖禹傳略，謂：「一統志書成，徐將列其名上之，祖禹不可，至於投死階石始已。」又全祖望結埼亭集題徐狷石傳後，謂：「狷石最善祖禹，有事欲就商，會其在徐館中，狷石徘徊門外不入。適祖禹從者出，因以告，乃得見。徐乾學聞之，亟遣人出迎，則狷石已解維去矣。」磨而不磷，涅而不淄，殷有三仁，固不在形迹之間也。

余觀今本首卷所列各序，均無年月，此蓋不署永初之旨耳。又以「昭代」稱明，敍史迹亦至明而止，絕不涉建州入關，拳拳故國之情，溢於言表。而祖禹自序及魏、彭兩序，尤躍躍不啻探口出。雖祖禹詩文事蹟流傳極少，然此書幸免焚禁，不可謂非大幸矣。（四庫未收其書，殆時人未敢輕進也。）丙午本首頁即大書「吳伯成先生鑒定」，秦序、顧凡例皆著康熙丙午年月，益證祖禹自在喪中，事出華氏，非祖禹本意。今祖禹書傳布極廣，然其立身大節，及著書用意所在，與夫數十年辛勤之經歷，則人鮮知者，爰因讀丙午本而縱論之如此。

雪橋詩話續集卷一，張蒼水以甲辰九月初七日受刑，自是海事乃定。顧景范甲辰九月感懷云：「蕭颯西風動客愁，倚樽無處漫登樓。赭衣天地驪山道，白袷親朋易水秋。征雁南飛無故國，啼猿北望有神州。茱萸黃菊尋常事，此日催人易白頭。」謂景范紀要一序，深致陸沈之痛，證以此詩，深情如揭。

二四年九月七日

（禹貢半月刊第四卷第三期）

禹貢山水雜説

禹貢山水，前人説者衆矣，猶有所未備而關係較大者，姑就江漢流域粗述八事，待治古地理學者商榷之。

一　汶山　岷山

按漢志：蜀郡湔氐道，崏山在西徼外，江水所出。秦漢湔氐道，今四川松潘縣西北。然禹貢汶山，初不在此。昔人蓋指今嘉陵江為江源。漢志：隴西氐道，禹貢瀁水所出。又：西縣，禹貢嶓冢山，西漢水所出。此實禹貢汶山之與江源也。嶓冢在寧羌，與汶山相近，故曰：「汶嶓既藝。」江漢發源，計其大小長短，亦略相當，故曰「江漢朝宗於海」，亦不為之軒輊。自秦漢遠迹，乃始以今之岷江為江源，以嘉陵江稱西漢水，於是汶山移至松潘，而隴西之峧則改為嶓冢。故漢有東西，而嶓冢乃有二處。其蜀郡湔氐道之名亦自隴西氐道移來，因有湔水，故曰湔氐道，益證其間之關係矣。今則所知江源益遠，即岷江亦不為江源，而漢水於是遂為長江之一支流。古人江漢朝宗之義，始不為今人所知矣。

又按漢志：「漢水出西縣嶓冢東南，至江州入江，行二千七百六十里。」張儀傳云：「大船起於汶山，浮江至楚，三千餘里。」明指西漢水嘉陵江言。蘇秦傳亦曰：「五日而至郢，不十日而距扞關。」皆指今嘉陵，不指岷江言之。可知其時所謂汶，非在今之松潘也。

又按漢蜀郡汶江縣，今茂縣北。元鼎六年置汶山郡，後罷為蜀郡北部都尉，治岷山，在茂縣東南。又貨殖傳：「汶山之下沃野，下有蹲鴟，至死不饑。」此指臨邛言。臨邛今邛崍縣治，則邛崍山，漢人亦謂之岷山矣。大抵汶山之名復自臨邛漸移而北，至茂至松潘耳。

二　嶓　嶓冢

按嶓冢山，今陝西寧羌縣北。水經注：「漢中記曰：嶓冢以東，水皆東流；嶓冢以西，水皆西流。故俗以嶓冢為分水嶺也。」張守節史記正義：「嶓冢山在梁州金牛縣東二十八里。」金牛廢縣，今寧羌東北。漢志隴西郡西縣，禹貢嶓冢山，西漢所出，東南至江州入江。此則在今天水西南六十里。

西漢水即嘉陵江也。蓋古人以嘉陵江為江源，則隴西嶓冢實即岷山，後人知江源不在此，乃以此為西漢水，而岷山遂改稱嶓冢。水經注又以漾水之名亦歸西漢，於是舛錯逾多矣。

三　涔潛

按漢志：漢中郡安陽，鬵水出西南，北入漢。在谷水出北，南入漢。安陽今成固縣東。在谷水即今湑水。漢志所謂漢，即今沔水。鬵即漢源也。此於嘉陵江（即禹貢所謂江。）、南江、宕水、巴水諸水（即禹貢所謂沱。）皆近，故曰「沱涔既道」。又曰：「浮於潛，踰於沔，入於渭，亂於河」，此即古之褒斜道也。然水出漢皆為涔，不專指安陽一水。如堵水入漢，亦可得涔名，則所謂「浮於江、沱、涔、漢，（史文此處衍一「於」字。）逾於洛，至於南河」是矣。自江、沱之實既失，則此諸語均難索解。至張守節正義引括地志謂：潛水一名復水，今名龍門水，源出利州綿谷縣東龍門山大石穴下。綿谷今四川廣源縣，蓋漢人既以嘉陵江為西漢水，故水入嘉陵江者亦得潛名耳。

四　大別

按漢志：六安國安豐，禹貢大別山在西南。今安徽霍邱縣西南八十里，接河南固始縣界。然此非漢水所經，與禹貢「導漾東流為漢，又東為滄浪之水，過三澨至於大別，南入於江」之文不合。元和志：「魯山一名大別山，在今漢陽縣東北。」然水經注謂之古翼際山，不謂之大別。又左定四：「吳伐楚，子常濟漢而陳，自小別至於大別。」今翼際山尚在漢水西岸，與子常濟漢之文又不合，則謂大別在漢陽者復非也。張守節正義謂：「大別山，漢江經其左，今俗猶云甑山。」甑山在今漢川縣東南，漢水東岸，較為近情。而或又以此為小別山，此皆推測說之，非有明證。後人以班說較早，故紛紛為之解難。沈垚曰：「大別山在光州（潢川）西南，黃州（黃岡）西北，漢陽東北，霍邱西南，班志屬之安豐，但據山之東北言，若論其西南，則直至漢水入江處，故商城西南麻城黃陂之山，古人皆目為大別。」此似可釋正義安豐非漢所經之嫌。然班志言地，亦時有疎失，未可盡據。循禹貢導山原文，熊耳、外方、桐柏至陪尾為一條，嶓冢、荊山、內方至大別為一條，岷山、衡山至敷淺原為又一條，今之大別山脈不與外方、桐柏同條，則當與衡山、敷淺原並列，不得與嶓冢、荊山、內方為序。若大別必遵班說，則內方決不當為安陸之章山，班志於此必有一誤，未能俱合。後人必委曲說之，殊無謂也。然則固不獲已，大別仍當以張氏正義之説為是。

五　九江

按漢志：豫章郡尋陽，禹貢九江在南，皆東合為大江。漢廬江郡無江以南地。尋陽今黄梅縣北，而九江在其南，殆即今廣濟、黄梅、宿松、望江諸縣境之江水也。太史公登廬山觀禹疏九江，則漢時猶有九江故道。若以湖漢九水為九江，則與江之經流不涉，亦與經文過九江而後東迆北會於滙者悖。若以洞庭為九江，則何以先云江漢朝宗而後乃云九江孔殷。又經云：「九江納錫大龜」，通典廣濟縣蔡山出大龜。褚先生云：「神龜出於江灌之間」，皆其證。

六　東陵

按漢志：廬江郡金蘭，西北有東陵鄉，淮水所出。水經注：「江水東過蘄春縣南，蘄水從北東注之。又東過下雉縣北，利水從東陵西南注之。利水出廬江郡東陵鄉。江夏有西陵縣，故是言東矣。尚書江水過九江至於東陵者也。西南流，水積為湖。湖西有青林山，故謂之青林湖。湖水西流，謂之青林水。又西南歷尋陽，分為二水：一水東流，通大雷。一水西南流，注於江，所謂利水也。」今考下雉，今陽新縣東南，利水入江，尚在其下游，當今廣濟縣境。今青林山在廣濟縣東南六十里，則東陵應在今廣濟東北及黃梅縣境也。又水經決水注：「決水又西北，灌水注之。其水導源廬江金蘭縣西北東陵鄉大蘇山，即淮水也。許慎曰：出雩婁縣。俗謂之澮水。褚先生所謂神龜出於江灌之間，嘉林之中，蓋謂此水。」胡朏明據此定金蘭在固始西南，直黃梅之北。錢坫則謂大蘇山即東陵，今商城縣東南五十里。如是，則東陵去江太遠，與江自東陵東迤北會于滙之文不合。廬江東陵與江夏西陵相為東西，不應北至商城、固始間。阮元以金蘭即豫章郡治，後改為舒。漢舒地直達大江洲渚。禹貢東陵實指至此，東迤為南江，又失之太東。由阮誤以分江水為南江，故強説之如是也。

七 敷淺原

按漢志：豫章郡歷陵，傅陽山，傅陽川在南。古文以為傅淺原。歷陵，王莽改蒲亭。唐有蒲塘驛，即今德安縣治。杜佑通典云：「江州潯陽縣蒲塘驛，即漢歷陵也。驛前有敷淺原，原西數十里有敷陽山。」蔡傳引晁以道云：「饒州鄱陽縣界中有歷陵故縣。」後人因疑歷陵在晉時與餘汗、鄡陽俱屬鄱陽郡，而柴桑屬武昌，歷陵不應轉在柴桑之西；或杜氏特以蒲亭蒲塘而附會說之；其析山與原為二處，亦非是。然晁說亦無據。恐柴桑屬武昌，依長江之下游。歷陵屬鄱陽，跨彭蠡之兩岸。杜說未必慮。朱子九江彭蠡辨，以廬山為敷淺原，亦以意推之，無可證信。則不如仍依舊說，以傅淺原在德安界為是。惟班志亦時有誤，不足盡恃。經云：「過九江至於敷淺原。」又曰：「過九江至於東陵。」東陵在江北，敷淺原亦不應在江南。上文云：「岷山之陽，至於衡山。」衡山即南陽雉衡山，灃水所出，亦在江北；敷淺原似更不當越至江南。考漢志：「九江郡有博鄉，侯國，莽曰揚陸。」故城今安徽霍邱縣南。博陽山與博鄉同以博名。「莽曰揚陸」者，敷揚聲義相通。則傅博敷揚，皆本一源。今霍邱縣西南八十里，即大別山。以地形言之，自岷衡至大別，明為一脈，而與嶓冢、荊山、內方判為二列，然則今之大別，即古之博陽；謂之敷淺原者，殆指其山脈之邐迤就盡，原阜未平而言。班志於六安國安豐曰：「禹貢大別山在西南。」蓋即由博陽敷淺原而譌，後人遂相沿目此為大別，而博陽移至豫章江南；遂致衡山、九江諸地，亦積疑塞晦，不可復理矣。又東陵在黃梅北，敷淺原在霍邱南，正為今大別山脈迤東之南北兩極也。此亦云「過九江」者，蓋辜略之辭。

近人饒宗頤敷淺原辨（見學術第三輯。），謂敷淺即番陽傅陽，豫章本古番地，左定六年，吳伐楚取番是也。其地名番，其水亦曰番水。漢志鄱陽鄱水西入湖漢是也。番水以北地泛稱番陽，故其湖曰鄱陽湖，其山曰鄱陽山。漢歷陵亦古番陽地，故其山川亦有番陽之稱。漢志所謂豫章郡歷陵傅易山，傅昜川，古文以為敷淺原，此皆番陽一音之轉。敷淺原亦如太原、東原，本為地名，後人必欲定為某山某水，自屬無當。按饒説甚有理趣，然魏默深書古微已論鄱陽古代在江北，則余論敷淺原當在江北者，饒説轉可為證成矣。

八　三江

按吳有三江五湖，特江湖紛岐錯出之謂，非必確有所指。禹貢則以江漢分占吳地三江之二。所以然者，以其時誤認嘉陵江為江源，故曰「江漢朝宗於海」；而不為分軒輊主從，故曰「導漾東流為漢，東為北江，入於海。導江東為中江，入於海」。蓋謂江漢下流分占吳地三江之二也。班氏猶知經意，曰：「北江在毗陵北，東入海。中江出蕪湖西，至陽羨入海。」又益之以南江曰：「在吳縣南，東入海。」而於三江皆確説之曰：「揚州川。」是揚州有三江，非江漢有三江也。然漢會稽郡既有吳縣、無錫縣，豈得曰北江在毗陵北，東入海；又豈得曰中江至陽羨入海乎？是漢志縱有合於禹貢之所謂中江、北江，而禹貢之中江、北江，恐未必有合於吳地三江之眞矣。至鄭玄始曰：（見孔疏引。）「三江分於彭蠡為三孔，東入海。」是謂大江自分三江入海，與禹貢僅有中江、北江之意大背。於是後人乃始以班志之分江水為南江以遷就之。班志丹揚石城，分江水首受江，東至餘姚入海，與會稽吳縣下之南江各不相涉。石城今安徽貴池縣西七十里。自此至餘姚，覈以地形，殊不類有南江之迹，烏得空以古今水道變易為説？是班志分江水本文已可疑，何論又強合之於會稽吳縣之南江。此所謂亡羊之逐，歧而又歧也。若其歧中之尤歧者，則見禹貢以大江為中江，漢水為北江，而不明禹貢之文義，無中生有，又強於江漢本身尋一南江；或以為即九江，或以為即彭蠡，皆説之於彭蠡以上；種種臆測，其為迷失，視鄭注更遠矣。

（齊魯學報第一號）

蒼梧九疑零陵地望考

史稱舜葬蒼梧之野。司馬相如曰：「獨不聞天子之上林乎？左蒼梧，右西極。」是蒼梧在漢上林東，並不指湖南零陵為蒼梧也。司馬相如又曰：「丹水更其南，紫淵經其北。」方輿紀要：「河南內鄉縣西南百二十里，有丹水城。南去丹水二百步。」范汪荆州記曰：「丹水縣，堯子朱所封，亦曰丹朱城。」山海經謂舜與丹朱葬相近，則蒼梧當近丹水。淮南脩務訓：「舜南征有苗，道死蒼梧。」文選注引六韜：「堯與有苗戰於丹水之浦。」呂覽召類：「堯戰於丹水之浦，以服南蠻。」淮南兵略訓同。論衡儒增云：「堯伐丹水。」又恢國云：「堯有丹水之師。」是古謂三苗在丹水。舜征有苗，留葬蒼梧，必與丹水相近。後人謂有苗在今湖南洞庭境，已誤。然亦豈有南征洞庭，而道死道州零陵之理？

又張景陽七命：「豫北竹葉」，注引張華輕薄篇：「蒼梧竹葉青，宜城九醞酒。」此又蒼梧在豫北之證。此謂豫北，乃古豫章之北耳。（予別有古豫章考。）戰國策帝女儀狄作酒，美，而獻禹。殆以漢水上流產美酒，而禹之故土亦近是，故聯想説之。

又楚辭：「濟沅湘以南征兮，就重華而陳詞。」余疑丹水古亦稱湘，今荆紫關西南尚有湘河鎮，是其遺蹟之可證者。屈原居漢北，在丹析之間，就重華而陳詞，因其居相近，故即憑以起興。又曰：「朝發軔於蒼梧兮，夕余至乎縣圃。」原之發軔蒼梧，正證蒼梧之與其流放地為近也。

呂氏春秋：「舜友北人無擇，投於蒼領之淵。」高誘注：「蒼領或作青令，莊子作清泠。」今按淮南子：「北人無擇非舜，自投清泠之淵」是也。薛綜東都賦注：「清泠水在南陽西鄂山上。」山海經中次十一有清泠之淵，畢沅云：「蒼領、青令、清泠音皆同。」竊疑滄浪與清泠，亦一聲之轉。則舜之故事流傳，顯多在漢水流域。故莊子徐无鬼云：「舜有羶行，百姓悅之，三徙成都，至鄧之虛而十有萬家。」清一統志均州太和山麓姚子鋪北有舜帝廟。後漢郡國志：「赭陽縣有湘亭，其南有堯冢。」後人誤認湘名必在今湖南洞庭之南，故遂遠移蒼梧至零陵耳。

又按左哀四：「楚右師軍於蒼野。」杜預注：「蒼野在上洛縣。」水經注：「丹水自蒼野，東歷菟和山。」疑蒼梧之野亦可稱蒼野，相其地望，當在今陝西商縣東南，菟和山西境。故司馬相如云：「上林左蒼梧」，即蒼野也。古代地名，往往有緜亙遠涉至數百里外者。既云蒼梧之野，則可不拘拘於一地可知。帝王世紀云：「堯女女罃，舜次妃，封於商，生九子，義均號商均。」路史亦云：「商洛有堯女墓，今城東有九子墓。」此後代傳説，正可證堯舜故事流傳之地望。所謂舜葬九疑，或可由九子之墓譌傳而起。西極山在甘肅，即三危山。漢蒼梧國本秦桂林郡地，淮南稱有浯後為蒼梧郡，治廣信，今廣西蒼梧縣治。此蒼梧豈得與西極位於上林之左右乎？且此蒼梧乃地域名，非山名，後人又謂九疑山亦名蒼梧山，更失其本矣。

惟確有可疑者，為今戰國策蘇秦說楚之辭，其言曰：「楚南有洞庭、蒼梧。」余考洞庭、蒼梧，皆在楚北，不在楚南。而蘇秦之辭，則乃確指今湖南境之洞庭乃及蒼梧言。蓋據予繫年所考定，蘇張縱橫游說之辭，皆出後人僞撰，而蘇秦之辭，其僞撰猶出張儀諸篇之後，校其年代，當在秦亡六國前後，殆與蒯通之徒有關。其時楚人南遷，北方雅名勝迹，皆已移植，蘇秦之辭，正足證余繫年之所考定，未足以搖余本篇之所論列也。

史又稱舜崩蒼梧之野，葬於江南九疑，是為零陵。今按離騷：「巫咸將夕降兮，懷椒糈而要之，百神翳其備降兮，九疑繽其並迎。」今若謂朝發軔於蒼梧，蒼梧乃近屈原流放之地，則此巫咸所降，九疑並迎者，亦指屈原流放所在，固當與蒼梧之野，同屬一境。是則江南九疑云者，必當在丹水之南，或湘江之南；余說零陵，亦與漢水滄浪為近。（詳下。）若如後人傳說，九疑山在今湖南寧遠縣南六十里，試問此豈得曰江南乎？又漢零陵縣，在今廣西全縣北三十里，豈得曰是為零陵？而蒼梧郡治廣信，距寧遠更遠，尤不得謂在蒼梧之野也。文穎說之曰：「其山半在蒼梧，半在零陵。」水經注說之曰：「九疑山磐基蒼梧之野，峯秀數郡之間。」此若未為不可。然舜征有苗，道死蒼梧，豈固有苗敗而南引，而舜遽遠迹至此乎？按揚雄方言：「窕，滛也。九疑荆郊之鄙，謂滛曰窕。」是揚子雲尚猶知九疑與荆郊同地，豈得謂此荆郊，亦指今湖南廣西之交界乎？據是論之，亦可知九疑地望之確近荆山，在漢北矣。蓋九疑、蒼梧之類，本非南方地名。自楚亡鄢郢，其遺民之遠拓而南者，遂以北方故土雅名，移名南服，因而蒼梧、九疑、零陵，各散一方，本屬鄰近之地，乃隔為遥遠之區。史公所謂「舜崩蒼梧之野，葬江南九疑，是為零陵」者，其語確有本，惟若以後代地望一一掩實之，則顯成為汗漫荒唐耳。

又羅隱湘妃廟詩：「劉表荒碑斷水濱，廟前幽草閉殘春，九峯相似堪疑處，望見蒼梧不見人。」此湘妃廟必在荆州漢水之域，故有劉表荒碑。

又考鄧德明南康記説五嶺，三曰九眞都龐嶺。方以智疑九眞太遠非是。今按水經注：「鍾水出桂陽南平縣部山，部山即部龍之嶠，五嶺之第三嶺也。」酈書所謂部龍，即都龐字譌。山在今湖南藍山縣南，正與九疑連麓。然則南康記所謂九眞，即九疑矣。漢武置九眞郡，在今安南。是則九疑之名，又隨漢人遠迹以移至日南矣。此亦余考古史地名遞轉遞遠之一例，則烏見自漢以前，九眞九疑之必在今零陵之域哉？（今湖北漢陽亦有九眞山。）

舜葬處不遠至今湖南之零陵，不僅古史無此事實，即古人傳説，所謂舜冢在零陵者，此零陵亦別有指；特後人昧失本眞，遂以今湖南零陵説之耳。水經沔水注：「夷水又東南流，與零水合，零水即沶水也，其水東逕新城郡之沶鄉縣，縣分房陵立，謂之沶水。又東歷軨鄉，謂之軨水。晉武立上黃縣，治軨鄉。」漢有沶陵侯。今按：零陵即沶陵也。沶鄉廢縣，今湖北保康縣南。房陵故城，今房縣治。左文十一年：「楚成大心敗麇師於防渚」，防即房也。尚書謂舜「陟方乃死」，房、防、方，古字通，然則謂舜登陟房山而死耳。隋書地理志：「鄖鄉有防山。」又光遷有房山。又括地志：竹山縣東南有方城山。鄖、房、竹山，皆境地相接。鄖縣東北為今河南析川縣，有丹水故城，並有古丹朱墓。

周語：「房后實有爽德，丹朱憑身以儀之，生穆王焉。」此古人謂丹朱之鬼猶在房之證也。世說言語篇注，引習鑿齒論靑楚人物，列舉子文、叔敖、接輿、漁父、漢陰丈人、市南宜僚、老萊子、屈原、鄧禹、卓茂、龐公諸人，而曰：「昔伏羲葬南郡，少昊葬長沙，舜葬零陵。」此應皆舉荊楚故實言，無緣遠及湘楚郴桂之間，則習氏猶知舜葬零陵之在漢域矣。右尹子革有曰：「昔我先君熊繹，辟在荊山。」杜注：「在新城沶鄉縣南。」則零陵不僅舜所葬處，亦楚之先王之所肇居也。屈原放居漢北，造為離騷，多及虞舜，不徒其地望之近，亦以舜之與楚國先王，特為親暱矣。秦始皇至雲夢而望祀虞舜於九疑山，亦以雲夢與九疑零陵，同在今湖北西北部漢水流域也。

又按：墨子：「舜西教乎七戎，道死，葬南己之市。」呂覽安死篇亦言：「舜葬紀市。」水經沔水注：「沔水又南與疎水合。水出中廬縣西南，東流至邔縣北界，東入沔水，謂之疎口也。」漢有邔侯黃極忠。淸一統志：「邔縣故城在襄陽府宜城縣東北。」是紀即邔也。所謂紀市，與南己之市者，正亦指襄漢之邔而言。然則後人謂楚舊都稱紀郢，以別於昭王所遷之鄀郢，而謂紀郢在江陵，亦復誤矣。

說邢

史稱祖乙遷於邢。水經注：「汾水西逕耿鄉城北，故殷都也。祖乙自相徙此。」索隱、正義皆本之為説。今河津縣南十二里有故耿城是也。疑殷都不遠遷及此。祖乙所都，當在河內平皐邢丘。水經沁水注：「朱溝逕懷城南，又東逕殷城北。郭緣生述征記曰：『懷縣有殷城，或謂楚漢之際殷王卬都之。』非也。紀年云：『秦師伐鄭，次於懷城，殷即是城也。』然則殷之為名既久。」竊疑殷城之名即起祖乙。又按左隱四：「衛人逆公子晉於邢。」左隱五：「曲沃以鄭人邢人伐翼。」舊説以河北邢臺説之。邢臺既與衛鄭皆遠，更不能及晉。宣十五：「晉敗赤狄於曲梁，始滅潞。」其前河北之邢臺，何緣與山西曲沃晉翼相通？然則狄滅邢衛，殆亦河內之邢矣。郡國志：「河內平皐有邢丘，故邢國。周公子所封。」周公之胤，凡、蔣、邢、茅、胙封地皆近。及邢國既遷，其故地乃稱邢丘。宣六：「赤狄圍邢丘。」襄八：「晉會諸侯邢丘。」昭五：「晉侯送女於邢丘。子產相鄭，會晉邢丘。」皆是也。邢遷於夷儀，郡國志：「東郡聊城有夷儀聚。」故城在今聊城縣西南十二里。齊師宋師曹師次於聶北以救邢，聶即攝城。左昭二十：「晏子曰：聊、攝以東。」注：「聊、攝，齊西界。」今博平縣西。又河北清豐縣東北有故聶城，地亦相當。邢之所遷，與衛正近，故衛復滅之。其後地入晉。左定九：「齊伐晉夷儀，晉車千乘在中牟」是也。齊桓公築五鹿、中牟、鄴以衛諸夏，若邢遷夷儀在邢臺，是尚遠在五鹿、中牟、鄴以北，何衛之及？應劭謂邢侯自襄國徙平臯，即夷儀，亦失之。韓詩外傳謂武王伐紂，到於邢丘，勒兵於寧，更名邢丘曰懷，寧曰修武。然考史魏世家：「安釐九，秦拔魏懷，十一拔邢丘。」又：「無忌謂魏王曰：『秦固有懷茅邢丘。』」則懷與邢丘，明非一地。外傳之說復誤。徐廣曰：「邢丘在平臯。」平臯者，以其在河之臯，斯為殷都，更無疑義。故城在今河南溫縣東。

（齊魯學報第一號）

説滇與昆明

滇昆明之迹，始詳於史記西南夷傳。昆明為洱海，杜佑已言之。滇池城在宜良境，阮元已言之。推釋其未盡，重為鉤稽如次。

滇

一、其西靡莫之屬以什數，滇最大。

二、滇降，以為益州郡。（西南夷傳。）

三、漢以求大夏道，始通滇國。（大宛傳。）

四、南御滇僰。（貨殖傳。）

按：漢益州郡治滇池縣，今宜良縣境，即古滇國都也。水經溫水注：「溫水又西逕昆澤縣南。又逕味縣，縣故滇國都也。又西南逕滇池城，池在縣西北。溫水又西會大澤。」漢味縣，今曲靖縣西十五里。漢昆澤縣，今嵩明南陸良西廢芳華縣，則昆澤乃楊林大澤，（嘉利澤。）溫水即南盤江。既經昆澤縣南，即至滇池城。滇池城當在今宜良境也。「又逕味縣」一語，明係錯文，則「故滇國都也」一語，宜當在「西南逕滇池城」下。據史，滇國東北有靡莫、勞浸二國，當在陸良、尋甸境，則滇都不得在曲靖，審矣。

滇池

莊蹻至滇池，地方三百里。旁平地肥饒數千里。（西南夷傳。）

按：滇池，今雲南昆明縣南，呈貢縣西，晉寧縣西北，昆陽縣北。地理志：「益州滇池縣大澤在西，滇池澤在西北。」大澤當為陽宗海，若漢滇池治當今昆明縣地，則「大澤在西」一語無可說。故知漢滇池城應在今宜良境也。

靡莫

一、其西靡莫之屬以什數，滇最大。

二、滇東北有勞浸、靡莫，皆同姓相扶。

三、擊滅勞浸、靡莫，以兵臨滇。（西南夷傳。）

按漢志：益州郡收靡縣，續志作牧靡，説文同。阮元雲南通志稿謂在會澤縣尋甸州境。水經若水注：「山生牧靡，可以解毒。」縣山並即草立名，今尋甸縣西八里有隱毒山，或是也。又水經存水注：「存水自犍為郁鄢來，東南逕牧靡縣北，下入牂牁且蘭。」存水即可渡河；則牧靡當在今雲南會澤縣東。酈氏又謂牧靡山在牧靡縣東北烏句山南五百里，則山在縣南，本非一處。要之其地在夜郎西，滇東北，與靡莫地望正合，則靡莫殆即牧靡也。

勞浸

按漢志：益州郡同勞縣。阮元雲南通志稿謂在南寧（曲靖）南，陸涼（陸良）北，疑即勞浸。漢兵自四川合江、宜賓境逾貴州入雲南，必先得靡莫、勞浸兩國，乃及滇。

昆明

一、西自同師以東，北至楪榆，名為巂、昆明。

二、漢使間出西夷西，指求身毒國，至滇。滇王留為求道西，歲餘，皆閉昆明。（西南夷傳。）

三、南方閉巂、昆明。

四、昆明之屬無君長，善寇盜，輒殺略漢使。

五、漢遣使歲十餘輩，皆復閉昆明。

六、漢擊昆明，斬首虜數萬人。後遣使，昆明復為寇，竟莫能通。（大宛傳。）

七、太史公南略邛、筰、昆明。（自序。）

按：師古謂昆明乃南寧州，諸爨所居。唐南寧州，今雲南曲靖縣西。惟漢益州郡治滇池，當為今雲南宜良境，本為滇國，則西而閉道昆明，決不在曲靖。杜佑通典：「西洱海即昆瀰川。」漢武帝象其形，鑿池以習水戰，非滇池也。蓋昆明即昆瀰，即今大理洱海，則昆明國當在大理，於漢志屬益州郡雲南縣。前漢雲南嶲唐兩縣，後漢改屬永昌，蓋益州古滇王國，而永昌則古所謂嶲、昆明境也。

同師

一、西自同師以東，北至楪榆，名為嶲、昆明。

二、南越以財物役屬夜郎，西至同師。（西南夷傳。）

按沈欽韓云：地在今雲南霑益縣北境，即漢志牂牁郡之同並，然牂牁在滇國東，史文則云：「其外西自同師以東，北至楪榆為嶲、昆明。」蓋嶲、昆明在滇西。夜郎、滇、邛都之屬皆居國，而嶲、昆明為行國，故獨曰「其外」。同師則尤在昆明西境，當為漢初西南夷諸地之最偏西者。同並尚在滇、夜郎之間，其非同師明甚。今考漢志益州郡嶲唐縣，周水首受（「首受」二字當作「出」。）徼外。華陽國志有同水自徼外來。「同」、「周」形近，同水即周水也。錢坫以為是怒江。又嶲唐下有比蘇縣，阮元雲南通志稿謂比蘇當屬雲龍州瀾滄江西，西及潞江（即怒江。）以外，北及麗江縣西皆是。竊疑比蘇即周師，聲轉字變，縣以水得名；史文當作周師，字譌為同師。漢書又作桐師，索隱云：「漢書作桐師」，皆字譌也。南越役屬夜郎，西至同師，蓋已遠及今潞江高黎貢山界矣。漢使出滇國求身毒，皆為昆明所閉，蓋當時亦欲越大理，渡怒江，跨高黎貢山以嚮緬甸也。

（齊魯學報第一號）

古豫章考

左定四：「自豫章與楚夾漢。」杜注：「豫章，漢東江北地名。」按：水經注淯水篇：「淯水東過宛縣南，又南過新野縣西，又東南逕士林東，戍名也。戍有邸閣水，左有豫章大陂，下灌良疇三千許頃。南過鄧縣，東南入於沔。」此豫章當在今新野鄧縣間，自此而南，即為襄樊，臨漢水。然則自豫章與楚隔漢，即此後白起拔鄢鄧而攻郢之舊路也。

袁宏後漢紀：「桓帝七年，行幸於雲夢，臨水祠湖陽新野公主、張敬侯、魯哀公廟。」此證雲夢乃在新野。通鑑和帝永元十五年冬十月戊申：「幸章陵。戊午，進幸雲夢。時太尉張禹留守，聞車駕當幸江陵，以為不宜冒險遠遊。驛馬上諫，詔報曰：『祠謁既訖，當南禮大江，會得君奏，臨漢回輿而旋。』十一月甲申還宮。」據此則東漢時雲夢，尚指在漢北，正與桓帝所幸為一地。殆是與上述豫章，地望相近，或指同一水域而言矣。

又左昭六：「楚使薳洩伐徐，吳人救之。令尹子蕩帥師伐吳，師於豫章，而次於乾谿。吳人敗其師於房鍾。」按：房鍾今安徽蒙城縣境，乾谿今安徽亳縣南。蓋子蕩大軍師於豫章，前鋒次乾谿，又進戰於房鍾而敗也。昭十三，楚師還自徐，吳人敗諸豫章，是邀其歸路。是古豫章在新野附近，殆可據此推斷矣。

漢初侯邑分布

漢初諸侯封邑，余就史記諸表，因各家所考，兼以新得，十逾八九。約略計其分布之疏密。雖不精確，亦可覘當時體勢之一斑。

		高	惠	呂	文	景	武侯功臣	武侯王子	附注
首腦	京兆	2							漢首腦部不以封，惟漢初偶有例外。
	弘農	1							
	濟陰	1				1			中原腹裏，梁魏以東，殘破為甚，兩周較完；然自高祖以後，河南、汝南不復分封，擬於三輔矣。南陽功臣封邑獨密，可以見其開發之盛。亦因漢武大略，取便統轄，故侯邑叢於一區。
	山陽	1						1	
	東郡	3			1		2	5	

		高	惠	呂	文	景	武功臣侯	武王子侯	附注
中腹部	梁	1							
	陳留	2				3	1		
	潁川	3		1	1	1	4		
	河南	6							
	汝南	8					2	1	
	南陽	8		1	1		20	3	
中腹北部	河東	7			1	1	4	4	
	河內	6		1	1	2	2	2	
	上黨			1					
	太原	2							
	西河	1						8	
中腹南部	江夏	1	1						江夏、南郡封邑絕少，蓋先秦殘破，以楚為甚。
	南郡	1	1			1			
	東海	3	1	1	1	1	1	11	沛乃漢室發祥所自，功成榮封故鄉者多，東海蓋擬於三齊；濱海之區，生聚易也。
	臨淮	6		1			2	2	
	楚	2							

		高	惠	呂	文	景	武功臣侯	武王子侯	附注
中南東部	沛	8		3		3	2	3	
	彭城	2		1					
中北東部	平原	5			4		3	5	三齊最為殷庶，即據侯邑分布可知。
	千乘	1				1	2	2	
	濟南	5			1		2		
	泰山	3		1		1	1	7	
	魯			1				2	
	東平	1		1	1			1	
	城陽	1						4	
	琅邪	4		4	2	2	6	19	
	膠東	1			1				
	北海	3						8	
	菑川							2	
	東萊	1		1				2	
	齊郡	2		1	1		2	4	
	魏	2				2	3	7	涿郡、勃海、中山諸郡，王子分封密如三齊，以東南擬之東北，蔑如矣。
	趙							1	

部	郡國	高	惠	呂	文	景	武功臣侯	武王子侯	附注
東北部	廣平	3				1		4	
	鉅鹿	5				1	1	3	
	常山	2						2	
	中山	4						8	
	信都	2		2	1			2	
	清河	3		1	1	1		1	
	河間				1			2	
	涿郡	2		1	1	5	1	11	
	勃海	2		1	2		4	9	
	廣陽							1	
東南部	廣陵	1						1	
	會稽						2		
	丹陽							4	
東南部二	淮南	1			1				
	九江	1			2		1	1	
	廬江	1		1					
	六安	1							

	江外南部				西南			西北		東北邊部		西北邊部	
	豫章	長沙	武陵	零陵	漢中	廣漢	犍為	安定	隴西	代	遼西	金城	總計
高	1					1	1	1		1	1	1	142
惠													3
呂			1										26
文					1								26
景													27
武功臣侯									1				69
武王子侯	2	5		5									165
附注	漢武以來，南疆漸闢，觀王子侯邑可徵。												

提議編纂古史地名索引

治地理沿革的人，自兩漢以下，有各史地志，大體可據。只有先秦以上，惜無此等材料。前人多從漢書地理志上通禹貢，為探索古地理之指針，然其成績殊嫌不够。一則禹貢一篇所見古地名本已有限，二則禹貢篇裏的地名，亦多待考訂而後知其地望之所在。若據漢志說禹貢，則兩書年代所隔已久，仍自說了漢志，並未說及禹貢也。

我覺治古史，考詳地理實是一絕大要端。春秋以下，尚可繫年論事。春秋以前，年代既渺茫，人事亦粗疎，惟有考其地理，差得推迹各民族活動盛衰之大概。惟古史地名，往往錯出。例如商人居亳，亳之為邑便有好多處；如此之類，不遑詳說。推其原因，不外兩點。一是地名來歷，其先本是一個通名，後來始漸漸成為專名。如「衡山」只是一排橫列的山，凡是橫山本都可叫衡山；後來漸次成為專名，一見「衡山」兩字，便聯想到湖南的衡山上去。一是古代民族遷徙甚劇，這一地的人遷到別一地，卻愛把故地的舊名來呼新地。如商人的亳，楚人的郢，盡是此例。在其間又有幾條附帶的則例：地名相同，其背景既有由於民族之遷徙，則往往文化較先之地域的地名起在前，而文化較後之地域的地名起在後，此其一。又往往在文化較盛的地域，因人事變動，常常有後起的新名來掩蓋故名；而文化較衰的地域，則因人事變動少，原有地名比較的易凝定而漸漸成為專名，此其二。亦有本是一個地名，因語言文字的轉換而寫成兩個三個以上的地名的。

古史中有許多極難解答的問題，驟看似乎不近情理，而用我上述關於古地名之探檢的方法來試為解釋，往往可以得到意外的滿意。譬如齊桓公西征白狄「涉流沙」，流沙一名，一見便似遠在甘肅塞外，其實古代中國內地河道名流沙的儘有。齊桓所涉只在山西，則此一段歷史便覺合理，並無可怪。又如子夏「居西河」為魏文侯師，一見西河之名便聯想到山陝間的龍門西河，然與魏文侯的都城，子夏的家鄉，以及當時各地域經濟文化的情形都不合。其實齊西衛境黃河，古人即稱西河。後來河道遷徙，這個地名便漸漸湮沉，不為後人注意，而子夏魏文侯一段歷史便覺可疑了。

現在讓我再舉一例，稍為詳說。國策莊辛對楚襄王說：

> 蔡聖侯南遊乎高陂，北陵乎巫山，飲茹溪之流，食湘波之魚，左抱幼妾，右擁嬖女，與之馳騁乎高蔡之中，而不以國家為事。不知夫子發之受命乎宣王，繫己以朱絲而見之也。

此文高誘注：「高蔡即上蔡」，此外無說。而這裏卻包有兩個極重要的地名，一是巫山，一是湘水。若依現在地名說之，則巫山在西，湘水在南，和上蔡絕不相關。程恩澤的國策地名考比較是考論國策地名最詳備的一部書，卻把此條滅去不論。楊守敬的歷史地圖，這是講地理沿革一部最有權威的書，他卻把高蔡注在今湖南的武陵，而湘波高陂注在湘陰之南。春秋時的蔡國，何從有如此的疆土？我想這一條比較最直捷簡易而又自然的講法，並不是春秋時垂亡的蔡國，其疆土西及今之巫山，南及今之湘水；也不是説國策莊辛的話隨口胡謅，全不足信。我想定是在上蔡附近，當時另有巫山和湘水。

然而無徵不信，非得找尋證據不可。我因想到宋玉高唐賦有楚王游高唐夢見巫山神女的故事。我想巫山也不應與高唐十分相遠。春秋有唐國滅於楚。漢書地理志有上唐鄉。上蔡可稱高蔡，上唐自然可稱高唐。上蔡與上唐地望正近。可見莊辛説的巫山，與宋玉説的巫山正是一地，並不遠在西邊夔州，而只在上蔡高唐之區。

我還不甘心，還想找更多的證據。結果知道劉向新序也載莊辛事，而云：

子發受令宣王，厄以淮水，塡以巫山。

這更足證明巫山是近於淮水流域的一個山了。淮水的上源，正近上文説的上蔡與高唐一帶。莊辛説的巫山近在那邊，則莊辛所謂的湘水也自然絕不在湖南了。

湘江可以不在湖南而在湖北，洞庭自然也有在湖北不在湖南之可能了。然而也須有證據。我已在兩年內絡續找出許多證據，證明戰國人所謂洞庭，大都是指湖北境內的一個水澤而言的，與證巫山近淮域的意誼恰恰相足。最近做了一篇楚辭地名考，（登載清華學報，秋間可出版。）與舊稿古三苗疆域考（登載燕京學報第十二期。）論彭蠡衡山等本為江北地名非江南地名之說又是恰恰相足。倘若此說成立，關於禹貢裏的九州疆域和戰國以前的所謂楚國與南方等種種觀念，盡須修改；而中國上古史也連著有一部分的變動。

上面所説，不過想證説治古史的應該看重考地的工作。而考論古史地名尤關重要的一點，即萬勿輕易把秦以後的地望來推説秦以前的地名，而應該就秦以前的舊籍，從其內證上，來建立更自然的解釋，來重新審定更合當時實際的地理形勢。

曾記兩年前有一天晚上，顧頡剛、王以中、唐立厂三先生在我處閒談，大體是討論治古史與考地的關係。當時談到有兩件基本的工作應先著手。一是繪畫各區域大小不等的影射地圖以備讀史時隨便塡注之用。一是編錄古籍地名索引，以備臨時的繙檢。當時立厂最高興，願意即日各自分認幾部古籍，開始工作。而幾度因循，並未下手。只頡剛卻獨下猛功，對於繪圖的工作，經過一年餘的努力而幾於成功了。我想編著古籍地名索引的工作，還是應該做。即如上面所説，山西省太行西邊的流沙，衞國東境的西河，湖北省北部的洞庭，近於淮水的巫山，那些地名，雖早已不為後人注意，而多半還是掩藏在古籍裏，依然保存著。在現在沒有一部詳備的索引，只靠學者個人的記憶與繙檢，實在費時太多。我對古代地理，積有許多意見，而始終不敢輕易下筆寫文字，只為苦於材料證據搜檢之不易。若得有一部古籍地名索引在手邊，則可省卻許多麻煩，增添許多方便，又定可刺激我們許多新鮮的推想。我想考地望與古史既有如此巨大之關係，編著一部古籍地名索引，其對學術界之貢獻，應該不在清代阮元經籍纂詁一類書籍之下。然而茲事體大，極盼國內學術機關，尤其如燕大哈佛燕京學社引得編纂處，及北平圖書館，中央及各地研究院等，肯來做此工作。暫時若無此希望，我很盼望禹貢學會的一部分會員能在顧頡剛先生指導之下分部試作。不妨先定一部書，如國策、山海經或穆天子傳之類，由幾個會員分工合作；稍有成績，即在禹貢半月刊上絡續發刊。將來全書成就，再謀正式付印。即使全書一時不成，各部儘可獨立存在，如山海經地名索引、國策地名索引之類，仍自有其相當之價值也。

至此書編纂，雖為考古代地理之用，然秦後西漢人書若史記、淮南子、新序、說苑諸書，對於古史關係極切，亦當一并編刊。金文甲文亦應收羅。凡屬地名，須一見再見以至數十百見全列勿漏。（惟如左傳史記記諸國名如齊魯等例外。）若能不避繁重，可將每個地名之上下文有其他地名相牽連者摘鈔。舊注如何休注公羊，高誘注國策等亦可附錄。編纂古籍地名索引的工作並不難，只求有相當的人力與財力便可做。謹備芻蕘，以供採擇。

（禹貢半月刊第一卷第八期）

《錢穆先生全集》總書目

甲編

國學概論
四書釋義
論語文解
論語新解
孔子與論語
孔子傳
先秦諸子繫年
墨子　惠施公孫龍
莊子纂箋
莊老通辨
兩漢經學今古文平議
宋明理學概述
宋代理學三書隨劄
陽明學述要
朱子新學案（全五册）
中國近三百年學術史（一、二）
中國學術思想史論叢（全十册）
中國思想史
中國思想通俗講話
學籥
中國學術通義
現代中國學術論衡

乙編

周公
秦漢史
國史大綱（上、下）
中國文化史導論

丙編